Manfred Jochum (Hrsg.)

Wa(h)re Sprache

Band 6 der Reihe „Kultur und Wirtschaft“, herausgegeben von Erhard Busek

Manfred Jochum (Hrsg.)

Wa(h)re Sprache

Literatur und Markt

Gedächtnisstiftung Peter Kaiser (1793–1864), Vaduz

EUROPÄISCHES FORUM ALPBACH

StudienVerlag
Innsbruck
Wien
Bozen

E-Mail: order@studienverlag.at
Internet: www.studienverlag.at

Buchgestaltung nach Entwürfen von Kurt Höretzeder
Satz: Studienverlag/Christine Petschauer
Umschlag: Studienverlag/Karin Berner
Korrektorat: Edgar Haberthür-Blättler

Gedruckt auf umweltfreundlichem, chlor- und säurefrei gebleichtem Papier.

Bibliografische Information Der Deutschen Bibliothek
Die Deutsche Bibliothek verzeichnet diese Publikation in der Deutschen Nationalbibliografie; detaillierte bibliografische Daten sind im Internet über <http://dnb.ddb.de> abrufbar.

ISBN 978-3-7065-4597-6

Inhaltsverzeichnis

Erhard Busek

Eröffnung

Eine Sprache verrät dich

Das Europäische Forum Alpbach führt seit Jahren in enger Kooperation mit der Gedächtnisstiftung Peter Kaiser (1793–1864) eine Programmlinie durch, die sich intensiv mit den Wechselbeziehungen zwischen Kultur und Wirtschaft beschäftigt. Die Motivation dafür ist klar: Es besteht oft der Eindruck, dass die Wirtschaft eigentlich nur eine Sponsorrolle hat bzw. sich auch gelegentlich mit Kultur und Kunst „behübscht". Die bisherigen Themen, die das Europäische Forum und die Gedächtnisstiftung Peter Kaiser (1793–1864) aufgegriffen haben, zeigen deutlich, dass das Verhältnis viel tiefer, konstruktiver und natürlich auch faszinierender ist, als es in der Öffentlichkeit rezipiert wird. Bisher haben wir uns mit „Kultur und Wirtschaft" (Schwerpunkte Kunstsammlungen und Kulturentscheidungen, 2002), „Kennt die Kunst Europa? – Kennt Europa die Kunst?" (2003), „Offene Systeme in Europa – Wo löst die Wirtschaft den Staat ab?" (2004), „Teure Kunstform Oper? Musiktheater im neuen Jahrtausend. Strategien und Konzepte" (2005) sowie mit „Halloween und Christkindl" (2006) beschäftigt und auch entsprechende Publikationen herausgebracht, weil es nicht nur eine einmalige Gelegenheit sein soll, sondern auch den Prozess des Dialogs dokumentiert.

Die Themen sind vielfältig. Die Wahl fiel diesmal auf die Literatur, wobei es viele Facetten gäbe, in denen man sich damit auseinandersetzen könnte. Das Thema selbst ist natürlich nicht einfach, weil allein schon die Vielsprachigkeit ein komplexeres Problem darstellt, als es etwa im Bereich der Musik der Fall ist, die nicht auf Übersetzung angewiesen ist. Andererseits ist aber die Sprache ein konstitutives Element des Menschen überhaupt. Als man sich schon sehr früh mit der Frage beschäftigt hatte, ob dem Menschen die Sprache von Natur aus gegeben ist oder ob sie ein Produkt der Entwicklung darstellt, versuchte man ein Kind auszusetzen, um daraus Erkenntnisse zu gewinnen. Es ist das der berühmte Fall des „Kaspar Hauser", mit dem eindeutig klar wurde, dass die Sprache des Menschen ein entwicklungsgeschichtlicher Prozess ist. Peter Handke hat das literarisch verewigt, wobei er seinen Kaspar Hauser den Satz sagen lässt: „Ich möchte so einer sein, wie schon einer gewesen ist." Damit ist auch beschrieben, in welcher Weise die Identität des Menschen durch die Sprache bestimmt ist.

Sprache vermittelt Orientierung, wobei in der Bibel der faszinierende Satz zu finden ist: „Deine Sprache verrät dich." Im Geschehen um Jesus wird dieser Satz dem Apostel Petrus zugeschrieben, als nach Christi Verhaftung in Jerusalem die Jünger warteten und das Wachpersonal Petrus als Galiläer identifizierte. Es war offensichtlich der Dialekt, auf den hingewiesen wurde. Längst aber hat das Wort an Tiefe gewonnen, denn wir haben inzwischen eine äußerst differenzierte Beurteilung der Sprache, die von Sozialisierung und kultureller Verbindung kündet.

Ein anderes biblisches Wort sei noch zitiert: Als die Jünger des Herrn nach seiner Auferstehung auf sein Wiederkommen warteten, kam nach der Heiligen Schrift der Geist über sie, wodurch „ein jeder den anderen in seiner Sprache reden hörte". Wir sind heute schon froh, wenn Übersetzer und Dolmetscher uns in der globalisierten Welt der Vielsprachigkeit den menschlichen Kontakt vermitteln. Das Wort der Bibel meinte, dass der Geist ein Einfühlungsvermögen vermittelt, seine Mitmenschen auch in ihrem Inneren verstehen zu können.

Mit dem Titel der Veranstaltung „Wa(h)re Sprache" ist schriftlich das Spannungsfeld vermittelt, das sich mündlich kaum so ausdrücken lässt. Natürlich ist infolge der Logorrhöe die Menge der Sprache so gewaltig geworden, dass man von einer Ware reden kann. Daraus aber die wahre Sprache zu finden, ist eine jener Fähigkeiten, die uns durch die Gabe der Unterscheidung der Geister gegeben sein sollte.

In unserer durch den technologischen Fortschritt gekennzeichneten Welt sind natürlich auch die Vermittlungen durch Internet gestiegen. Mag sein, dass das in der Tiefe zu Abflachungen führt, wobei ich überzeugt bin, dass die weitere Entwicklung auch uns jenen Reichtum an Facetten zur Verfügung stellen wird, die jeweils die Entwicklungen der Hochsprache in den einzelnen Kulturbereichen ermöglichen. Es muss aber in den Mittelpunkt gestellt werden, dass Sprache immer noch zur Verständigung bestimmt ist. Oft wird heute vor allem in der Politik, aber auch in der Werbung eine Sprache gewählt, die längst nicht mehr die Wahrheit vermittelt, sondern lediglich die Verpackung, das Design zeigt und den oberflächlichen Eindrücken dient. Das Verräterische dieser Sprache will auch immer wieder entdeckt werden, weil die Sehnsucht des Menschen nach Wahrheit immer aufrecht ist. Johann Wolfgang Goethe lässt seinen Faust am Beginn seines Dramas darüber philosophieren, wie diese Vermittlung des Schöpferischen geschieht. Faust verzweifelt zunächst daran – „und sehe, dass wir nichts wissen können" –, dem Menschen aber bleibt immer wieder die Hoffnung, gerade mit der Sprache diese Welt immer wieder erfassen und beschreiben zu können. Die „Wa(h)re Sprache" ist und bleibt ein Faszinosum des kulturellen Bezugs und ist allein schon deswegen von ungeheurer wirtschaftlicher Bedeutung.

Den Mitwirkenden und Ermöglichern dieser Begegnung und der Dokumentation dieses Buches sei herzlicher Dank gesagt.

Kapitel 1
Sprachgebrauch ist das eine, Literatur das andere

Dieter Borchmeyer

„Ich kann das Wort so hoch unmöglich schätzen"

Vom Nutzen und Nachteil der Worte für die Sprache

„*Im* Verhältniß zur Musik *ist alle*
Mittheilung durch Worte *von schamloser Art;*
das Wort verdünnt und verdummt;
das Wort entpersönlicht:
das Wort macht das Ungemeine gemein."
Nietzsche: Nachgelassene Fragmente, Herbst 1887[1]

In seinem Gedicht „Wink" aus dem „Buch Hafis" des *West-östlichen Divan* veranschaulicht Goethe die Unzulänglichkeit und Zulänglichkeit des Worts durch ein erotisches Gleichnis:

Das Wort ist ein Fächer! Zwischen den Stäben
Blicken ein Paar schöne Augen hervor.
Der Fächer ist nur ein lieblicher Flor,
Er verdeckt mir zwar das Gesicht;
Aber das Mädchen verbirgt er nicht.
Weil das Schönste was sie besitzt
Das Auge, mir in's Auge blitzt.[2]

In den einleitenden Versen des Gedichts heißt es, es verstehe sich von selbst, „daß ein Wort nicht einfach gelte".[3] Immer gibt es, so scheint es, eine Differenz zwischen Zeichen und Bezeichnetem. Und zumal das Wort der Dichtung ist mehrdeutig: es verdeckt und offenbart zugleich.[4] Was es verdeckt, ist das Gesicht, die simultan erfassbare Gesamterscheinung, die allenfalls ein Bild ins Bild bringen kann, doch was das Wort offenbaren kann, ist das Transitorische (mit Lessings *Laokoon* zu argumentieren), das als das Vorübergängliche und doch Prägnante das Ganze des durch das Wort bezeichneten Wesens zum Ausdruck bringen kann: das Wort als aus dem Augen-Blick geborener *Wink*.

Die Idee der Transparenz des Worts, seines verhüllenden Offenbarens, verbergenden Entbergens führt uns zu einem Grundbegriff Goethes, der den Titel des unmittelbar vorangehenden Gedichts des *Divan* bildet; beide

Gedichte gehören aufs engste zusammen; das zweite ist „Wink“ auch im Sinne eines erklärenden Hinweises auf das erste:

Offenbar Geheimniß

Sie haben dich heiliger Hafis
Die mystische Zunge genannt,
Und haben, die Wortgelehrten,
Den Werth des Worts nicht erkannt.

Mystisch heißest du ihnen,
Weil sie närrisches bey dir denken,
Und ihren unlautern Wein
In deinen Namen verschenken.

Du aber bist mystisch rein
Weil sie dich nicht verstehn,
Der du, ohne fromm zu seyn, selig bist!
Das wollen sie dir nicht zugestehn.[5]

Das Wort als offenbares Geheimnis. Das ist die Signatur des Hafisischen Worts, welche diejenigen missverstehen – die Wort- und Schriftgelehrten –, die sich orthodox-doktrinär auf den Koran-Lehrer Hafis beziehen, ihn in ein „frommes“ Korsett zwingen wollen, obwohl er doch nicht fromm im Sinne starrer Rechtgläubigkeit, sondern jenseits derselben „selig“ gewesen ist. Wenn sie ihn „mystisch“ nennen, heißt das: sie wollen nicht wahrhaben, daß er als Koran-Lehrer doch auch Lieder von Liebe und Wein gesungen hat, und suchen seine Dichtung durch „närrische“ Allegorisierung gewissermaßen glaubensunschädlich zu machen, in orthodoxe Lehrsätze zu übertragen, seine Bilder durch einen ihnen angedachten Hintersinn ihren Dogmen dienstbar zu machen (wie es im christlichen Bereich auch mit der Liebeslyrik des *Hoheliedes* der Bibel geschehen ist).

Die Orthodoxen begreifen nicht den „Wert des Worts“: dass das Wort des Hafis ein dichterisches ist, „mystisch rein“, weil sich in seiner Bildlichkeit zwar ein höherer Sinn, ein Geheimnis verbirgt, aber kein solches, das sich einer dogmatisch interessierten Allegorese erschließt. Es ist das Wort, das nicht *bezeichnet*, sondern *bedeutet*, das sich nicht auf eine außerhalb seiner selbst vorhandene Realität bezieht, sondern selbst eine Wirklichkeit schafft, die es ohne dieses dichterische Wort nicht gäbe. „Kein ding sei, wo das wort gebricht“, heißt die letzte Zeile von Stefan Georges Gedicht *Das Wort*.

Als Faust den Anfangsvers des Johannesevangeliums übersetzt, stolpert er gleich über den Logos, das Wort, das *en arché*, im Anfang aller Dinge stehen soll: „Ich kann das *Wort* so hoch unmöglich schätzen“ (Vs. 1225) – und er ersetzt bekanntlich das „Wort“ durch die „Tat“ (Vs. 1237).

Fausts Skepsis gegenüber dem Wort ist so lange berechtigt, als er es nur für ein Zeichen, das sich auf Anderes bezieht, für ein Abgeleitetes hält, das eben deshalb nicht „im Anfang" stehen kann. Hinter dem Johanneischen Logos steht jedoch gewissermaßen ein anderer griechischer Begriff für das Wort: Mythos. In seiner ursprünglichen Bedeutung ist Mythos im Unterschied zu Logos das Wort, das noch Ereignis und Tat ist, das Wort von den uranfänglichen, göttlichen Dingen, die im Logos nicht zu fassen sind (Walter F. Otto).[6]

Die Sehnsucht Fausts nach dem Wort als Tat hat die Dichter von jeher bewegt – mehr denn je den Dichter der Moderne, der sich einer inflationären Entwertung der Worte, seines eigenen Mediums, gegenübersieht. Hugo von Hofmannsthal, der Sprachskeptiker par excellence, glaubte wie Nietzsche in der Meta-Sprache der Musik diese Einheit von Wort und Tat zu finden. So nennt er in seiner *Rede auf Beethoven* den Komponisten den „Schöpfer einer Sprache über der Sprache. [...] Hier war ein Wort und die lebendige Tat, und sie waren eins."[7]

Das Wort als Tat: nirgends offenbart es sich eindrucksvoller als im biblischen Schöpfungsbericht. „Und Gott sprach: es werde Licht. Und es ward Licht" (1 Mose 1,3). Durch das Wort wird das Licht geschaffen, das Wort ist nicht Zeichen für etwas, das er vor und außerhalb seiner gab, sondern es ist wirklich das Erste: *en arché*. Dass auch der Dichter ein Schöpfer ist, der nicht mehr im Sinne des Kardinalbegriffs der Poetik seit Aristoteles Mimesis betreibt, Imitatio einer vorgefundenen Wirklichkeit, sondern wie Prometheus – „the second maker" (Shaftesbury) – durch sein Wort eine neue Wirklichkeit initiiert, ist ein poetologisches Axiom seit dem 18. Jahrhundert, seit dem Zeitalter der Säkularisation. Undenkbar, dass noch ein Jahrhundert zuvor ein Dichter gewagt hätte, anderes zu tun, als die Schöpfung im Sinne der Mimesis nachzubilden. Hybris wäre es gewesen, sich prometheisch Gott als neuer Schöpfer an die Seite zu stellen oder seine Nachfolge antreten zu wollen, wie es in Goethes Prometheus-Hymne und selbst noch in seinem Gedicht „Wiederfinden" aus dem „Buch Suleika" des *West-östlichen Divan* geschieht.

Als die Welt im tiefsten Grunde
Lag an Gottes ew'ger Brust,
Ordnet' er die erste Stunde
Mit erhabner Schöpfungslust,
Und er sprach das Wort: Es werde!
Da erklang ein schmerzlich Ach!
Als das All, mit Machtgebärde,
In die Wirklichkeiten brach.[8]

Das ist die den Bericht der Genesis sprachgewaltig überbietende Erinnerung an den Schöpfungsakt durch das göttliche Wort. Doch nunmehr ist Gott als Schöpfer hinter dem Menschen zurückgetreten:

Allah braucht nicht mehr zu schaffen,
Wir erschaffen seine Welt.[9]

Vor dem Hintergrund des modernen Nihilismus wird der Dichter vollends zum einsamen Weltenschöpfer – durch das nur sich selbst bedeutende, ein autonomes semantisches Zentrum in sich tragende Wort, das durch einen augenblicklich aufleuchtenden und mit dem Augenblick wieder verlöschenden Sinn den leeren Himmel noch einmal aufreißt und wahrhaft biblisch die Sonne stehen lässt, die Sphärenmusik zum Schweigen bringt, um „jähen Sinn" zu stiften: das Thema von Gottfried Benns Gedicht *Ein Wort* (1941). Alles ballt sich zu diesem Wort hin, von der Anziehungskraft seines Sinns gewaltig angezogen. Dieses Bild des Sichballens mag durch Goethes *Divan*-Gedicht „Lied und Gebilde" angeregt sein: „Schöpft des Dichters reine Hand / Wasser wird sich ballen."[10] Doch welch wahrhaft himmelschreiender Gegensatz zwischen diesen werkfrommen Versen Goethes und dem nihilistischen Gestus letzter Sinnsuche im Wort, nachdem die alten Sinnmächte zerstoben sind, die ehemals numinosen Weltkräfte – Sonne und Sphären – nur noch in ihm, im Wort, einen Rückhalt finden:

Ein Wort, ein Satz –: aus Chiffern steigen
erkanntes Leben, jäher Sinn,
die Sonne steht, die Sphären schweigen
und alles ballt sich zu ihm hin.

Ein Wort – ein Glanz, ein Flug, ein Feuer,
ein Flammenwurf, ein Sternenstrich –
und wieder Dunkel, ungeheuer,
im leeren Raum um Welt und ich.[11]

Solange das Wort seine eigene Wirklichkeit schafft, kann es eigentlich nicht unzulänglich sein, denn woher sollte der Maßstab für seine Zulänglichkeit oder Unzulänglichkeit stammen? Nur dann, wenn die Worte an einer vorsprachlichen Wirklichkeit gemessen werden, können sie unzulänglich sein, kann es so etwas wie Sprachskepsis geben. Deren Grundformel findet sich in Schillers Distichon *Die Sprache*: „Warum kann der lebendige Geist dem Geist nicht erscheinen! / *Spricht* die Seele, so spricht ach! die Seele nicht mehr."[12]

In seinem Brief an Goethe vom 27. Februar 1798 hat Schiller diese Formel gewissermaßen expliziert:

„Wenn nur jede individuelle Vorstellungs- und Empfindungsweise auch einer reinen und vollkommenen Mitteilung fähig wäre; denn die Sprache hat eine, der Individualität ganz entgegengesetzte Tendenz, und solche Naturen, die sich zur allgemeinen Mitteilung ausbilden, büßen gewöhnlich so viel von ihrer Individualität ein, und verlieren also sehr oft von jener sinnlichen Qualität zum Auffassen der Erscheinungen. Überhaupt ist mir das Verhältnis der allgemeinen Begriffe und der auf diesen erbauten Sprache zu den Sachen und Fällen und Intuitionen ein Abgrund, in den ich nicht ohne Schwindeln schauen kann."

Sätze, die beinahe in Hofmannsthals Chandos-Brief aus dem Jahre 1902, dem Hauptdokument moderner Sprachskepsis, stehen könnten.

Hofmannsthal selber hat jenen Schiller-Brief in die von ihm herausgegebene Sammlung *Schillers Selbstcharakteristik* (1925) aufgenommen[13] – wie sich auch Schillers Distichon *Die Sprache* in den Materialien zu seinem Komödienprojekt *Timon der Redner* findet[14], einer sprachkritischen Satire auf die sophistische Rhetorik, hinter deren historischem Mantel sich eine Abrechnung mit dem Sprachmissbrauch des modernen Journalismus verbirgt: eine Komödie über Macht und Ohnmacht der instrumentalisierten Sprache!

Auch ein anderer sprachskeptischer Brief Schillers findet bei Hofmannsthal einen Nachklang. In seinem Brief an Lotte von Lengefeld vom 10. Februar 1790 heißt es: „Die Menschen suchen immer gleich Worte zu allem, und durch Worte hintergehen sie sich dann." Ein Satz, der geradezu als Motto über Hofmannsthals Komödie *Der Schwierige* stehen könnte: dem Lustspiel über die Unmöglichkeit, durch Worte zueinander zu finden, über die unumstößliche Tatsache, „daß es unmöglich ist, den Mund aufzumachen, ohne die heillosesten Konfusionen anzurichten".[15] „Jede Empfindung", so Schiller weiter, „ist nur einmal in der Welt vorhanden, in dem einzigen Menschen der sie hat; Worte aber muß man von tausenden gebrauchen, darum passen sie auf keinen." Diese und andere sprachkritische Briefäußerungen Schillers kreisen um den berühmten, – auch von Hofmannsthal in seinen Aufzeichnungen wiederholt zitierten Grundsatz: „Individuum est ineffabile", den Goethe in seinem Brief an Lavater vom 20. September 1780 zitiert (und: „woraus ich eine Welt ableite"), wahrscheinlich aber selber erfunden hat.[16]

Schillers Sprachskepsis gründet in seiner Einsicht in die Struktur der außerliterarischen Sprache. Er redet von den „allgemeinen Begriffen" in ihrem Missverhältnis zur sprachlich inkommensurablen „Individualität" der Dinge und Intuitionen, die durch allgemeine Mitteilung „sinnliche Qualität" verlieren. Das aber kann nur für die Begriffssprache gelten, nicht für die poetische Rede – die Schiller in den zitierten Äußerungen anscheinend gar nicht ins Auge fasst –, deren Leistung doch gerade darin besteht, sich der Individualität und „sinnlichen Qualität" anzuschmiegen, ja diese überhaupt zu schaffen, weshalb die poetische Sprache nur auf Kosten ihrer Eigenart verallgemeinert werden kann. Das poetische Wort kann man eben nicht „von tausenden" Fällen gebrauchen.

Auch Hofmannsthals Sprachskepsis orientiert sich an der Begriffs- und nicht an der poetischen Sprache. In Übersetzung von Goethes lateinischem Diktum bemerkt er in einer Aufzeichnung von 1921: „Das Individuum ist unaussprechlich. Was sich ausspricht, geht schon ins Allgemeine über, ist nicht mehr im strengen Sinne individuell. Sprache und Individuum heben sich gegenseitig auf."[17] Doch gilt das nicht nur für die Begriffs-Sprache, eben nicht für die poetische?

Genau in die entgegengesetzte Richtung geht die Sprachskepsis des Philosophen Kurt Mauthner in seinen *Beiträgen zu einer Kritik der Sprache* (1901). Während für die Poeten Schiller und Hofmannsthal die Allgemeinheit der Begrifflichkeit, welche für sie die poetische Sprache gefährdet, die Basis ihrer Sprachkritik bildet, bestreitet der Philosoph Mauthner eben die Allgemeinheitgültigkeit der Begriffe und hebt die ausschließlich poetische Verbindlichkeit der Sprache hervor; „ein herrliches Kunstmittel, aber ein elendes Erkenntniswerkzeug" nennt er sie[18], könne sie doch „Erkenntnis der Welt weder vermitteln noch mitteilen".[19] „Es ist unmöglich, den Begriffsinhalt der Worte auf die Dauer festzuhalten; darum ist Welterkenntnis durch Sprache unmöglich. Es ist möglich, den Stimmungsgehalt der Worte festzuhalten; darum ist eine Kunst durch Sprache möglich, eine Wortkunst, die Poesie."[20] Der „Unterschied zwischen der Sprache als einem Kunstmittel und der Sprache als einem Erkenntniswerkzeug" liege darin, „daß der Dichter ein Stimmungszeichen braucht und besitzt, der Denker Wertzeichen haben müßte und sie in den Worten nicht findet".[21]

Gerade das, was Schiller und Hofmannsthal an der Sprache zweifeln lässt: die abstrakte Allgemeingültigkeit der Worte, zieht Mauthner seinerseits in Zweifel, und er schreibt ihr im Gegenteil das als Spezifikum zu, was sie durch ihre Begrifflichkeit als Kunstmittel gefährdet: Poetizität. Eine Art Zwischenstellung zwischen Schiller und Mauthner nimmt Nietzsche in seinem Essay *Über Wahrheit und Lüge im außermoralischen Sinne* (1873) ein. Wie Mauthner leugnet er die Eignung der Sprache als Erkenntnisinstrument. „Ist die Sprache der adäquate Ausdruck aller Realitäten?"[22] Die Antwort ist ein deutliches Nein.

> „Wir glauben etwas von den Dingen selbst zu wissen, wenn wir von Bäumen, Farben, Schnee und Blumen reden und besitzen doch nichts als Metaphern der Dinge, die den ursprünglichen Wesenheiten ganz und gar nicht entsprechen. [...] Logisch geht es also jedenfalls nicht bei der Entstehung der Sprache zu, und das ganze Material worin und womit später der Mensch der Wahrheit, der Forscher, der Philosoph arbeitet und baut, stammt, wenn nicht aus Wolkenkukuksheim, so doch jedenfalls nicht aus dem Wesen der Dinge."[23]

Noch radikaler als Schiller ist Nietzsche der Überzeugung, daß Worte den Menschen dazu dienen, sich gegenseitig zu „hintergehen".

> „Denken wir besonders noch an die Bildung der Begriffe: jedes Wort wird sofort dadurch Begriff, dass es eben nicht für das einmalige ganz und gar individualisierte Urerlebniss, dem es sein Entstehen verdankt, etwa als Erinnerung dienen soll, sondern zugleich für zahllose, mehr oder weniger ähnliche, d.h. streng genommen niemals gleiche, also auf lauter ungleiche Fälle passen muß. Jeder Begriff entsteht durch Gleichsetzen des Nicht-Gleichen. [...] Das Uebersehen des Individuellen und Wirklichen giebt uns den Begriff [...].“[24]

Der Mensch, der sich dergestalt der begrifflichen Sprache ausliefert, unterwirft sich der

> „Herrschaft der Abstractionen: er leidet es nicht mehr, durch die plötzlichen Eindrücke, durch die Anschauungen fortgerissen zu werden, er verallgemeinert alle diese Eindrücke erst zu entfärbteren, kühleren Begriffen, um an sie das Fahrzeug seines Lebens und Handelns anzuknüpfen“.[25]

Man darf Nietzsche zufolge Sprache jedoch nicht auf die Tendenz reduzieren, „die anschaulichen Metaphern zu einem Schema zu verflüchtigen“.[26] Sprache besteht nicht nur aus Begriffen, dieser „Begräbnisstätte der Anschauung“[27], sondern auch aus „originalen Anschauungsmetaphern“, die „individuell und ohne ihres Gleichen“ sind und sich allem „Rubriciren“ entziehen.[28] Sie sind die künstlerische, ästhetische Seite der Sprache, die – und mit ihr der „Trieb zur Metapherbildung“, jener „Fundamentaltrieb des Menschen, den man keinen Augenblick wegrechnen kann, weil man damit den Menschen selbst wegrechnen würde“ – wieder in ihr genuines Recht gegenüber dem „ungeheuren Gebälk und Bretterwerk der Begriffe“ einzusetzen ist, die doch nichts sind als ein System verblasster Metaphern und deren „verflüchtigte Erzeugnisse“.[29] Das erinnert an Jean Pauls Wort von der Sprache als „Wörterbuch erblasseter Metaphern“ (*Vorschule der Ästhetik*, § 50).[30]

Die Anschauungsmetaphern müssen nach Nietzsches Weisung wieder das „Land der gespenstischen Schemata, der Abstraktionen“ erobern, damit sich „Kultur“ als „Herrschaft der Kunst über das Leben“ gestalten kann.[31] Der Trieb zur Metaphernbildung lässt sich durch die für ihn gebaute „Zwingburg“ der Begriffe nicht bändigen.

> „Fortwährend verwirrt er die Rubriken und Zellen der Begriffe dadurch dass er neue Uebertragungen, Metaphern, Metonymien hinstellt, fortwährend zeigt er die Begierde, die vorhandene Welt des wachen Menschen so bunt und unregelmässig folgenlos unzusammenhängend, reizvoll und ewig neu zu gestalten, wie es die Welt des Traumes ist.“[32]

Der Traum ist mithin die Sphäre der nicht rationalisierbaren, nicht rubrizierbaren originalen Anschauungsmetaphern, welche die Welt der begrifflichen Abstraktionen und Rubriken ständig durcheinanderbringt, anarchisch verwirrt. (Nietzsche konnte nicht ahnen, daß es wenige Jahrzehnte später eine Traumtheorie geben würde, welche das systemstörende Verwirrspiel der Traumbilder ebenfalls in eine vernünftig-rubrizierende Ordnung bringen sollte.)

Sprachkritik und Sprachskepsis bilden Leitmotive der Literaturtheorie und Philosophie der Jahrhundertwende.

Ich fürchte mich so vor der Menschen Wort.
Sie sprechen alles so deutlich aus:
Und dieses heißt Hund und jenes Haus,
Und hier ist Beginn und das Ende ist dort.

So lautet die Eingangsstrophe eines Gedichts von Rilke aus seinem frühen Gedichtband *Mir zur Feier* (1899). Die Verfügungsgewalt des verallgemeinernden Wortes über die Dinge, ihre Festlegung, das Ihnen-auf-den-Kopf-Zusagen, was sie sind und zu sein haben, das ist die Bedrohung der Poesie durch die Worte, die den Dichter ins Verstummen drängen – wie wenige Jahre später den fingierten Autor von Hofmannsthals Lord-Chandos-Brief (1902), dem die „abstrakten Worte" – nach seiner bis zum Überdruss zitierten Äußerung – „im Munde wie modrige Pilze [...] zerfielen"[33] und für den sich schließlich „nichts mehr [...] mit einem Begriff umspannen" ließ: „Die einzelnen Worte schwammen um mich; sie gerannen zu Augen, die mich anstarrten und in die ich wieder hineinstarren muß: Wirbel sind sie, in die hinabzusehen mich schwindelt, die sich unaufhaltsam drehen und durch die hindurch man ins Leere kommt." Er fühlt sich unter den Begriffen wie „in einem Garten mit lauter augenlosen Statuen eingesperrt", haben sie doch für ihn „nur miteinander zu tun, und das Tiefste, das Persönliche meines Denkens, blieb von ihrem Reigen ausgeschlossen".[34]

Die ins Schweigen mündende Sprachskepsis dieses Briefs schlägt jedoch am Ende um in die Vision einer neuen, unbescholtenen, noch nicht durch falsche Allgemeinheit abgenutzten Sprache, einer Sprache, so möchte man mit Nietzsche formulieren, aus unmittelbaren Anschauungsmetaphern, einer Sprache, „von deren Worten mir auch nicht eines bekannt ist, [...], in welcher die stummen Dinge zu mir sprechen".[35]

Die Kraft der Sprache sei in unserer Zivilisation so erschöpft, hat bereits Nietzsche in der vierten seiner *Unzeitgemäßen Betrachtungen: Richard Wagner in Bayreuth* konstatiert, „dass sie nun gerade Das nicht mehr zu leisten vermag, wessentwegen sie allein da ist: um über die einfachsten Lebensnöthe die Leidenden miteinander zu verständigen."[36] Das gemahnt an Claudios Sehnsucht nach der Mitteilungsfähigkeit des naiven Menschen in Hofmannsthals Dramolett *Der Tor und der Tod*: „Sie können sich mit einfachen Worten, / „Was nötig zum Weinen und

Lachen, sagen. / Müssen nicht an sieben vernagelte Pforten / Mit blutigen Fingern schlagen."[37] Nietzsche fährt fort: „Der Mensch kann sich in seiner Noth vermöge der Sprache nicht mehr zu erkennen geben, also sich nicht wahrhaft mittheilen: bei diesem dunkel gefühlten Zustande ist die Sprache überall eine Gewalt für sich geworden, welche nun wie mit Gespensterarmen die Menschen fasst und schiebt, wohin sie eigentlich nicht wollen; sobald sie mit einander sich zu verständigen und zu einem Werke zu vereinigen suchen, erfasst sie der Wahnsinn der allgemeinen Begriffe, ja der reinen Wortklänge, und in Folge dieser Unfähigkeit, sich mitzutheilen, tragen dann wieder die Schöpfungen ihres Gemeinsinns das Zeichen des Sich-nicht-verstehens, insofern sie nicht den wirklichen Nöthen entsprechen, sondern eben nur der Hohlheit jener gewaltherrischen Worte und Begriffe." So „ist man jetzt, im Niedergange der Sprachen, der Sclave der Worte; unter diesem Zwange vermag Niemand mehr sich selbst zu zeigen, naiv zu sprechen".[38]

Der von der Sprache verlassenen, „solchermassen verwundeten Menschheit"[39] verbleibt nach Nietzsche nur der Trost der Musik als der wiedergefundenen *lingua adamica*, die ausdrückt, was die Zivilisationssprache nicht mehr vermag. Die Musik als „die wiedergefundene Sprache der richtigen Empfindung"[40], wie sie Nietzsche im musikalischen Drama Richard Wagners entdeckt zu haben glaubt, von dem er noch im *Fall Wagner* konstatieren wird, es habe *„das Sprachvermögen der Musik in's Unermeßliche vermehrt"*.[41]

Wagner, so heißt es in den *Unzeitgemäßen Betrachtungen*, sei

> „zuerst die Erkenntniss eines Nothstandes aufgegangen, der so weit reicht als jetzt überhaupt die Civilisation die Völker verknüpft; überall ist hier die *Sprache* erkrankt, und auf der ganzen menschlichen Entwickelung lastet der Druck dieser ungeheuerlichen Krankheit."[42]

Dieses Epochenproblem hat seit Nietzsche niemand so deutlich empfunden und so bedeutend artikuliert wie Hofmannsthal. Schon eines seiner ersten Gedichte, das Sonett *„Zukunftsmusik"*, das natürlich im Zeichen Nietzsches auf Wagner anspielt, enthält den Vers: „Worte sind Formeln, die könnens nicht sagen"[43], sie können also die verlorene Lebensunmittelbarkeit nicht wiedergeben; das vermag allein die Musik.

In seinem Essay über den Schauspieler Mitterwurzer aus dem Jahre 1895 redet Hofmannsthal von dem „Ekel vor den Worten", die nichts Elementares und Unmittelbares mehr auszudrücken vermögen: „Denn die Worte haben sich vor die Dinge gestellt. Das Hörensagen hat die Welt verschluckt." Es siege „der gespenstische Zusammenhang der Worte über die naive Redekraft der Menschen. Sie reden dann fortwährend wie in ‚Rollen', in Scheingefühlen, scheinhaften Meinungen, scheinhaften Gesinnungen. Sie bringen es geradezu dahin, bei ihren eigenen Erlebnissen fortwährend abwesend zu sein." Daher müsse die entwertete Sprache hinter den Künsten zurücktreten, „die schweigend ausgeübt werden" – von Musik und Tanz bis zu den „Künsten der Akrobaten und Gaukler".[44] Die Sprache muss in den Dienst von Musik und Mimus treten, um ihre verlorene Unmittelbarkeit wiederzufinden. Eine ästhetische Grundforderung, die Hofmannsthal aufs engste mit Nietzsche verbindet. „Ich wage zu behaupten, daß *Musik* und *Mimus* uns noch einmal wahrhaft befriedigen werden", heißt es in einer Aufzeichnung Nietzsches von 1871.[45] Durch die Verbindung mit diesen Künsten werde die „bildliche Seite der Poesie" wieder ganz zu deren Eigenart[46] – und die Sprache von ihrer abstrakten Formelhaftigkeit befreit.

In dieser Hinsicht wird Hofmannsthal zum authentischen Fortsetzer Nietzsches. In einem vorveröffentlichten Dialog aus dem Projekt *Timon der Redner* mit dem Titel *Die Mimin und der Dichter* wehrt sich die Mimin Bacchis im Gespräch mit dem Dichter Agathon gegen die Schule des Euripides, den Nietzsche in seiner *Geburt der Tragödie* ja für den Untergang der Tragödie verantwortlich gemacht hat, da jener sie durch sophistische Rhetorik und Dialektik ihres musikalisch-mimischen Fundaments beraubt, „mit der Geißel ihrer Syllogismen die *Musik* aus der Tragödie" vertrieben habe.[47] Nietzsche hat von einer „Incongruenz zwischen Mythos und Wort" gesprochen; der Mythos als die inhaltliche Basis der Tragödie finde „in dem gesprochenen Wort durchaus nicht seine adäquate Objectivation"[48], sondern eben in Musik und Mimus. In diesem Sinne, in Nietzsches Spuren polemisiert auch Hofmannsthals Bacchis gegen die „Wortmacher" Euripides und Agathon:

> „Eure Worte sind hurenhaft, sie sagen alles und nichts. Man kann sie heute zu dem brauchen und morgen zu jenem. Das Leben aber, von dem ihr schwatzt, ohne es zu kennen, ist in Wahrheit ein Mimus. Meine Gebärde: das bin ich – in einem Moment zusammengepreßt, spricht sie mich aus – und stürzt dahin in Nichts – wie mein Ich selber, unwiederholbar."

Die Sprache Agathons hingegen sei nur eine „schwindelnde Übereinkunft". Der „Wortkünstler" spiele „unter den Lebenden genau die Rolle wie der Eunuch im Harem".[49] Und in einem anderen Dialog sagt Bacchis: „Wir sprechen davon, daß Worte nichts sind – und Töne alles."[50]

„Ich scheue die Worte; sie bringen uns um das Beste", heißt es auch in Hofmannsthals fingiertem Gespräch mit Richard Strauss über die mythologische Oper *Die ägyptische Helena*, die in engem Zusammenhang mit dem Timon-Projekt steht. Die Worte drängen nach Hofmannsthals Worten „das Ich aus der Existenz".[51] Das ist der Legitimationsgrund für die Koalition des Dichters mit dem Musiker in der mythologischen Oper. Durch die Verbindung des Wortes mit Musik und Mimus soll mithin das Ich in die Existenz zurückgeholt werden.

Durch diese Verbindung aber wird Sprache wieder das, was sie nach Wilhelm von Humboldt in seiner Schrift *Über die Verschiedenheit des menschlichen Sprachbaues* (1836) „in ihrem wirklichen Wesen" ist, nämlich:

> „etwas beständig und in jedem Augenblick *Vorübergehendes.* Selbst ihre Erhaltung durch die Schrift ist immer eine unvollständige, mumienhafte Aufbewahrung, die es doch erst wieder bedarf, daß man dabei den lebendigen Vortrag zu versinnlichen sucht. Sie selbst ist kein Werk (Ergon), sondern eine Tätigkeit (Energeia)."[52]

Wenig zuvor bemerkt Humboldt im selben Paragraphen:

> „Man muß die *Sprache* nicht sowohl wie ein totes *Erzeugtes*, sondern weit mehr wie eine *Erzeugung* ansehen, mehr von demjenigen abstrahieren, was sie als Bezeichnung der Gegenstände und Vermittelung des Verständnisses wirkt, und dagegen sorgfältiger auf ihren mit der inneren Geistestätigkeit eng verwebten Ursprung und ihren gegenseitigen Einfluß darauf zurückgehen."[53]

Sprache ist also im ursprünglichen Sinne des griechischen Begriffs *práxis*, Handeln, das sein Ziel in sich trägt, nicht *poíesis*, Machen, das auf ein Produkt zielt und sich in dem, was er erschafft, erschöpft. „Die Sprache spricht", lautet das berühmte Diktum von Martin Heidegger, der sich ausdrücklich auf Wilhelm von Humboldt bezieht.[54] Das Wesentliche der Sprache liegt im Sprechen, sie spricht, um zu sprechen – jenseits der Funktion des Worts als „Bezeichnung der Gegenstände und Vermittelung des Verständnisses", um noch einmal Humboldt zu zitieren.[55] Und Heidegger erinnert auch an einen der wichtigsten Texte romantischer Sprachbesinnung: Novalis' *Monolog*, in dem es heißt:

> „Der lächerliche Irrtum ist nur zu bewundern, daß die Leute meinen – sie sprächen um der Dinge willen. Gerade das Eigentümliche der Sprache, daß sie sich bloß um sich selbst bekümmert, weiß keiner."[56]

Nur als „Erzeugtes", nicht als „Erzeugung", nur als „Ergon", nicht als „Energeia" kann die Sprache missbraucht werden. Erst wenn sie sich in Worten kristallisiert, die als gängige Münze in Umlauf geraten, wenn jene sich als das Ergon, als das von der Sprache Erzeugte von ihr als Energeia loslösen, sich verdinglichen, dann erst wird sie zur manipulatorischen Macht oder, um noch einmal Nietzsche zu zitieren: zur „Gewalt für sich", welche „wie mit Gespensterarmen die Menschen faßt und schiebt, wohin sie eigentlich nicht wollen" – oder nur allzu gerne wollen, weil sie sich gerne fassen und schieben lassen, anstatt sich auf sich selbst zu besinnen und aus sich selbst heraus zu bestimmen. Das ist der „Wahnsinn der allgemeinen Begriffe", der „gewaltherrischen Worte", vor denen zumal dem Dichter graut, vor denen er sich lieber ins Schweigen zurückzieht. Die kristallisierten Worte, das sind die Augen im Brief des Lord Chandos, „die mich anstarrten und in die ich wieder hineinstarren muß". Es ist vor allem das verschriftlichte Wort, in dem sich „die Abgelöstheit der Sprache von ihrem Vollzug" (Hans Georg Gadamer) manifestiert.[57]

Deshalb ist die moderne Sprachreflexion seit Rousseau ein einziges Aufbegehren gegen die Dominanz der Schrift. Je größer die Sprachskepsis, ob bei Schiller, bei Nietzsche oder bei Hofmannsthal, desto entschiedener die Kritik an der Schrift, am „tintenklecksenden Säkulum",[58] zumal am gedruckten Wort. Auch Goethe stellt in der „Hegire" des *West-östlichen Divan* die moderne Schriftlichkeit in den Schatten der oralen Kultur der Patriarchenzeit: „Wie das Wort so wichtig dort war, / Weil es ein gesprochen Wort war."[59] (Derrida hat diese geradezu leitmotivische Abwertung des schriftlichen gegenüber dem mündlichen Wort in der modernen – und nicht nur modernen – Sprachreflexion bekanntlich als „Phonozentrismus" zu dekonstruieren unternommen.) Die Unzulänglichkeit der Sprache ist zumal die Unzulänglichkeit des geschriebenen Worts, die Nietzsche oder Hofmannsthal in den Spuren Wagners durch seine Wiedervereinigung mit Mimus und Musik aufzuheben trachten.

Das vom genetischen Vollzug der Sprache losgelöste Wort droht zur gängigen Münze zu werden, sagten wir. Der Vergleich von Sprache und Geld geht bis auf die Antike zurück, spielt eine wesentliche Rolle zumal in der Linguistik von Ferdinand de Saussure und kulminiert in Derridas Theorie der Dekonstruktion. Auch Nietzsche verwendet den Vergleich von Geld und Münze in seinem Traktat *Über Wahrheit und Lüge im außermoralischen Sinne.* Die von der originalen Anschauung sich entfernenden sprachlichen Metaphern seien „abgenutzt und sinnlich kraftlos geworden […], Münzen, die ihr Bild verloren haben und nun als Metall, nicht als Münzen in Betracht kommen".[60]

Die Sprache besteht aus solchen Münzen, die ihr Bild eingebüßt haben, aus verblassten Metaphern, Begriffen ohne originale Anschauung, in denen die Individualität der Dinge durch ihren – allein „zählenden" – Tauschwert ersetzt ist. Sie sind das Geld des Geistes, mit dem der moderne Zivilisationsmensch – das Mitglied in der Anspruchs- und Sprachregelungswelt der alle Kammern des öffentlichen und privaten Lebens durchdringenden Presse und Massenmedien – zahlt, zählt und rechnet. So wird die *wahre Sprache* zur *Ware Sprache*, die alles und jedes nach dem verbalen Tauschwert bemisst. Und wie eine Münze geprägt ist, so sind hier die Worte mehr und mehr in ihrer Bedeutung festgelegt. Wer ihre Prägung verändern will, läuft Gefahr, als Falschmünzer des Geistes gebrandmarkt, verdächtigt zu werden, Falschgeld in den Umlauf des herrschenden Diskurses zu schleusen.

Kein anderer Autor der Gegenwart hat sich – belehrt durch Erfahrungen am eigenen Leibe – mit diesem Problem intensiver auseinandergesetzt als Martin Walser, zumal in seiner Heidelberger Rede *Vokabular und Sprache oder Die Verwaltung des Nichts* (2003). Sie handelt von der Bedrohung der Sprache durch die „gestanzten" und „adressierten" Worte, die „machtergreifenden Vokabulare", die immer recht haben und herrschen wollen, im Wort das „Guterichtigewahre" vorschreiben. „Täglich tauchen neue Diskursfürsten mit neuem Kopfschmuck auf." Dem Kopfschmuck neuer, politisch und moralisch korrekter Vokabeln, die wie „Suchgeräte" eingesetzt werden, um intellektuelle Meinungsstörer dingfest zu machen. Der „rostfreie Intellektuelle" ist verlangt! „Jedes Vokabular ist darauf angewiesen, recht zu haben. Keine *Sprache* erhebt diesen Anspruch." Sobald sie ihn jedoch erhebt, „wird sie zum Vokabular". Dieses setzt auf „Verstehbarkeit", Sprache hingegen auf „Erfahrbarkeit".[61]

Walser demonstriert diesen Unterschied zumal an der Sprache der Religion und Theologie. Luthers Bibelübersetzung, die alten Kirchenlieder sind für ihn die *Sprache* ursprünglicher religiöser Erfahrung, die nachträglich in theologische Vokabulare um*gemünzt* wurden. Ein Beispiel dafür sind die zeitgeisttauglichen Bibelübersetzungen von der Aufklärung bis in die unmittelbare Gegenwart. Bereits der junge Goethe hat eine solche Übersetzung aufs Korn genommen: in seinem dramatischen *Prolog zu den neuesten Offenbarungen Gottes* (1774) parodiert er die Bibelmodernisierung des Gießener Theologieprofessors Karl Friedrich Bahrdt, der 1773 *Neueste Offenbarungen Gottes in Briefen und Erzählungen* herausbrachte, in denen er den Versuch unternahm, das Neue Testament in zeitgemäßes Deutsch und vor allem in die Formeln des aufgeklärten Denkens zu übersetzen.

In der Vorrede rühmte sich Bahrdt, den „ekelhaften morgenländischen Dialog modernisiert" zu haben. Die Frucht dieser Bemühung war dann ein Vaterunser, dessen Anfang lautet:

> „Gott! Vater der Menschen! Erfülle unser aller Herz mit Ehrfurcht gegen dich, als das allervollkommenste Wesen. Gründe und erweitere dein Reich (welches da ist, wo Weisheit und Tugend blühen)."

Und eine der Seligpreisungen der Bergpredigt klingt folgendermaßen:

> „Wohl denen, welche wohltätige und edelmütige Menschenfreunde sind. Sie sollen an ihrem Herren den gegen sich finden, welche sie selbst gegen ihre Nebenmenschen waren."[62]

In seinem parodistischen Dramolett lässt Goethe nun die vier Evangelisten mit ihren symbolischen Tieren einen Besuch bei Bahrdt abstatten, den ihr archaisch-rohes Auftreten freilich nur entsetzt. Der Theologe belehrt sie – bezeichnenderweise einmal mehr *Sprache* und *Geld* vergleichend:

Es ist mit eurer Schriften Art
Mit Euren Falten und eurem Bart,
Wie mit den alten Talern schwer,
Das Silber fein, geprobet sehr,
Und gelten dennoch jetzt nicht mehr.
Ein kluger Fürst der münzt sie ein,
Und tut ein feines Kupfer drein.
Da mags dann wieder fort coursieren.
So müßt ihr auch, wollt ihr roulieren,
Euch in Gesellschaft produzieren.
So müßt ihr werden wie unser einer,
Geputzt, gestutzt, glatt – es gilt sonst keiner.

Doch die Evangelisten suchen mit ihren Tieren das Weite. Nur der Ochse des Lukas bleibt noch einen Moment da, „geht Bahrdt zu Leib und tritt ihn zu Boden".[63] Was wir doch Bahrdts zeitgeistkonformen Nachfolgern in unserer Zeit nicht wünschen wollen.

Romano Guardini hat in einem Vortrag über *Die religiöse Sprache* (1959), auf den Martin Walser sich durchaus hätte berufen können, „ein echtes und ein unechtes religiöses Sprechen" unterschieden.

> „Echt ist es, wenn der Redende von eigener Erfahrung her spricht – oder doch so, daß er die eines Anderen Anteil nehmend mitvollzieht. Unecht ist es, wenn der Redende religiöse Wörter zu gesellschaftlichen, ästhetischen, politischen Zwecken handhabt; wenn er mit ihnen scheinreligiöse Empfindungen ausdrückt bzw. weckt, usf."

Dann werden sie eben mit Walsers Worten zum Vokabular. Die echte religiöse und überhaupt jede wahre Sprache – auch hier stimmt Guardini mit Walser überein – ist auf das Schweigen bezogen:

> „Wirklich sprechen kann nur, wer schweigen kann [...]. Ohne den Zusammenhang mit dem Schweigen wird das Wort zum Gerede".[64]

Fast ein halbes Jahrhundert nach Guardinis Rede sind wir nun endgültig in der Zivilisation der unendlichen Talk-Show angekommen, in der jeder gesellschaftliche und private Winkel mit Gerede ausgefüllt und die Angst vor den Schweigen als *horror vacui* universal geworden ist. Wie das Gesetz des Marktes keinen Raum ohne Waren, ohne Umlauf des Geldes duldet, so die „Ware Sprache" keinen Raum ohne verwertbare Worte.

Die abstrakte Herrschaft der Worte ist die Grundlage der modernen Sprachskepsis. Jene Herrschaft der Worte verteidigt und preist bereits Goethes Mephisto in der Schüler-Szene des *Faust I* mit allem ihm zu Gebote stehenden Sarkasmus:

Im ganzen – haltet Euch an Worte!
Dann geht Ihr durch die sichre Pforte
Zum Tempel der Gewißheit ein.
[…]
Denn eben wo Begriffe fehlen,
Da stellt ein Wort zur rechten Zeit sich ein.
Mit Worten läßt sich trefflich streiten,
Mit Worten ein System bereiten,
An Worte läßt sich trefflich glauben,
Von einem Wort läßt sich kein Jota rauben.
(Vs. 1990–2000)

Das sind die Worte, die nach Hofmannsthal „das Ich aus der Existenz" drängen. Die „wahre Sprache" hingegen kommt aus der Mitte der Existenz. „Sprache spricht Existierende an" (Martin Walser).[65] Bemerkenswert ist, daß Walsers Essay *Vokabular und Sprache* wie die sprachskeptischen Reflexionen Nietzsches und Hofmannsthals schließlich bei der Musik ankommt, die kein „Rechthabenmüssen" kennt, keine „machtergreifenden-Vokabulare" – ebensowenig wie die reine Sprache.[66] Sprache ist eben, wie der Titel des Aphorismus von Novalis besagt, im Grunde „Monolog": Sie spricht, will sie wesentlich sein, wie die Musik einzig mit sich selber.

Anmerkungen

1 Friedrich Nietzsche: Sämtliche Werke. Kritische Studienausgabe. Hrsg. v. Giorgio Colli u. Mazzino Montinari. München 1980. Bd. XII, S. 493.

2 Johann Wolfgang Goethe: Sämtliche Werke nach Epochen seines Schaffens. Münchner Ausgabe. Hrsg. v. Karl Richter. München/Wien 1985ff. Bd. 11.1.2, S. 27.

3 Ebd.

4 Vgl. Wolfgang Schadewaldt: Das Wort der Dichtung. In: Wort und Wirklichkeit. Herausgegeben von der Bayerischen Akademie der Schönen Künste. München 1960, S. 90–128, hier S. 102ff.

5 Ebd. S. 26f.

6 Walter F. Otto: Sprache als Mythos. In: Die Sprache. Hrsg. von der Bayerischen Akademie der Schönen Künste. München 1959, S. 115–125. Siehe auch ebd. S. 71f. (Friedrich Georg Jünger).

7 Hugo von Hofmannsthal: Gesammelte Werke in Einzelbänden. Hrsg. v. Bernd Schoeller in Beratung mit Rudolf Hirsch. Frankfurt a. M. 1979f.

8 Goethe: Sämtliche Werke. Münchner Ausgabe. Bd. 11.1.2, S. 88.

9 Ebd. S. 89.

10 Ebd. S. 18.

11 Gottfried Benn: Gedichte in der Fassung der Erstdrucke. Mit einer Einführung herausgegeben von Bruno Hillebrand. Frankfurt a. M. 1982, S. 304.

12 Friedrich Schiller: Sämtliche Werke. Bd. I. Hrsg. v. Albert Meier. München/Wien 2004, S. 313.

13 Schillers Selbstcharakteristik. Aus seinen Schriften nach einem älteren Vorbild neu herausgegeben von Hugo von Hofmannsthal. Frankfurt a. M. 1959, S. 121.

14 Hugo von Hofmannsthal: Sämtliche Werke. Kritische Ausgabe. Bd. XIV. Dramen 12. Hrsg. v. Jürgen Fackert. Frankfurt a. M. 1975, S. 139.
15 Hofmannsthal: Gesammelte Werke. Dramen IV, S. 437.
16 Vgl. Hugo von Hofmannsthal: Gesammelte Werke. Reden und Aufsätze III, S. 449 u.ö.
17 Ebd. S. 560.
18 Kurt Mauthner: Beiträge zu einer Kritik der Sprache. Stuttgart 1901. Bd. I, S. 93.
19 Ebd. S. 122.
20 Ebd. S. 97.
21 Ebd. S. 95f.
22 Nietzsche: Sämtliche Werke. Kritische Studienausgabe. Bd. I, S. 878.
23 Ebd. S. 879.
24 Ebd. S. 879f.
25 Ebd. S. 881.
26 Ebd.
27 Ebd. S. 886.
28 Ebd. S. 882f.
29 Ebd. S. 887.
30 Jean Paul: Werke. Hrsg. v. Norbert Miller. Bd. IX, S. 184.
31 Nietzsche: Sämtliche Werke. Bd. I, S. 888f.
32 Ebd. S. 887.
33 Hofmannsthal: Gesammelte Werke. Erzählungen. Erfundene Gespräche [...], S. 465.
34 Ebd. S. 466f.
35 Ebd. S. 472.
36 Nietzsche: Sämtliche Werke. Bd. I, S. 455.
37 Hofmannsthal: Gesammelte Werke. Gedichte. Dramen I, S. 282.
38 Ebd. S. 455f.
39 Ebd. S. 456.
40 Ebd. S. 458.
41 Nietzsche: Sämtliche Werke. Bd. VI, S. 30.
42 Sämtliche Werke. Bd. I, S. 455.
43 Hofmannsthal: Gesammelte Werke. Gedichte. Dramen I, S. 115.
44 Gesammelte Werke. Reden und Aufsätze I, S. 479f.
45 Nietzsche. Sämtliche Werke. Bd. VII, S. 267.
46 Ebd. S. 303.
47 Nietzsche: Sämtliche Werke. Bd. I, S. 95.
48 Ebd. S. 109f.
49 Hofmannsthal: Gesammelte Werke. Dramen IV, S. 557f.
50 Sämtliche Werke. Kritische Ausgabe. Bd. XIV, S. 82.
51 Hofmannsthal: Gesammelte Werke. Dramen V, S. 510f.
52 Wilhelm von Humboldt: Über die Verschiedenheit des menschlichen Sprachbaues. Berlin 1836, § 8, S. 41.
53 Ebd.
54 Martin Heidegger: Der Weg zur Sprache. In: Die Sprache. Hrsg. von der Bayerischen Akademie der Schönen Künste, S. 93–114. Vgl. ebd. S. 116 (Walter F. Otto).
55 Humboldt: Über die Verschiedenheit des menschlichen Sprachbaues, § 8, S. 41.
56 Novalis: Werke. Hrsg. u. kommentiert von Gerhard Schulz. 2., neubearbeitete Aufl.. München 1981, S. 426.
57 Hans Georg Gadamer: Wahrheit und Methode. Tübingen 1965, S. 367.
58 Schiller: Sämtliche Werke. Bd. I, S. 502 (*Die Räuber* I/2).
59 Goethe: Sämtliche Werke. Münchner Ausgabe. Bd. 11,1,2, S. 9.
60 Nietzsche: Sämtliche Werke. Bd. I, S. 881.
61 Martin Walser: Vokabular und Sprache oder Die Verwaltung des Nichts. In: Sind wir noch das Volk der Dichter und Denker? Sammelband der Vorträge des Studium Generale der Ruprecht-Karls-Universität Heidelberg im Wintersemester 2002/2003. Heidelberg 2004, S. 77–90.

62 Zitiert nach: Goethe: Dramen 1765–1775. Unter Mitarbeit von Peter Huber hrsg. v. Dieter Borchmeyer. In: Goethe: Sämtliche Werke. Briefe, Tagebücher und Gespräche. I. Abt. Bd. 4. Frankfurt a. M. 1985, S. 902ff.

63 Ebd. S. 440f.

64 Romano Guardini: Die religiöse Sprache. In: Die Sprache. Hrsg. v. d. Bayerischen Akademie der Schönen Künste, S. 11–31, hier S. 12f.

65 Walser: Vokabular und Sprache, S. 89.

66 Ebd. S. 82 u. 89.

Rüdiger Görner

Von der Wörtlichkeit der Literatur

„Im Verhältniß zur Musik
ist alle Mittheilung durch Worte von schamloser Art;
das Wort verdünnt und verdummt;
das Wort entpersönlicht:
das Wort macht das Ungemeine gemein".
Nietzsche, Nachgelassene Fragmente (Herbst 1887)[1]

Literatur gewinnt den gewöhnlichen Dingen Ungewöhnliches ab. Ihre Sprache ist kommunikatives Wagnis; denn sie thematisiert, was jeder in Gesprächssituationen erlebt hat: Das dem anderen Gesagte kommt selten so an, wie es gedacht war. Worte muten zu, sind Wagnis deshalb, weil sie stets Gefahr laufen, aus dem „Verständigungskreislauf ausgeschieden" zu werden, wie der Erzähler in Nicolaus Borns Roman *Die Fälschung* (1979) sagt, ein Roman übrigens, den zu vergessen wir uns schwerlich leisten können, ein Roman über die Sprachkrise in der politischen Berichterstattung über Krisenherde; sein Beispiel war der Libanon-Krieg, der vom Versagen der Worte angesichts des Grauens im zerstörten Beirut handelt, von einem sprachlichen Versagen, aus dem scheinbar folgerichtig eine Lebens- und Beziehungskrise wird. In Borns Roman gehen dem Berichterstatter buchstäblich die Worte aus, als er schlagartig erkennen muss, dass seine, gar alle Sätze über die Wirklichkeit ‚falsch' sind. Gerade die Worte des Alltags greifen nicht mehr; und so kommt er zu dem Befund: „Vielleicht sind die pathetischen Wörter hier die genauesten."[2]

Pathetisch? Daran soll es nicht fehlen. Einst habe Gott, so raunt Hölderlin in einem Fragment, im Gewitter gesprochen, und der Dichter habe warten müssen, bis die „Frucht" solcher Rede, das Wort, „gemeiner", „alltäglicher" geworden sei, bis es die „Sterblichen" sich wieder aneignen konnten. Wenn aber keine Dichter da sind, um dieses aus dem göttlichen Gewitter gefallene Wort aufzufangen? Was wenn es im nur noch Banalen verelendet, womöglich gar verendet?

Als die Worte über ihr Elend reden lernten, gerieten die Bilder filmisch ins Laufen; und dem Menschen verging dabei Hören und Sehen, weil es ihm damals schon die Sprache verschlagen hatte über den Stand der Dinge in der Welt. Sprach-und kulturkritische Phasen spielen sich auf diese Weise in relativ regelmäßigen Abständen seit dem Anbruch der Moderne ab, den man bei Hölderlin ahnt und bei Hofmannsthal und Wittgenstein versichert bekommt. Was in diesen Krisen besonders hervorzutreten pflegt, ist die Schlagwortmentalität. Sie bedurfte freilich unseres Medienzeitalters, damit sie ihre „tödlich-factische" Wirkung, um wieder Hölderlin ein erschreckend treffendes Wort zu entleihen, ganz entfalten konnte. Denn der Jargon mancher Medien ist – man weiß es zur Genüge – um Fakten schaffende Totschlagsmentalitäten nicht verlegen. In einem Rundfunkgespräch hatte Nicolas Born im Dezember 1975 beklagt, dass auch die Wissenschaften nur noch ein Schlagwortbewusstsein bedienten, wobei die „Versinnlichung und die Phantasie" des Gesagten ausgespart bleibe und das Sprechen verkümmere.[3] Damit einher gehe die Entwirklichung der Wirklichkeit.

Was neuerdings den Kulturwissenschaften die sogenannten, im Vergleich zu den Cultural Studies ideologisch offenbar etwas abgerüsteten „Wirklichkeitswissenschaften" werden sollen, verspricht unter Literaten der „relevante Realismus" zu werden. Matthias Politycki begründet ihn wie folgt:

> „Ein Relevanter Realismus, wie ich ihn verstehe, hat hier und nur hier seine Wurzel: in einem Sprachgefühl, das aus der Fülle seines Materials auch wieder die Fülle der Gedanken ermöglicht; das aus der umfassenden Kenntnis grammatikalischer Strukturen unsre komplizierte Wirklichkeit einzig angemessen inszeniert [...]."[4]

Als Mitte der sechziger Jahre eine ähnliche Diskussion über das Wechselverhältnis von Wirklichkeit, Alltag, ihren Sprachformen und der Literatur stattfand, gab Elias Canetti zu bedenken, dass „Realismus" immer auch bedeute, das in den Mythen Vorgefundene in der Literatur neu zu realisieren. Er trat ein für ein unablässiges Lernen des Schriftstellers von den anthropologischen Grundwissenschaften, der Ethnologie etwa, und ihrem Wissen über materielle Lebensweisen, Riten und Glaubensformen im Gegensatz zu einer Jagd des Schriftstellers nach dem jeweils Aktuellen, „banal" oder „wahllos Neuen".[5]

Wittgenstein nannte bekanntlich Sätze Bilder der Wirklichkeit, und er behauptete im *Tractatus* (1921), dass der Satz seinen Sinn *zeige*.[6] Dieses Zeigen verlange, dass wir den Zeichencharakter des Aus-Gesagten erkennen und entsprechend zu reagieren vermögen. In der *Philosophischen Grammatik* spricht Wittgenstein dann sogar von einer „Grammatik des Zeichens", von der Struktur des Sagens und damit auch von der Art und Weise des Zeigens. Und er fragt: „Ist die Bedeutung wirklich nur Gebrauch des Worts? Ist sie nicht die Art, wie dieser Gebrauch in das Leben eingreift?"[7] Dabei verweist er auf den Umstand, dass ein Wort, „ach" zum Beispiel, eine Gebärde sein könne.

Worte als Sprachgebärden verstanden, das ist eine Vorstellung, die auf den performativen Charakter von Sprache und damit auf die Bühne verweist. Die These, dass sich das Wort selbst darzustellen vermag, verbindet Wittgenstein mit dem modernen Drama.

Das „Ach", das bekanntlich seit Kleists *Amphitryon* Karriere gemacht hat, verweist uns damit auch auf einen Autor, dessen Verhältnis zur Wirklichkeit und ihrer Wirkung auf das Schreiben äußerst gespannt war. Im Sommer 1811 schreibt Kleist in einem Brief:

> „So geschäftig dem weißen Papier gegenüber meine Einbildung ist, und so bestimmt in Umriss und Farbe die Gestalten sind, die sie alsdann hervorbringt, so schwer, ja ordentlich schmerzhaft ist es mir, mir das, was wirklich ist, vorzustellen."[8]

Das bedeutet zweierlei: Zum einen glaubte Kleist, seiner Imagination trauen zu können ganz im Gegensatz zu seiner Unfähigkeit, Wirklichkeit und mit ihr das Alltägliche zu erfassen. Zum andern ging er doch davon aus, dass es aber diese eindeutig identifizierbare Wirklichkeit tatsächlich gebe. Noch Nietzsche sollte ähnlich ambivalente Töne anstimmen, wenn er Ende 1886 behauptet: „Ein Künstler hält keine Wirklichkeit aus" (KSA 12, 253), gesagt zu einer Zeit, als naturalistische und symbolistische Modelle zur Erfassung von realer Lebenswelt, gleich ob es sich um Triebe handelte, den Seewind oder den Fächer der Madam Mallarmé, miteinander zu konkurrieren begannen.

Literatur verwirklicht sich, sprich: schafft ihre eigene Wirklichkeit als artistisches Sprachspiel und legt behutsam oder wirft provozierend die verschiedenen Bedeutungen eines Wortes, sei es alltäglicher, philosophischer oder wissenschaftlicher Herkunft, auf die Waagschale des ästhetischen Urteils. Seit dem platonischen Gespräch des Sokrates mit Hermogenes und Kratylos ist bekannt, dass diesem Literatur-Werden der Sprache ein Benennungsproblem vorausgeht, wobei die philosophische Dialogform, in der diese drei Dialektiker das Problem der Benennung verhandeln, ihrerseits bereits an der Schwelle zur Literatur steht. Wie nahe der platonische Dialog der Literatur kommt, wäre dann ersichtlich, wenn man, was, soweit ich sehe, bislang noch nicht geschehen ist, diese Dialoge dramatisierte, also bühnenfähig machte. Unter den Modernen hat Paul Valéry am weitesten in diese Richtung vorgearbeitet, etwa in seinem später von Rilke übertragenen Dialog *Eupalinos oder über die Architektur*. Denn was diese Dialoge Platons vorführen, ist das Drama des Wissens – mit tragischen, komödienhaften und erkenntniskritisch-läuternden Einlagen.

Das Benennungsproblem, die Frage nach dem Verhältnis von bezeichnendem Wort zu bezeichnetem Ding, wird, wie gesagt, von befreundeten und doch gegeneinander kritisch eingestellten Dialektikern *verhandelt*. Das sei wörtlich verstanden, wie ja auch diese platonischen Dialektiker alles daran setzen, ihre Sprache wörtlich zu nehmen und deutlich zu machen, wenn es ihnen auf die übertragenen Bedeutungen ihrer Worte ankommt. Sokrates nämlich stellt die nur rhetorisch gemeinte Frage: „Also ist auch das Benennen eine Handlung, wenn das Reden ein Handeln mit den Dingen war?"[9] – ein Handeln nämlich mit dem, wie er ausdrücklich sagt, „Werkzeug" namens Wort.

So wie der Kratylos-Dialog den engen Zusammenhang von Verhandeln oder Aushandeln bestimmter Worte und ihrer Bedeutungen nebst ihrem Verhältnis zu den Dingen und der eigentlichen Handlung des Benennens in Erinnerung ruft, stellt die aristotelische Poetik ein intimes Verhältnis zwischen Handlung und Nachahmung her. Nach Aristoteles ist der Dichter ein Nachahmer von Handlungen, wobei er einräumt, dass dieses Nachahmen auch erfinderische Qualitäten habe. Sie treten dann besonders in den Vordergrund, wenn der Dichter das aristotelische Nachahmungsgebot als Aufforderung zur Parodie der Wirklichkeit oder der alltäglichen Begebenheiten auffasst. Ahmt der Dichter Handlungen nach, dann – so Aristoteles – schafft er einen Mythos. Handlungen können in ihr Gegenteil umschlagen, was Aristoteles eine Peripetie nennt; sie können auch zu einer unverhofften Entdeckung führen, zu einem „Umschlag aus Unwissenheit in Erkenntnis".[10] In jedem Fall äußert sich in den Handlungen der Literatur eine Energie, als deren Quelle erst Humboldt die Sprache selbst ausmacht. Seine These lautete bekanntlich, dass die Sprache kein *ergon* sei, sondern eine *energeia*, was für die Literatur bedeutet, dass sie als eine die Wirklichkeit nachahmende oder nacherfindende Sprachform gar nicht anders kann, als dieses „Tätigkeitsmoment" in sich aufzunehmen.

Noch bei Sartre wirkte dieses platonisch-aristotelische Modell des Verhältnisses von Sprache und Literatur nach, wie sein großes autobiographisches Essay *Die Wörter* (1964) belegt. Sartre handelte von seinem verbalen Lebensstoff in zwei Abschnitten: Lesen und Schreiben, wobei es ihm auf diese „Peripetie" ankam: den Umschlag vom bloßen Aufnehmen ins eigene Schaffen. Aber was heißt hier „bloß"? Sartre beschreibt sein kindliches Lesen im Arbeitszimmer des Großvaters Charles Schweitzer als einen Dauerakt außerordentlicher Selbstinszenierung. Der kleine Jean-Paul spielte den Leser, ahmte das Lesen des Großvaters nach, ohne zu verstehen, was er da las. Er gefiel sich in der ihm von den Erwachsenen zugesprochenen Rolle des Wunderkindes. Bald lernt er, alles zu inszenieren, den Umgang mit Namen und mit Dingen und mit Worten. Er liest Fontenelle, Aristophanes, Rabelais und kommentiert im Rückblick:

> „Die Sätze leisteten mir genauso Widerstand wie die Dinge; man musste ihnen auflauern, sie umgehen, man musste so tun, als entferne man sich, um dann rasch zu ihnen zurückkommen, wollte man sie unbewaffnet überraschen: die meiste Zeit behielten sie ihr Geheimnis für sich. […] Den Sinn dieser harten und schwarzen Wörter habe ich erst zehn oder fünfzehn Jahre später kennengelernt, und auch heute noch haben sie ihre Dichtigkeit beibehalten: sie sind der Humusboden meines Gedächtnisses."[11]

Die Erfahrung des Neunjährigen stilisiert Sartre zur Urerfahrung des Intellektuellen, dessen Idealismus sich auf den Realismus des Kindes gründe: „Da ich die Welt durch die Sprache entdeckt hatte, nahm ich lange Zeit die Sprache für die Welt." Worauf es ihm fortan ankam: die lebenden Dinge mit der „Schlinge der Sätze" einzufangen. Hatte er zuvor sein Lesen inszeniert, so inszenierte er nun schreibend die Worte:

> „Wenn ich die Wörter geschickt kombinierte, so verfing sich das Objekt in den Zeichen, und ich konnte es halten. Ich begann damit, mich im [Jardin du] Luxembourg durch das glänzende Scheinbild einer Platane faszinieren zu lassen: ich beobachtete sie nicht, ganz im Gegenteil, ich vertraute der Leere, ich wartete; nach einem Augenblick kam ihr echtes Blattwerk hervor unter dem Aspekt eines einfachen Eigenschaftswortes oder bisweilen eines ganzen Satzes."

Noch pointierter gesagt: Er wollte „Wortkathedralen errichten unter dem blauen Auge des Wortes Himmel".[12] Zuletzt sollte Sartre in seinem biographischen Großprojekt über Flaubert diese Erfahrung auf den Autor der *Madame Bovary* übertragen und in ihm nachweisen, dass sein Leben im Grunde in einer umfassenden Logographie – gerade auch der warenhaften Gebrauchswörter des Alltags – aufgegangen sei.

Die literarisch gewordene Sprache besteht aus Wörtern, die sich exponiert haben. Im literarischen Text setzt sich das Wort aus. Ausgesetzt auf den Fluten der Bedeutungen, Kontexte, aber auch außersprachlichen Prozesse versucht das Wort, sich im Satz oder Vers zu behaupten. Besonders exponiert weiß es sich im Gedicht, im Werbetext, in der Zeitungsüberschrift. Folgerichtig war, dass in der Nachkriegskommerzwelt Ingeborg Bachmann das Gedicht „Reklame" schrieb, nebst anderem eine Hölderlin-Paraphrase, durchsetzt von poetisierten Werbesprüchen („Wohin aber gehen wir [...] / wenn es dunkel und wenn es kalt wird", was in Stil und Duktus zwingend an die zweite Strophe von „Hälfte des Lebens" erinnert: „Weh mir, wo nehm' ich, wenn / Es Winter ist, die Blumen [...] Die Mauern stehn / Sprachlos und kalt [...]"). Montage, Collage sind die bevorzugten Medien einer Avantgarde, die den Jargon, die Bilder oder Klänge des Alltags seinem Gebrauchswert entfremdet, diesen Entfremdungsprozess zum Kunstakt erklärt und sie damit einem neuen Wert zuführt. In Bachmanns Gedicht zitiert sich diese Reklamewelt durch Wendungen wie „ohne sorge sei ohne sorge", „heiter und mit Musik", „in die Traumwäscherei ohne sorge sei ohne sorge". Die „Fragen und den Schauer aller Jahre", die im Jahre 1956 jüngste Vergangenheit also, sie lassen sich offenbar durch die traumhafte Warenwelt rein waschen. Und der Rundfunkspruch, demzufolge mit Musik alles besser gehe, erlebt im Gedicht jedoch einen radikal ernüchternden Kontrapunkt: Was „wenn Totenstille / eintritt"?[13] Es ist dies der Krisispunkt, an dem die Sprache des Alltags nicht mehr in Poesie umschlagen kann, es sei denn, dieser Alltag reflektiert sich selbst wie im ersten Abschnitt von Natalie Sarrautes poetischen Reflexionen *Wortgebrauch* („L'usage de la parole", die mit dem deutsch zitierten Wort „Ich sterbe" beginnen und sich zu einem inneren Monolog Anton Tschechows entfalten. Sarraute zeigt, wie Grundworte des Alltags („Auf bald", „Und warum nicht?", „Dein Vater. Deine Schwester", „Das Wort Liebe", „Ästhetisch" [...], „Ich verstehe nicht") sich buchstäblich in Gang setzen, bewegen können und zu poetisch Handelnden werden.[14] Dass ein solches Worthandeln lyrische und novellistische sowie andere, genrespezifische Formen annehmen kann, hat Michail Bachtin untersucht und deutlich zwischen dem „Wort in der Poesie und dem Wort im Roman" unterschieden.[15] Er sieht die Literaturfähigkeit des Wortes in seiner Dialogizität begründet, was vor allem für die Prosa, gerade auch für die „Alltagsprosa" von Bedeutung sei. Das Wort sei „dialogisch" orientiert, so Bachtin, und mit Intentionen „besetzt" oder „geladen", woraus er eine semiotische Kulturtheorie abzuleiten versuchte. In der Erzählung und im rhetorisch konditionierten Drama komme dieser Aspekt des Wortes besonders zum Tragen, nicht dagegen in der Poesie, die eine sprachlich sich selbst genügende Welt aufbaue. Indirekt widerspricht der Neoformalist Bachtin damit dem Verdacht der Spätmoderne, demzufolge das Gedicht, wie Gottfried Benn um 1950 wiederholt formuliert, monologisch (geworden) sei.

Diese Unterscheidung zwischen prosaischer und poetischer Transformation der Alltagssprache weist auf Humboldt zurück, der darauf genau in der Mitte seiner großen als Einleitung zum sogenannten *Kawi-Werk* konzipierten Abhandlung *Über die Verschiedenheit des menschlichen Sprachbaues und ihren Einfluss auf die geistige Entwicklung des Menschengeschlechts* (1830/35) zu sprechen kommt. Humboldt geht zwar von einer Wurzel beider Ausdrucksformen aus, begreift jedoch die Prosa als umfassende und prinzipiell allem Alltäglichen offene Darstellung von Wirklichkeiten, wogegen die Poesie ein „geschlossener Kreis" sei und nie den Anspruch erheben, „alles" aufzunehmen.[16] Zudem verweist er auf den musikalischen Charakter von Poesie, wodurch das alltägliche Wort in einen ganz anderen sinnlichen Zusammenhang gebracht werden könne. In einem Gedicht „klingt" ein Alltagswort eben anders als in einem Prosasatz.

Bachtin verweist uns aber auch auf ein anderes Phänomen, das für den Übergang von Alltagssprache in Literatur maßgeblich ist. Er hielt jedes „Wort der Sprache" für ein im Prinzip

> „halbfremdes Wort. Es wird zum ‚eigenen', wenn der Sprecher es mit seiner Intention, mit seinem Akzent besetzt, wenn er sich das Wort aneignet, es mit seiner semantischen und expressiven Zielsetzung vermittelt."[17]

In der Literatur besäße demnach jedes Wort eine intentional eindeutige Ausrichtung. Literatur besteht folglich aus Worten, die zunächst einmal des Kontexts der Alltagssprache zumindest teilweise entkleidet, in neue Sinn- oder Nonsens-Kontexte gestellt und damit stilistisch und konzeptionell neu intentionalisiert worden sind.

Versteht man Literatur als eine sprachliche Sondersituation, dann ist zu berücksichtigen, dass sich darin auch das Nicht-Beabsichtigte ereignen kann. Sigmund Freud berichtet unter dem Stichwort „kombinierte Fehlleistungen" in seiner Schrift *Zur Psychopathologie des Alltagslebens* von einem Bühnendarsteller, der in Frank Wedekinds Einakter *Die Zensur* die Sentenz „Die Furcht vor dem Tode ist ein Denkfehler" bei drei Vorstellungen in Gegenwart Wedekinds je verschieden wiedergab, und zwar so: „Die Furcht vor dem Tode ist ein Druckfehler", „die Furcht vor dem Tode ist ein Denkzettel" und „die Furcht vor dem Tode ist ein Druckzettel".[18] Freuds Pointe ist, dass Wedekind mit allen „Versionen" einverstanden gewesen sei. Hier war es offenbar die jeweilige Situation, die Disponiertheit des Schauspielers, die durch diese „Fehlleistung" dem Wort nicht nur einen neuen Intentions-Akzent verlieh, sondern es de- und re-kontextualisierte und neologistisch umprägte als Variationen der Alltagswörter „Denkzettel" und „Druckfehler". Hierher gehört auch die schon von E.T.A. Hoffmanns Kater Murr geäußerte Ansicht, „dass Autoren ihre kühnsten Gedanken, die außerordentlichsten Wendungen, oft ihren gütigen Setzern verdanken, die dem Aufschwunge der Ideen nachhelfen durch sogenannte Druckfehler".[19] George Steiner zitiert einen ähnlich spektakulären Fall von einer Fehlleistung eines Setzers, der die Alltagssprache im Sinn hat und unbewusst eine literarische Wendung korrumpiert und dadurch aber das Alltagswort neu literarisiert. Gemeint ist Thomas Nashe's Wendung „brightness falls from the air" und des Setzers durchaus hochpoetische Umsetzung in: „brightness fell from her hair".[20]

Sprache versteht sich als Mittel der Verknüpfung jeglicher Erfahrungen. Humboldt hat wiederum als Erster erkannt, dass sich diese Eigenschaft ihrem Setzungscharakter verdanke. Er spricht vom „selbstthätigen Setzen" der Wortarten und geht diesem Vorgang sprachvergleichend nach. Seine Ausführungen über die Selbstsetzung des Verbs gipfelten in der zwischen metaphernsüchtiger Literatur und philosophischer Sprachtheorie angesiedelten Bemerkung: „Der Gedanke, wenn man sich so sinnlich ausdrücken könnte, verläßt durch das Verbum seine innere Wohnstätte und tritt in die Wirklichkeit über."[21]

Humboldt behauptete den engen Zusammenhang von Denken und Sprechen. Seine These, dass der Mensch das, was er denken kann, auch zu sagen vermöge, ist inzwischen Gegenstand der experimentellen Psycholinguistik geworden, wie sie etwa als Evolutionspsychologe geschulte Steven Pinker in seinen Untersuchungen *The Language Instinct*, *How the Mind Works* und *The Stuff of Thought* vertritt. Pinker hält es für erwiesen, dass unsere Denk- wie Sprachstrukturen angeboren sind, was insbesondere für unsere Neigung gilt, Sachverhalte durch Metaphern oder in analytischer Darstellungsweise auszudrücken, einschließlich unserer

Tendenz, abstrakte Vorstellungen sinnlich zu konkretisieren. Pinker geht dabei von parallelen Sprachstrukturen im menschlichen Gehirn aus, die bestimmte Worte für bestimmte Ausdrucksebenen rein emotional oder rein grammatisch miteinander in Verbindung bringen.

Denkbar, dass ein Parallelismus zwischen Alltagssprache, Literatursprache und ihrem Gebrauch durch den Schriftsteller vorliegt. Was etwa geschieht zwischen diesen beiden Sprachebenen, wenn Paul Celan schreibt:

> „KLEIDE DIE WORTHÖHLEN AUS / mit Pantherhäuten, / erweitere sie, fellhin und fellher, / sinnhin und sinnher, / gib ihnen Vorhöfe, Kammern, Klappen / und Wildnisse, parietal, / und lausch ihrem zweiten / und jeweils zweiten und zweiten / Ton.“[22]

Der Kommentar verweist auf das in Celans Bibliothek vorhandene Lehrbuch von Adolf Faller, *Der Körper des Menschen. Einführung in Bau und Funktion*, das ein Jahr vor der Niederschrift dieses Gedichtes erschienen war und auf den darin enthaltenen Satz: „Die innere Herzhaut kleidet die Herzhöhlen aus und bildet die Herzklappen.“[23] Celan überführt diese anatomische Beschreibung in eine poetische Aufforderung an sich selbst und jeden Verständigen, die Herzhöhlen als „Worthöhlen“ zu begreifen, ins Innere der Worte vorzudringen, sie durch eine ungewohnte Innenauskleidung, mit Raubtierfellen nämlich, widerstandsfähig zu machen. Das alltäglich zu erfahrende wankelmütige Hin und Her wird auf dieses Fell, also den tote Restbestand einstiger Wildheit und Instinktwelt, und den Sinn bezogen. Die Worte sollen auf diese Weise ein neuartiges, an Rilke gemahnendes „Herzwerk“ werden, anatomisch-strukturell genau dem Lebensmuskel schlechthin entsprechend, bis hin auf den *im* Wort erzeugten „zweiten Ton“, der im Herzen – laut Fallers von Celan angestrichener Auskunft – von der semilunaren Klappe erzeugt wird, daher „Klappenton“ heißt und kürzer, entsprechend heller als der erste Herzton klingt.

Sprache sieht sich hier vom Dichter in ihrem puren Materialcharakter erkannt, der ihr aber ihrer bestimmten wissenschaftlich festgelegten Bedeutung eine korrespondierende Poetizität abgewinnt und den Alltagscharakter von einigen dieser Worte zum Schein aufrechterhält. Wer jedoch nicht versteht, dass sich „die Pantherhäute“ auf die innere Herzhaut bezieht, nicht erkennt, was es mit dem wiederholten „zweiten Ton“ auf sich hat, nicht weiß, dass „parietal“ bedeutet „nach der Körperwand hin liegend“ und auch den Bezug auf Rilkes Wort „Herzwerk“ und das Gedicht „der Panther“ nicht erfasst, kann dennoch einen Zugang zu dieser Scheinvertrautheit mit der Materie herstellenden Gedicht finden. Ihm stünden ausgehöhlte Worte mit kuriosem Innenfutter vor Augen, irgendwie neu zu füllende Räume und ein darin durch die Felle wohl nur gedämpft wahrnehmbarer „zweiter Ton“, der zwischen „sinnhin und sinnher“ erzeugt wird.

Dem Übergang vom Alltagswort zum literarischen Ausdruck entspricht in der bildenden Kunst das „objet trouvé“, der aus dem alltäglichen Gebrauchszusammenhang heraus gelöste Gegenstand. Er sieht sich ausgestellt, collagiert, verfremdet. Ausgestellt wird eigentlich das Gefunden-Haben eines solchen Gegenstandes, sein Herausgelöstsein, seine Verfremdung in ungewohnten Kontexten. Davon lebte die Kunst eines Marcel Duchamp und überhaupt des Surrealismus.

In der Literatur der Moderne geht es wesentlich um die „mots trouvés“, die da und dort aufgefunden Worte, die sich in sinnlosem Enzyklopädismus auflisten lassen, wie dies bereits Flauberts personifizierte Vergeblichkeiten im Bereich Wissenserwerb, Bouvard und Pécuchet, vorgeführt haben oder Rilke in der *Neunten Duineser Elegie* die vom Wanderer „erworbenen“, man könnte auch sagen, vom Weg aufgelesenen Worte: „Haus, Brücke, Brunnen Tor, Krug, Obstbaum, Fenster“.[24] Rilke sollte übrigens noch einmal auf diese Weise mit Worten des Alltags und ihrer literarischen Rekontextualisierung experimentieren, und zwar in seiner Prosa *Das Testament*, einem Dokument einer schweren Schaffenskrise, ein Jahr vor der Vollendung der *Elegien* und *Orpheus*-Sonette. Einige Zeilen aus diesen Wortlisten seien zitiert: „Wespe Herz Kino (Kind) Trauer Taufall“ oder „Haartracht Zäune Taifun Ach Wiege Mai“, ebenso „Wiederkehr Liebling Taucher Vogelkopf“. Eine Struktur in diesen Aufzählungen erkennen zu wollen wäre absurd, weil ja gerade diese Reihung jede Form von System oder bekannter poetischer Form zu unterlaufen trachtet.

Und dennoch lässt sich ein Sinn in dieser Fülle von „mots trouvés“ auffinden, nämlich Rilkes Versuch, sich des Sprachmaterials neu zu versichern, das „Wirklichkeit“ zu bezeichnen scheint. Das wäre denn auch die Grundfrage, die sich bei der Literarisierung der Sprache wieder und wieder stellt: Transportieren die Worte des Alltags Lebenswirklichkeit? Lässt sich diese lebensvolle Wirklichkeit in diesen Worten, wenn sie vom Dichter als „mots trouvés“ behandelt werden, noch bewahren? Oder befinden wir uns nicht stets auf der Suche nach – durchaus im Goetheschen Verständnis – Urworten, also gemeinsamen Wurzeln oder Nennern von literarisierter Alltagssprache, oder im „geflügelten Wort“ veralltäglichter Dichtung?

Rilke spricht einmal von der „Wirklichkeit im Herzzwischenraum“;[25] es ist ein Raum im Innersten des Inneren, dort, wo die geläuterten Eindrücke und die dazu gehörenden Worte aufbewahrt werden, wo es kein Benennungsproblem mehr gibt. Man betritt diesen Raum, wenn man erkennt, dass das „Werk des Gesichts getan“ sei und man sich nun dem, wie Rilke sagt, „Herz-Werk“ zuwenden sollte, der Arbeit „an den Bildern in dir“.[26]

Dieses Arbeiten ist in erster Linie Wortarbeit, wobei unklar bleiben muss, ob der Schriftsteller tatsächlich in der Lage ist, zwischen dem inneren Wort-Bild und der äußeren Wirklichkeit zu unterscheiden. Nicht nur für Rilke gilt, dass vermeintliche Kunstwörter für Dichter auch Alltagswörter sind. Wenn Rilke einer Briefpartnerin, es war Erika Mitterer, den Ausdruck zuwarf: sei „Fangender und Ball“, dann war das eine Wendung, die er im Gedicht und im Gespräch hätte verwenden können wie auch das Wort „Ur-Leid" oder „Gussform des Leeren".

In Anlehnung an Rilke notierte Francis Ponge bei Gelegenheit: „Der Dichter ist ein ehemaliger Denker, der zum Arbeiter geworden ist." Und weiter: „Der Dichter ist ein Imitator logischen Gebarens."[27] Das bedeutet auch, dass er die Logik der Alltagssprache im Kunstakt imitiert. Aber er trachtet auch danach, dieses Alltägliche um das Andere zu erweitern, jene Wissens- und Erfahrungsräume, die ihm – im zuvor zitierten Sinne Canettis – Wissenschaften erschließen. Es gilt für den Schriftsteller, den Künstler, das Andere zu imaginieren und dieser Imagination seine Sprache zu geben, die „impuissance à imaginer l'Autre" zu überwinden, von der Roland Barthes sprach.[28] Was dadurch gelingen kann, ist viel, nämlich der Rede vom Anderen, Andersseienden das Denunziatorische zu nehmen; denn wer allzu sehr das Andere betont, mag versucht sein, Andersartigkeit zu stigmatisieren.[29] Literatur, die sich imaginativ mit dem Anderen auseinandersetzt, kann diesen kleinbürgerlichen Dünkel unterlaufen. Gerade weil sich bedeutende Literatur so auf den phantasiereichen Umgang mit dem Anderen versteht, kann sie selbst stets nur als ein Anderes wahrgenommen werden. Literatur erweist ihre sogenannte Relevanz nicht allein dadurch, dass sie jedes Fluchwort, jeden Jargon, jeden Modetrend genüsslich auskostet; sie kann sie vorführen, aber eben auch mit Gegenwelten konfrontieren, mit Gegenworten vor ungeahnten Horizonten.

Man muss sprachlich einiges erlebt haben, um mit Robert Walser einen solchermaßen schlichten, alltagsgesättigten und doch kunstvollen Satz sagen und verstehen zu können: „Es war Abend geworden, das Grün sprach eine [...] abendliche Sprache."[30] Im Abendlicht und in der Morgenröte der Kultur sieht der Tanz der Worte nun einmal besonders anmutig aus. Was zu diesem Tanz aufspielt? Der Gebrauch der Worte, ihre Lebenswertigkeit, Dialogträchtigkeit, ihr Gemein-Werden-Können, aber eben auch das Potential ihrer Kunstfähigkeit.

Anmerkungen

1 Friedrich Nietzsche, Sämtliche Werke in 15 Bänden. Kritische Studienausgabe. Bd. 12. Hrsg.v. Giorgio Colli und Mazzino Montinari. München 1988, S. 493.

2 Nicolaus Born, Die Fälschung. 8. Aufl. Reinbek b. Hamburg 2002, S. 128, 53 und 261.

3 Deutsches Rundfunkarchiv 75 U 2275/3.

4 Matthias Politycki, Dies ist kein Manifest. Zu den Literaturdebatten des vergangenen Jahres. In: Die literarische Welt v. 31. Dezember 2005, S. 7.

5 Elis Canetti, Realismus und Wirklichkeit. In: Das Gewissen der Worte. Essays. Frankfurt am Main 1981, S. 73.

6 Ludwig Wittgenstein, Tractatus logico-philosophicus. 13. Aufl. Frankfurt am Main 1978, S. 35 (4.021 u. 4.022)

7 Ders., Philosophische Grammatik. Hrsg.v. Rush Rhees. 2. Aufl. Frankfurt am Main 1978, S. 13 u. 9.

8 In: Heinrich von Kleist, Werke und Briefe in vier Bänden. Bd. 4: Briefe. Hrsg.v. Peter Goldammer. Berlin und Weimar 1976, S. 479 (Br. 213 an Marie von Kleist).

9 In: Platon, Sämtliche Werke, Bd. 2. Hrsg. v. Ernesto Grassi. Hamburg 1979, S. 130 (387 c).

10 In: Aristoteles, Poetik. Übersetzung, Einleitung und Anmerkungen von Olof Gigon. Stuttgart 1976, S. 38.

11 Jean-Paul Sartre, Die Wörter. Übersetzt und mit einer Nachbemerkung von Hans Mayer. Gesammelte Werke in Einzelausgaben. Autobiographische Schriften Bd. 1. Hrsg. v. Traugott König. Reinbek b. Hamburg 1979, S. 29f.

12 Ebd., S. 104.

13 In: Interpretationen: Werke von Ingeborg Bachmann. Hrsg. v. Mathias Mayer. Stuttgart 2002, S. 67. Vgl. die wichtige Interpretation von Luigi Reitani, ebd., S. 68–80.

14 Nathalie Sarraute, L'usage de la parole. Editions Gallimard. Paris 1980.

15 Michail M. Bachtin, Die Ästhetik des Wortes. Hrsg. u. eingel. von Rainer Grübel. Aus dem Russischen von Rainer Grübel und Sabine Reese. Frankfurt am Main 1979, S. 168–191.

16 Wilhelm von Humboldt, Über die Verschiedenheit des menschlichen Sprachbaues und ihren Einfluß auf die geistige Entwicklung des Menschengeschlechts. Über die Sprache. Köln 2003, S. 435.

17 Ebd., S. 185.

18 Sigmund Freud, Zur Psychopathologie des Alltagslebens. Über Vergessen, Versprechen, Vergreifen, Aberglauben und Irrtum. Mit einem Vorwort von Alexander Mitscherlich. Frankfurt am Main 1989, S. 187f.

19 Hoffmann, E.T.A. Die Elexiere des Teufels. Lebens-Ansichten des Katers Murr. Zwei Romane. Hrsg. v. Carl Georg von Maassen und Georg Ellinger mit einem Nachwort von Müller-Seidel, Walter. 2. Aufl. München/Zürich 1978, S. 298.

20 In: George Steiner, No Passion Spent. Essays 1978-1996. London 1996, S. 7.

21 Humboldt, a.a.O., S. 450.

22 In: Paul Celan, Fadensonnen. Vorstufen – Textgenese – Endfassung. Bearbeitet von Heino Schmull, Markus Heilmann und Christiane Wittkop. Tübinger Ausgabe. Hrsg. v. Jürgen Wertheimer. Frankfurt am Main 2000, S.165.

23 Ebd., S. 164.

24 Rilke KA II, 228 (V. 31f.)

25 Rilke, KA 2, 157 („Kleine Gegengabe ins Gemüt der Schläferin").

26 Rilke, KA 2, 102 („Wendung").

27 Francis Ponge, Schreibpraktiken oder Die stetige Unfertigkeit. Aus dem Französischen von Felix Philipp Ingold. München/Wien 1988, S. 27.

28 Roland Barthes, Martiens. In: Mythologies. Paris 1970, S. 44.

29 Vgl. dazu: Erwin Chargaff, Sprachmeditationen über das Anderssein. In: ders., Zeugenschaft. Essays über Sprache und Wissenschaft. Frankfurt am Main 1990, S. 91–110.

30 In: Robert Walser, Prosa. Auswahl und Nachwort von Walter Höllerer. Frankfurt am Main 1980, S. 93. („Spaziergang").

Martin Reisigl

Literarische Sprachverwendung – wider die These des Widerstreits von Literatur und Sprachgebrauch

Im Folgenden wird zu zeigen sein, dass die strikte Opposition von hie „Sprachgebrauch“ und da „Literatur“, wie sie auch heute noch immer wieder prononciert vertreten oder stillschweigend vorausgesetzt wird, mehrfach hinterfragt werden muss. Diese begriffliche Scheidung ist nach meinem Dafürhalten letztlich einzuziehen, um einer differenzierten Sprachbetrachtung Platz zu machen. Was kritisch angemerkt wird, ist aus dem Blickwinkel eines handlungstheoretisch orientierten Linguisten perspektiviert, der sich an Literatur in sporadischen professionellen Exkursionen delektiert, literarische Sprache jedoch nicht zu seinen zentralen Forschungsgegenständen zählt. Von da her mögen die nachstehenden sechs Thesen für manche vielleicht simpel anmuten. Ihre Exposition rechtfertigt sich gleichwohl von der Selbstverständlichkeit her, mit welcher der irreführende Dualismus allenthalben aufrechterhalten wird.[1]

0. Meine erste These sei mit einer Null indiziert, um ihr den Charakter eines Prolegomenons zu verleihen. Sie lautet: *Die Gegenüberstellung von „Sprachgebrauch“ und „Literatur“ ist aus einer spezifischen Perspektive formuliert, und das, was ich auf die Setzung dieses Gegensatzes im gegebenen Diskussionsrahmen erwidere, hängt ebenfalls von der Sehweise ab.*

Wer darüber mutmaßt, von welcher Warte aus die begriffliche Gegenüberstellung erfolgte, kann spekulieren, dass die gewissermaßen aristokratische Optik Literatur abstraktiv aus dem Bereich des Sprachlichen herauszuheben und in ein elfenbeinernes Schloss zu verbringen trachtet, das von Musen umschwärmt und alltagspraktischer Kommunikationsbedingungen weitgehend entbunden ist. Eine solche Auffassung dekontextualisiert literarische Sprache, indem sie sie von ihren Entstehungs- und Rezeptionsbedingungen abschneidet und jenseits sprachlicher Verwendungszusammenhänge verorten zu können glaubt – in einer Sphäre interesselosen Wohlgefallens, welcher Zweckmäßigkeit, praktische Nutzanwendung und instrumentelle Verwertung gänzlich fremd zu sein scheint. Dass ich einer derartigen Sichtweise nicht zuspreche, ist meiner Darstellung leicht anzumerken, legt die Wortwahl doch nahe, dass ich mich an der Eitelkeit stoße, die Literatur einseitig mit den Prädikaten des vornehmen Adels, der Extravaganz und der Erhabenheit auszeichnen möchte und mit weltlichem Sprachgebrauch nicht in Berührung kommen lässt.

Hinter der Antithese mag zuweilen eine sprachkritische Haltung stecken, die – instinktiv und nicht von ungefähr – Lyrik gerne zum Pars pro toto für den gesamten Bereich der Literatur erhebt, welcher von allen literarischen Betätigungsfeldern für gewöhnlich die größte Distanz zum vermeintlich ordinären „Sprachgebrauch" nachgesagt wird und die darüber rhetorisch weniger glänzende Repräsentanzen von Literatur, die an sogenanntem „Sprachgebrauch" leichter anstreifen, aus dem Blickfeld verliert. Dass derartige Sprachkritik, die auf größten Abstand zum „Sprachgebrauch" geht und eine krasse Dualität zwischen diesem und der „Literatur" verficht, zuweilen Gefahr läuft, sich in einen performativen Selbstwiderspruch zu verstricken, ließe sich unter anderem an Hoffmannsthals fingiertem Brief des Lords Chandos an Francis Bacon illustrieren: Mit unglaubwürdig großer Eloquenz formuliert darin die Figur des sechsundzwanzigjährigen Lords den Topos der Unsagbarkeit.

Aus meiner linguistischen Perspektive sind „Sprachgebrauch" und „Literatur" unabdingbar miteinander verbunden, allerdings nicht als kontradiktorische, komplementäre Antonyme. Viel eher gehen die beiden Ausdrücke die semantische Relation der Hyponymie ein, bei der das Wort „Sprachgebrauch" als allgemeinerer Ausdruck („Hyperonym") fungiert, unter den „Literatur" als einer von mehreren Ausdrücken („Hyponymen") subsumiert werden kann. Allerdings erfasst das Konzept des Sprachgebrauchs nicht alle Aspekte von Literatur. Die Seite des literarischen Werks als materialisiertes Produkt steht zwar in einem Verursachungszusammenhang zum Sprachgebrauch; sie wird im Begriff des Sprachgebrauchs selbst aber nicht aufgehoben. Diese Sicht führt mich zur nächsten These, die als meine Hauptthese angesehen werden kann.

1. *Auch Literatur ist Sprachgebrauch oder – als Werk – Ergebnis von Sprachgebrauch, und zwar eines spezifischen Sprachgebrauchs, den es näher zu bestimmen und dabei von anderen Sprachgebräuchen abzugrenzen gilt.* Diese These lässt sich sprachwissenschaftlich mit Hilfe unterschiedlicher Argumente stützen. Drei von ihnen sollen für den Gedankengang bemüht werden.

Erstens kann die Sicht, wonach auch Literatur eine Form von Sprachverwendung oder deren Resultat darstellt, unter Berufung auf die Sprechakttheorie John Austins und John Searles untermauert werden, allerdings nicht geradlinig, sondern teilweise ex negativo, etwa mit Bezug auf die Kategorie der Aufhebung. Die Sprechakttheorie geht bekanntlich davon aus, dass alles Sprechen und Schreiben – und damit auch literarisches Sprechen und Schreiben – Handlungsqualität besitzt. Im Konzept der Sprechakte wird der sprachliche Vollzug von Handlungen theoretisch zu erfassen versucht, und die mittlerweile inflationär durch die kulturwissenschaftliche Literatur flottierenden Termini „Performanz“ oder „Performativität“ sind ebenfalls ausdrücklich dazu ausersehen, den Gebrauch der Sprache im Sinne der konkreten Realisierung von sprachlichen Ausdrücken in bestimmten Situationen durch sprechende oder schreibende Individuen zu bezeichnen.

Im Rahmen der Sprechakttheorie sind wir angesichts literarischer Texte, die nicht auch den Charakter sogenannter Gebrauchstexte wie zum Beispiel Briefe und Tagebücher tragen, mit der theoretischen Schwierigkeit konfrontiert, dass die in fiktionaler Literatur vollzogenen Sprechhandlungen, also zum Beispiel Fragen, Bitten, Behauptungen, Aufforderungen und Versprechungen, nicht auf die Art durchgeführt und wirksam werden, wie dies im alltäglichen kommunikativen Handeln für gewöhnlich der Fall ist. Das Heiratsversprechen, das auf der Bühne gegeben wird, ist sprachliches Handeln, also Sprachgebrauch, das bzw. der außerhalb des Theaters keine illokutionär bindende Kraft entfaltet.[2] Es mag sein, dass die begriffliche Gegenüberstellung von Sprachgebrauch und Literatur unter anderem diese Differenz hinsichtlich der illokutionären Kraft und des perlokutionären Effekts auf und jenseits der Bühne sprachlich zur Geltung bringen sollte. In linguistisch-pragmatischer Hinsicht ist die terminologische Kontrastierung freilich irreführend und letztlich wenig überzeugend. Mit ihr wird nämlich die Handlungs- und Gebrauchsqualität von Literatur rundum geleugnet. Dadurch geht die Möglichkeit verloren, die spezifische Handlungsqualität von Literatur zu begreifen und zu sehen, dass sich literarischer Sprachgebrauch jenseits alltagspraktischer Verwendungszusammenhänge als Verknüpfung modulierter Sprachhandlungen konstituiert, das heißt als Komplex von Sprachhandlungen, die – um es mit Dieter Wellershoff zu sagen – in einen erfahrungserweiternden sozialen Möglichkeits- und Deutungsraum, in einen „Simulationsraum“ als „Spielfeld für ein fiktives Handeln“ transponiert wurden (Wellershoff 1969, 22; vgl. Reisigl 2000, 258). Aus dieser speziellen, sinntransformierenden sozialen und kommunikativen „Rahmung“ (im Sinne Goffmans 1989, 71) abzuleiten, dass Literatur aufgrund der Aufhebung und Transposition der illokutiven Qualität der vollzogenen Sprachhandlungen gänzlich „unpragmatisch“ oder „apraktisch“ sei, wäre kurzsichtig. Vielmehr sind literarische Sprachhandlungen in fiktionalen Texten als Handlungen in speziellen Moduln anzusehen, unter anderem in den sozialen Sinn- und Deutungszusammenhängen der Simulation, der Imagination von Wirklichkeit, Möglichkeit und Unmöglichkeit, des So-tuns-als-ob, der Probe, der Aufführung und des Spiels. Dass die Rahmung nicht immer greift, sondern zuweilen missglückt, und dass die Grenzen zwischen den Moduln im Fluss sind, mithin die illokutive Qualität literarischer Texte in den „Alltag“ hineinreichen kann, wird dort manifest, wo sich Personen in literarischen Darstellungen zu erkennen glauben, verunglimpft fühlen und in der Folge ein Gerichtsverfahren gegen die Schriftstellerin oder den Schriftsteller anstreben.

Dass Sprachgebrauch und Literatur keine Gegensätze sind, wird im Übrigen auch in der Literaturwissenschaft selbst regelmäßig zum Ausdruck gebracht. Immer wieder findet sich darin Literatur als spezifische Art von Sprachgebrauch apostrophiert, beispielsweise als „selbstbezüglicher Sprachgebrauch". Der Literaturwissenschaftler Martin Sexl schreibt in seiner 2004 erschienenen „Einführung in die Literaturtheorie" (S. 15; Kursivsetzungen von Sexl):

> „Die Unterteilung in Literatur und Gebrauchstexte stellt sich also trotz aller Probleme als tragfähig heraus, aber es entscheiden nicht immer oder alleine bestimmte Textmerkmale über die Grenzen dazwischen. *Literarische Texte sind demnach Sprachverwendungen in einem materialen Medium (Schrift, Tonbandaufzeichnung, Computerbildschirm etc.), bei denen der pragmatische Zweck nicht im Vordergrund steht.*"

Sexl folgt hier der Trennung von „Literatur" und „Sprachgebrauch" ebenfalls nicht, sondern bestimmt literarische Texte als spezifische Sprachverwendungen. Allerdings sitzt der Relativsatz, der das Zitat beschließt, immer noch der Idee auf, dass Literatur weitgehend „unpragmatisch" sei. Aus meiner Sicht wäre der Relativsatz dahingehend umzuformulieren, dass literarische Texte Sprachverwendungen bzw. Ergebnisse von Sprachverwendungen sind, bei denen zumeist andere „pragmatische Zwecke" im Vordergrund stehen als bei nichtliterarischen Gebrauchstexten. Welches diese pragmatischen Zwecke in Einzelnen seien, kann im gegebenen Rahmen nicht ausgeführt werden. Diese spezifischen pragmatischen Zwecke oder Funktionen bestimmen jedenfalls den „Gebrauchswert" von Literatur – um metaphorisch an das im Titel unserer Tagung eingeführte Konzept der Literatur als „Ware" anzuschließen.[3] Selbstredend bestimmt sich dieser Gebrauchswert unterschiedlich, je nach dem, wer mit Literatur umgeht. Für Schreibende ergibt sich der Gebrauchswert neben vielem anderen aus den lebenspraktischen Funktionen, der eigenen Existenz durch das Schreiben zusätzlich Sinn zu verleihen und die Gelegenheit zu bieten, soziale Anerkennung zu erlangen, aus bestimmten alltagspraktischen Zusammenhängen reflexiv herauszutreten und auf sie Bezug zu nehmen, Möglichkeiten und Unmöglichkeiten zu simulieren und fiktiv zu erproben, ohne allzu große Risiken einzugehen, existenzielle, leidvolle oder positiv bewegende Erfahrungen zu verarbeiten, eine zum Teil vielleicht lebenswichtige Distanzierung von traumatischen Ereignissen zu erreichen, sozusagen quasitherapeutisch oder anstatt einer Therapie, und so weiter und so fort.[4] Dagegen besteht der Tauschwert von Literatur für Schreibende, aber auch Lehrende und KritikerInnen, zumindest im glücklichen Fall, darin, den eigenen Lebensunterhalt zu sichern. Für Leserinnen und Leser liegt der Gebrauchswert von Literatur unter anderem darin, den eigenen Erfahrungs- und Erlebnishorizont virtuell auszuweiten, Möglichkeiten der temporären Flucht aus bestimmten lebenspraktischen Zusammenhängen bereitzustellen, die Digestion missliebiger Erfahrungen zu erleichtern, Orientierungs- und Entscheidungshilfen zu geben, als Medium der Erkenntniserweiterung zu dienen sowie fortzubilden und für bestimmte Wahrnehmungen zu sensibilisieren (im Sinne des rhetorischen *docere*), kurzweilige Unterhaltung zu bieten sowie ästhetischen Genuss und Freude zu bereiten (im Sinne des rhetorischen *delectare*), zu einem bestimmten, z.B. politischen Handeln zu mobilisieren (im Sinne des rhetorischen *movere*) und so fort. Gert Ueding (2007, S. 12f.) erinnert an den literaturwissenschaftlich wiederholt unterschätzten Gebrauchswert von Literatur unter anderem mit den Worten:

> „Die Literaturwissenschaften haben Goethe, Schiller, Shakespeare oder Kafka zwar in alle möglichen Richtungen ausgewalzt, doch die wichtigste Frage, ob deren Bücher etwas zu unserer Lebensmeisterung beitragen können, diese Frage haben sie vergessen und uns gelehrt, sie ebenfalls zu vergessen. Die klassische Literatur als ein Instrument unserer Daseinsbewältigung – wer diese Ansicht vertritt, wird immer noch belächelt; dabei ist es das einzige Kriterium, das unsere Beschäftigung mit Literatur, mit Kunst überhaupt rechtfertigt. Kinder und Jugendliche gehen an Bücher und alle Medienprodukte ganz instinktiv mit dem Interesse heran, ob sie in ihrer Vorstellungswelt eine neue Tür öffnen, ob sie sie *brauchen* können in dem schwierigen Spiel des Erwachsenwerdens. Von ihnen können wir alle lernen, daß Bücher dazu taugen müssen, den Forderungen unseres Tages gewachsen zu sein."

Die allgemeine Aufzählung praktischer Funktionen von Literatur kann an diesem Punkt in der Hoffnung abgebrochen werden, genügend Beispiele dafür beigebracht zu haben, dass Literatur eben keine unpragmatische, gänzlich handlungsentbundene Angelegenheit ist, sondern auf spezifische Weise empraktisch eingebettet wird, um es frei nach Karl Bühler (1934) zu sagen, und insofern ganz spezielle sprachliche Handlungs- und Zweckcharakteristiken aufweist, die nicht zuletzt literatursoziologisch, z.B. unter Rückgriff auf Pierre Bourdieus Theorie, erschlossen werden können.

Ein zweites linguistisches Argument dafür, dass auch Literatur Sprachgebrauch und Ergebnis von Sprachgebrauch ist, kann auf die vom Genfer Strukturalisten Ferdinand de Saussure (1989) eingeführte Unterscheidung zwischen „langue" und „parole" zurückgreifen. Diese strukturalistische Distinktion bietet die Möglichkeit, „Sprachgebrauch" noch in einem anderen als dem sprechakttheoretischen Sinn zu verstehen. Während die Sprechakttheorie sich in erster Linie für das Typisierbare des Sprachgebrauchs, für das Regelhafte und Usuelle in der Sprachverwendung interessiert, soll das Konzept der „Parole" bzw. „Performanz" das konkrete individuelle Sprechereignis begrifflich fassen helfen, das in seiner Einmaligkeit dem allgemeinen abstrakten Sprachsystem, der „langue", und der abstrakten sprachlichen Kompetenz gegenübergestellt ist. Die Idee der „Parole", auf den Bereich des literarischen Sprachgebrauchs bezogen, würde also die semiotische Singularität, die Individualität der sprachlichen Hervorbringung bezeichnen, die gerade in der Literatur einen hohen Stellenwert einnimmt, sind doch ästhetische Einzigartigkeit, schriftstellerische oder poetische Originalität hehre Ziele vieler Autorinnen und Autoren. Auch wenn mittlerweile längst klar ist, dass die Trennung von Sprachsystem und singulärem Sprachgebrauch theoretisch nicht völlig reibungslos vorgenommen werden kann, sondern primär eine analytische Abstraktion darstellt, die zum einen Gefahr läuft, die soziale Prägung und historische Genese von Sprachsystemen aus dem Blick zu verlieren, und zum anderen in Versuchung gerät, singuläre Sprachkonkretionen allzu eilfertig von jedweder Regelhaftigkeit abzukoppeln, so bleibt die Vorstellung dennoch einleuchtend, dass hinsichtlich des literarischen Sprachgebrauchs neben den allgemein typisierbaren Aspekten auch die je einzigartigen Momente des Sprachgebrauchs zumindest ein Stück weit identifizierbar sind, wobei sich die Unterscheidung zwischen Typischem und Besonderem auf immer feiner werdenden Differenzierungsebenen vorantreiben lässt und dabei beispielsweise der unverwechselbare idiolektale Stil einer Autorin oder eines Autors analytisch herausgearbeitet werden kann, der durch das Wiederkehrende und damit Typisierbare im Individuellen gekennzeichnet wäre.[5]

Beide Seiten des Sprachgebrauchs, also die Seite des Allgemeinen und die des Besonderen, lassen sich im Übrigen im Konzept des „Diskurses" zusammenführen. Es gibt eine linguistische Tradition im Fahrwasser der pragmatischen Wende, die „Diskurs" als Sprachgebrauch, als Sprache im sozialen Handlungszusammenhang, als „language in use" ansieht. Wird vor dem Hintergrund einer solchen Diskurskonzeption von „literarischen Diskursen" geschrieben oder gesprochen, dann ist damit auf die Vorstellung des literarischen Sprachgebrauchs verwiesen. Gleichwohl muss im Hinblick auf literaturwissenschaftliche Diskursanalyse konstatiert werden, dass diese – vor allem wenn sie sich an Foucault orientiert – dazu neigt, auf das autoren- und autorinnenübergreifende Allgemeine, das „Interdiskursive" des literarischen Sprachgebrauch zu fokussieren.

Die Idee des Sprachgebrauchs ist in der Linguistik noch in einer dritten Hinsicht virulent, die Wittgenstein mit seinen „Philosophischen Untersuchungen" maßgeblich geprägt hat. Gemeint ist die Gebrauchstheorie der Bedeutung, die davon ausgeht, dass die Bedeutung eines Wortes sein Gebrauch in der Sprache sei (Wittgenstein 1989, 262, § 43), dass wir Bedeutungen von Wörtern bzw. Begriffen im konkreten Gebrauch der Wörter in Sätzen bzw. Äußerungen lernen (etwa durch Beispiele und Übungen), dass ein einzelnes Wort für uns mithin nur Bedeutung erlangt, indem es in einem konkreten Kontext bzw. innerhalb eines bestimmten „Bedeutungssystems" oder Sprachspiels gebraucht wird (vgl. dazu auch Busse

1987, 86). Vor dem Hintergrund dieser semantischen Theorie wird die These des Gegensatzes von Sprachgebrauch und Literatur einmal mehr fraglich, formen sich die Bedeutungen in literarischen Texten doch ebenfalls über weite Strecken durch Sprachgebrauch, der sich an Regelbefolgungen hält, und selbst da, wo poetisch oder schriftstellerisch lizenzierter Regelbruch zu beobachten ist, setzen der Bruch und seine Feststellung voraus, dass ich um die Regelanwendungen weiß. Das heißt: Dem Bruch geht das voran, was es zu brechen gilt. Die literarische Befreiung aus dem grammatikalischen Regelwerk bleibt über die sprachlich getätigte Regelverletzung ex negativo immer noch an die konventionellen sprachlichen Gebrauchsregeln gebunden. Damit ist der Versuch der dreifachen linguistischen Stützung meiner Hauptthese abgeschlossen.[6]

Bevor ich die restlichen Thesen vorbringe, noch ein Monitum zum Verständnis von „Sprachgebrauch". Es mag sein, dass die fragwürdige begriffliche Opposition von Sprachgebrauch und Literatur sich gegen eine Auffassung des „Gebrauchs" von Sprache richtet, die Sprache zu einem gänzlich frei verfügbaren Werkzeug degradiert, das strategisch, instrumentell benützt wird, um ein bestimmtes Ziel zu erreichen. Ein derartiges Sprachbild reicht bis zu Platons „Organon-Modell von Sprache" zurück. Auch Karl Bühler hat sich in seiner „Sprachtheorie" (1934) für diese Metapher stark gemacht. Argumente gegen die Platonische Konzeption von Sprache als bloßem Werkzeug des Belehrens und Unterscheidens von Dingen lassen sich daraus beziehen, dass das hinter diesem Bild steckende kommunikationstheoretische Modell auf einem misanthropischen, asymmetrischen und antidemokratischen Fundament aufruht, das die verbale Bearbeitung gewissermaßen entmündigten Menschenmaterials zur Quintessenz der menschlichen Sprache erhebt (siehe dazu Reisigl 1999, 29–31).

Sollte in der Gegenüberstellung von „Sprachgebrauch" und „Literatur" allerdings eine Konzeption gemeint sein, die im Sprachgebrauch in erster Linie den alltäglichen, gewohnheitsmäßig abgenutzten, umgangssprachlichen Gebrauch von Sprache meint und Literatur diesem Sprachgebrauch als preziöses Sprachgut entgegensetzt, das aus alltagspraktischen Lebensformen herausgenommen ist, dann möchte ich auf ein solches Verständnis mit den Thesen 2, 3 und 4 antworten.

2. *Für SchriftstellerInnen, die täglich schreiben, und überhaupt für alle, die beruflich mit Literatur umgehen, ist literarischer Sprachgebrauch mehr oder weniger alltäglicher Sprachgebrauch.*

Insofern ist Literatur nicht „das andere" der tagtäglichen Sprachverwendung, sondern eine bestimmte Form von Sprachgebrauch, die für alle von Berufs wegen mit Literatur Beschäftigten – seien sie SchriftstellerInnen, LiteraturwissenschaftlerInnen oder KritikerInnen – wie das tägliche Brot zum Alltag gehört, also nichts Außeralltägliches an sich hat. Ein wenig scheint in der bezweifelten begrifflichen Trennung mitzuschwingen, dass sich der banalen „Alltagssprache“ eine literarische „Fest-“ oder „Feiertagssprache“ entgegensetzen lasse. Gegen diese Sicht wendet sich These 2, wobei prinzipiell anzumerken ist, dass die soziologische Kategorie des „Alltags“ mit Schwierigkeiten behaftet ist. Dies vor allem deswegen, weil die Frage nach dem Alltag nicht nur die Klärung des begrifflichen Pendants des Außeralltäglichen als Problem aufgibt, sondern stets auch die perspektivische Abhängigkeit zu berücksichtigen hat, also die Angabe dazu, wessen Alltag jeweils gemeint sei. Da Literatur in den Alltag sowohl von schriftstellerisch Tätigen als auch von Lesenden und unter ihnen professionell Lesenden wie LiteraturkritikerInnen und LiteraturwissenschaftlerInnen eingebettet ist, scheint mir das Konzept des „Alltags“ nicht geeignet zu sein, um als Abgrenzungskriterium für Literatur zu dienen. Literatur wird zum integralen Bestandteil des Alltags begeisterter LiteraturrezipientInnen, die ihre Lektüre z.B. in der Straßen- oder U-Bahn mit sich führen, die sich im Auto oder zu Hause während alltäglicher Verrichtungen an Hörspielen erfreuen und Literatur auch noch anderorts in ihren Alltag integrieren. Insofern ist Literatur vielfach auch Sprache im Alltag, Alltagssprache – allerdings eine Alltagssprache, die sich von anderen Formen der Alltagssprache tendenziell unterscheidet, etwa dahingehend, dass sie, wie gesagt, bestimmter alltagspraktischer Kommunikationszusammenhänge modulatorisch enthoben ist, dass sie zumeist sprachlich weit sorgsamer verfertigt wird und daher elaborierter und außergewöhnlicher ist, dass sie oft stärker selbstbezüglich und selbstreflexiv und das heißt metasprachlich reflektierter verwendet wird, wobei sich manchmal auf kritische oder mimetische Weise einen Bezug zu anderen Formen von Alltagssprache herstellt. Literatur kann mithin eine spezielle Form des alltäglichen Sprachgebrauchs und deren Resultat sein. Dies gilt es soziologisch und pragmatisch näher zu bestimmen.

3. „Alltagssprache“ und „Literatur“ sind aber noch in einem weiteren Sinn miteinander verknüpft, und das bringt mich zu These 3: *Vorausgesetzt, dass in der binären Gegenüberstellung unter „Sprachgebrauch“ Umgangs- oder Alltagssprache gemeint sei, ist auf die These der Gegensätzlichkeit zu erwidern, dass sogenannte „Alltagssprache“ in Literatur mit einfließt.*

Die Art, wie Alltagssprache in Literatur einfließt, ist vielfältig. Sie beginnt beim mimetischen Nachvollzug zum Zwecke der Figurencharakterisierung. Diese Mimesis kann von der Aussprache über die Syntax und Lexik bis hin zur Pragmatik reichen. Sie ist selbst für SprachwissenschaftlerInnen, die sich mit gesprochener Sprache gründlich auseinandersetzen, oft höchst lehrreich (was ich an den Kriminalromanen Friedrich Glausers in Reisigl 2000 zu zeigen versuche). Die Übernahme von Alltagssprache in Literatur setzt sich manchmal fort über allzu schriftsprachzentrierte Verkürzungen und Kurzsichtigkeiten. Als Beispiel dafür sei die fast durchgehend undifferenzierte Verwendung von Interjektionen in literarischen Texten angeführt, welche die spezifische kommunikative Handlungsqualität von Interjektionen wie „mhm“, „aha“ oder „oh“ im Medium der Schrift nicht adäquat repräsentiert (vgl. dazu ebenfalls Reisigl 2000). Die Art der literarischen Reflexion von Alltagssprache reicht schließlich bis zu höchst sensiblen metasprachlichen Beobachtungen und kunstfertigen Brechungen, Ironisierungen und kritischen Transformationen unterschiedlichster Form. Zu ihnen zählt die poetische oder prosaische Rekontextualisierung des Objet trouvé „alltäglicher“ Wörter, Phrasen oder anderer alltäglich abfallender und vernutzter sprachlicher Fragmente, die sich mit Hilfe des schon erwähnten rahmentheoretischen Zugangs begreifen lässt. Zu nennen ist hier aber auch der kunstvoll brechende und verfremdende Umgang Elfriede Jelineks mit textuellen Versatzstücken aus der Welt der massenmedial „transportierten“ Alltagssprache von Heftchenromanen und Fernsehsendungen, beispielsweise in „Michael. Ein Jugendbuch für die Infantilgesellschaft“ oder in den „Liebhaberinnen“. In beiden Büchern zeigt sich ein literarisch kraftvoller, kritisch persiflierender und reflexiver Umgang mit sogenannter „Alltagssprache“ in den Medien, der das Abseitige des Alltäglichen und das Alltägliche des Abseitigen schonungslos entblößt. Als Exempel mag aber auch der jüngst erschienene Roman von Wolf Haas herangezogen werden, der in der Form eines Interviews zwischen einer Literaturkritikerin und einer Figur namens Wolf Haas verfasst ist. Auch wenn Haas in seinen Kriminalromanen Merkmale einer alltagssprachlichen Syntax oft allzu inflationär, überkünstelt und hyperkorrekt zur Charakterisierung des Privatdetektivs Brenner einsetzt, so kann sein Liebesroman „Das Wetter vor 15 Jahren“ durchaus als gewitzter Versuch betrachtet werden, mit den Grenzen zwischen der überkommenen literarischen Gattung des Romans und dem massenmedialen Kommunikationstyp des Interviews zu spielen und dabei unter anderem manch feine metasprachliche Beobachtung über alltägliche Kommunikation einfließen zu lassen – beispielsweise da, wo er über das Räuspern sinniert. Dazu sei jene Stelle aus dem Roman angeführt, die von der kirchlichen Hochzeitsfeier Annis und Lukkis handelt. Anni ist die Kindheitsliebe des Protagonisten Vittorio Kowalskis. Anni steht gerade im Begriff, Lukki, den Rivalen des Protagonisten aus Kindheitstagen, zu heiraten. Auf Wunsch Annis fordert der Priester die versammelte Festgemeinde unmittelbar vor dem Akt der Eheschließung auf, gegebenenfalls Einwände gegen die eheliche Verbindung von Anni und Lukki vorzubringen oder für immer zu schweigen. Die in der Kirche Versammelten quittieren die Aufforderung des Pfarrers mit Schweigen und Räuspern. Über dieses Räuspern schreibt Haas (2007, 203):

> „*Wolf Haas:* Keiner hat den Mund aufgemacht. Niemand sagt: Aber die Anni liebt doch einen anderen, oder irgend so was. Nur Schweigen eben.

Literaturbeilage: Und Räuspern.
Wolf Haas: Das Räuspern war gar nicht so arg. Das hab ich ein bisschen übertrieben. Ich liebe ja das Räuspern, also wenn in so einem Raum, wo viele Leute drin sind, das Räuspern losgeht. Das Ansteckende und so. Also dieses Vorstadium von Sprache sozusagen, diese halb körperliche, halb aber doch schon bedeutungsvolle Äußerung.
Literaturbeilage: Es heißt: ‚Das Einzige, was man als Antwort auf die Frage des Pfarrers hörte, war ein zuerst nur vereinzeltes, dann aber doch häufiger und lauter werdendes Räuspern. Aber keineswegs ein Räuspern, wie es einem schwer zu unterdrückenden Einwand entspringt, oder gar ein Räuspern, das den Auftakt zu einer öffentlichen Wortmeldung vor der schweigenden Gemeinde bildet, sondern nur das betretene Räuspern, das einer Menschengruppe entschlüpft, die mit einem stillen Moment überfordert wird.‘
Wolf Haas: Ja, genau so war es.“

Haas legt hier eine subtile Differenzierung von drei Arten des Räusperns vor, die dem gelernten Linguisten alle Ehre macht.

4. An der begrifflichen Opposition von Literatur und Sprachgebrauch kann auch von der anderen Einflussrichtung her gerüttelt werden. Eben dies tut These 4, die da lautet: *Auch sogenannte „Alltagssprache“ kann literarische Qualität besitzen.*

Gewiss ist strittig, was unter „literarischer Qualität“, unter „Literarizität“, zu verstehen sei. Assoziieren wir mit „literarisch“ die Attribute der sprachästhetischen Kunstfertigkeit, der rhetorischen Elaboriertheit, Finesse, Pointiertheit und Sprachwitzigkeit, der Sprachreflexivität und des sprachlichen Feingefühls, des sprachlichen Einfallsreichtums und der Originalität, dann können alle diese Zuschreibungen auch auf sogenannte „Alltagssprache“ zutreffen, wenngleich nicht in dermaßen geballter Form wie auf sogenannte „literarische Texte“. Dabei sei weniger an semantisch verdichtete Werbesprache gedacht, die alle Register der rhetorischen Stilkunde zieht und zuweilen die Grenzen hin zur Poesie überschreitet, als vielmehr an das Faszinosum erinnert, dem zum Beispiel erliegt, wer Menschen zuhört, die es in ihrem „Alltag“ vermögen, dermaßen plastisch, bilderreich und lebendig zu erzählen und währenddessen verschiedenste sprachliche Involvierungsstrategien (darunter beispielsweise die stimmliche Animation bei direkter Redewiedergabe) so meisterlich zu beherrschen, dass sie vielen dramatischen Inszenierungen auf Bühnen in nichts nachstehen. Soll heißen, dass die von Roman Jakobson in seinem 1960 publizierten Aufsatz „Linguistics and Poetics“ behandelte „poetische Sprachfunktion“, aber auch die von Jakobson im selben Aufsatz diskutierte „metasprachliche Funktion von Sprache“ keineswegs exklusive Kennzeichen von literarischer Sprache im engeren Sinn sind. Unbestreitbar lässt sich gar schon bei Kindern weit unter sechs Jahren beobachten, dass sie mit großem Vergnügen akrobatische Wortspiele hervorbringen, also die „poetische Sprachfunktion" explorieren und auszuloten versuchen. Auch von daher erscheint die begrifflich gezogene Grenze zwischen „Literatur" und „Alltagssprache" weit fließender, als es viele gemeinhin wahrhaben möchten.

5. Die letzte These schließlich weicht die problematische Grenzziehung noch in anderer Hinsicht auf. Sie soll lauten: *Die Frage der Abnützung von Sprache ist eine Frage der Wiederholung und der subjektiven Empfindung. Sie betrifft nicht nur Alltagssprache, sondern Sprache insgesamt und damit auch Literatur.*

Dies bedeutet, dass Literatur nicht gleich Literatur ist, dass es abgenutzte Literatursprache gibt und dass die Frage des sprachlichen Verschleißes eine hochgradig rezeptions- und damit perspektivenabhängige Angelegenheit ist. Müsste ich täglich dasselbe Buch oder denselben Autor bzw. dieselbe Autorin lesen, würde ich mich wohl früher oder später ein wenig zu langweilen beginnen. Wenn ich sieben Werke Elfriede Jelineks oder Thomas Bernhards in Folge lese, dann stellt sich, jedenfalls bei mir, ein gewisser Abnützungseffekt ein. Konkret gesagt: Nachdem ich, nach langer begeisterter, intensiver und höchst vergnügter Lektüre der vorangegangenen Bücher Jelineks bei ihrem Buch „Lust" angelangt war, verlor ich plötzlich die Lust … weiterzulesen. Ich empfand ein Gefühl der Sättigung, das sich wohl daraus speiste, mir lesend zu viel Ähnliches zugeführt zu haben und daher nur mehr schwer in den Genuss sprachlicher Überraschungseffekte gelangen zu können, da ich, wie ich glaubte, etliche exzessiv angewandte Schreibverfahren der Autorin, so etwa die Techniken, sich über bestimmte Wortähnlichkeiten und Zeugmata fortzuschreiben, zum Überdruss beobachtet hatte. Gerade so erging es mir auch mit dem sprachlichen Wiederholungstäter Thomas Bernhard. Auch wenn die Wiederholung gerade bei einem Autor wie Bernhard System ist und als solche ihren Reiz und ihre rhetorische Qualität hat und eben gerade das darstellt, was unverbrüchlich zur literarischen Handschrift des Autors gehört, kann Wiederholung doch zu Abnützung führen, und zwar sowohl deshalb, weil sich AutorInnen eben wiederholen, als auch deswegen, weil ich als Leserin oder Leser zu viel und zu lange dieselben oder ähnliche Texte rezipiert habe.

Vieles im Umgang mit Literatur ist also eine Frage der Abwechslung. Das Ungewöhnliche als das, was sich der Gewohnheit entschlägt, besitzt allein aufgrund der Außerordentlichkeit einen gewissen literarischen Wert. Seltenheit macht kostbar. Manche zeitgenössischen Autorinnen und Autoren langweilen ob der Gewöhnlichkeit ihrer Sprache, aber zweifelsohne auch des Inhalts, ziemlich rasch, wenn die leserische Erwartung des Ungewohnten hochgeschraubt ist. So finde ich es manchmal ungleich erfrischender, Literatur aus dem 18. Jahrhundert, zum Beispiel einen Roman wie „Belphegor oder ‚Die wahrscheinlichste Geschichte unter der Sonne'" von Johann Carl Wezel zur Hand zu nehmen, um in eine heutzutage ungewohnte Sprache barocker Verschlungenheit einzutauchen. Die Suche nach literarischer Abwechslung gestaltet sich solcherart als Suche nach Distanz vom Üblichen, nach einer Außergewöhnlichkeit, die ich gleichwohl zu Lebzeiten des Autors womöglich nicht im gleichen Maß empfunden hätte, weil ich mich damals, so ich des Lesens kundig und mir nicht nur Voltaires „Candide" und die Literatur von Wezels Zeitgenossen ausgiebig zugänglich gewesen wären, viel stärker an einen mit Wezels Büchern vergleichbaren literarischen Sprachgebrauch gewöhnen hätte können. Eine Beobachtung, die mich als Linguisten abschließend zur Frage bewegt, wie es wohl Literaturwissenschaftlerinnen und Literaturwissenschaftlern ergeht, die gewohnheitsmäßig mit schöner Literatur verkehren, tagtäglich und stundenlang. Führt dieser Überfluss – trotz der unerschöpflichen Quelle literarischen Reichtums – zumindest unter den ungünstigen Arbeitsbedingungen der obligatorischen Erfüllung eines ungeheueren täglichen Lesepensums und einer nahezu fließbandmäßigen Verfertigung von Besprechungen – nicht wenigstens manchmal zu einer vielleicht auch unbewussten Abschaffung oder Umwandlung des Seltenheitswerts von literarischer Sprache (in der konditionierten Wahrnehmung der Lesenden)? Falls ja: Hat eine solche professionelle Deformierung immer nur die Schärfung des literaturwissenschaftlichen Urteilsvermögens zur Konsequenz, oder verleitet sie zuweilen nicht auch zu vorschneller Judikation, die etwas in den Stand eines allgemeinen Urteils erheben will, was der unter enormer Arbeitslast spezifisch vorgeprägten Apperzeption entspringt?

Die vorangegangenen Überlegungen können folgendermaßen resümiert werden: Eine genauere Betrachtung der spezifischen Beschaffenheit und Handlungsqualität von Literatur als Sprachgebrauch oder dessen Ergebnis ist angezeigt. Werden „Sprachgebrauch" und „Literatur" in strikten Gegensatz zueinander gebracht, fühlt sich die pragmatisch orientierte Linguistik dazu aufgerufen, eine derartige begriffliche Opposition mehrfach in Zweifel zu ziehen. Bedenken an der Gegenüberstellung melden sich dort an, wo genauer danach gefragt wird, was in der binären terminologischen Distinktion mit „Sprachgebrauch" gemeint sei. Lautet die Antwort auf diese Frage, dass unter dem Ausdruck primär „Alltags-" oder „Umgangssprache" verstanden werden solle, regt sich Einspruch dahingehend, dass für professionell mit Literatur Befasste „literarischer" Sprachgebrauch „alltäglicher" Sprachgebrauch sei. Aufgeweicht wird die disjunktive Trennung zudem da, wo zu beobachten ist, dass einerseits in literarische Texte immer wieder „Alltagssprache" mit einfließt und andererseits auch sogenannter „Alltagssprache" poetische Sprachfunktion zukommen kann. Soll mit „Alltagssprache" unter anderem sprachliche Abnützung im Unterschied zu literarischer Erlesenheit assoziiert werden, ist zu konstatieren, dass auch Literatur nicht vor der Macht der Gewohnheit, die zu sprachlichem Verschleiß führt, gefeit ist. Letzthin zielt mein Beitrag darauf ab, für eine differenzierte Sicht zu plädieren, die der Idee des „literarischen Sprachgebrauchs" zur Geltung verhilft.

Anmerkungen

1 Für hilfreiche Kommentare zum Vortrag meiner Überlegungen im Rahmen der Tagung „Wa(h)re Sprache" danke ich Rüdiger Dörner, Dieter Borchmeyer, Evelyne Polt-Heinzl und v.a. Klaus Zeyringer.

2 Austin meint dazu etwa: „Secondly, as *utterances* our performatives are *also* heir to certain other kinds of ill which infect *all* utterances. And these likewise, though again they might be brought into a more general account, we are deliberately at present excluding. I mean, for example, the following: a performative utterance will, for example, be *in a peculiar way* hollow or void if said by an actor on the stage, or if introduced in a poem, or spoken in soliloquy. This applies in a similar manner to any and every utterance – a sea-change in special circumstances. Language in such circumstances is in special ways – intelligibly – used not seriously, but in ways *parasitic* upon its normal use – ways which fall under the doctrine of the *etiolations* of language. All this we are *excluding* from consideration. Our performative utterances, felicitous or not, are to be understood as issued in ordinary circumstances" (Austin 1986, 21f.). Auch wenn Austins Metapher des Parasiten und sein Verständnis von sprachlicher Normalität durchaus einer Kritik zu unterziehen sind, so ist seine Grundidee, dass zwischen unterschiedlichen kommunikativen bzw. sozialen Modi des Sprachgebrauchs differenziert werden kann, erfolgreich auf literarische und nichtliterarische Formen des Sprachgebrauchs anwendbar.

3 Ein historisch-genetisches Argument gegen die begriffliche Abspaltung der Literatur vom Sprachgebrauch liefert die Beobachtung, dass Literatur oft als Gebrauchsliteratur (z.B. Gebrauchslyrik) verfertigt wurde. Man denke nur etwa an heilige Texte, beispielsweise an Texte aus der Bibel, Gebete, Kirchenlieder und Zaubersprüche, die in kultischen, religiösen oder magischen Verweiszusammenhängen verwendet, rezitiert, verlesen und aktualisiert werden, also klar zweckgebunden sind. Aber auch antike Mythen, die mit Hans Blumenberg (1990) als frühe Versuche des Logos, Welt zu erklären und sich dem „Absolutismus der Wirklichkeit" ein Stück weit zu entziehen, eingestuft werden können, erfüllten unter anderem den Zweck, Lebensbewältigung zu betreiben. Empraktisch eingebettet sind darüber hinaus beispielsweise literarische Gutenachtgeschichten für Kinder. Sie fördern nicht nur die sprachliche und kognitive Entwicklung des Kindes, sondern erfüllen überdies die Funktion, den kindlichen Alltag auf beruhigende bis einschläfernde Art ausklingen zu lassen. Poetisierende Werbung und epideiktische Gelegenheitsdichtungen in öffentlichen oder privaten Zusammenhängen erfüllen außerdem alltagspraktische Zwecke, wenngleich derartige Texte nur selten bedenkenlos als Literatur bestimmt werden können.

4 Zur antiken und vorneuzeitlichen Bewertung von Literatur als therapeutisches Mittel, als *medicina mentis* oder *medicina animi* und zur Rolle von Literatur als Orientierung bietende Lebenshilfe oder Antwort auf wichtige Lebensfragen, die von einer spezifischen Erfahrung der Nähe verallgemeinernd abstrahiert und reflektiert Abstand gewinnt, siehe auch Ueding (2007, 13–16).

5 Um dem Missverständnis vorzubauen, dass ich die Ansicht vertreten könnte, dass sich literarische Individualität durch identifizierenden Zugriff mit Hilfe von Konzepten wie dem der Parole völlig einfangen ließe, sei affirmativ auf Adorno (1973, 184f.) verwiesen: „Schließt ein Werk ganz sich auf, so wird seine Fragegestalt erreicht und erzwingt Reflexion; dann rückt es fern, um am Ende den, der der Sache versichert sich fühlt, ein

zweites Mal mit dem Was ist das zu überfallen. Als konstitutiv aber ist der Rätselcharakter dort zu erkennen, wo er fehlt: Kunstwerke, die der Betrachtung und dem Gedanken ohne Rest aufgehen, sind keine. [...] Jedes Kunstwerk ist ein Vexierbild, nur derart, daß es beim Vexieren bleibt, bei der prästabilierten Niederlage ihres Betrachters. Das Vexierbild wiederholt im Scherz, was die Kunstwerke im Ernst verüben. [...] Wer bloß verständnisvoll in der Kunst sich bewegt, macht sie zu einem Selbstverständlichen, und das ist sie am letzten."

6 Als Stützung dieser These wäre darüber hinaus auch ein Rekurs auf Wilhelm von Humboldt möglich, der Sprache nicht prioritär als Werk („érgon"), sondern als dynamische „enérgeia", als tätiges Wirken, als Verwirklichungsvorgang charakterisiert, der als Arbeit des Geistes erst im Sprache hervorbringenden und Sprache perzipierenden bzw. interpretierenden, das heißt Sprache gebrauchenden Individuum seine zentrale Bestimmung erhält (Humboldt 1998, 174; vgl. auch Donatella di Cesare 1998, 89ff.). Stärken lässt sich meine Behauptung zudem unter Rückgriff auf Karl Bühler, der in seiner 1934 erschienenen „Sprachtheorie" noch vor Austin die prinzipielle Handlungsqualität von Sprache zu fassen versucht, indem er das subjektsbezogene und weniger formalisierende Konzept der „Sprechhandlung" sowie das intersubjektive und stärker formalisierende Konzept des „Sprechakts" einführt (Bühler 1982, 48–69).

Literatur

Adorno, Theodor W. (1973): Ästhetische Theorie. Frankfurt am Main: Suhrkamp.

Austin, John (1986): How to do things with words. The William James Lectures delivered at Hardvard University in 1955. Edited by J.O. Urson and Marina Sbisà. Oxford, New York: Oxford University Press.

Blumenberg, Hans (1990): Arbeit am Mythos. Frankfurt am Main: Suhrkamp.

Busse, Dietrich (1987): Historische Semantik. Analyse eines Programms. Stuttgart. Klett-Cotta.

Bühler, Karl (1982 [1934]): Sprachtheorie. Die Darstellungsfunktion der Sprache. Stuttgart / New York: Gustav Fischer Verlag (UTB).

Di Cesare, Donatella (1998): Einleitung. In: Humboldt, Wilhelm von (1998): Über die Verschiedenheit des menschlichen Sprachbaus. Paderborn: Schöningh (UTB). 11–128.

Goffman, Erving (1989): Rahmen-Analyse. Ein Versuch über die Organisation von Alltagserfahrungen. Frankfurt am Main: Suhrkamp.

Haas, Wolf (2007): Das Wetter vor 15 Jahren. Roman. Hamburg: Hoffmann und Campe.

Humboldt, Wilhelm von (1998): Über die Verschiedenheit des menschlichen Sprachbaus. Paderborn: Schöningh (UTB).

Jakobson, Roman (1989): Linguistik und Poetik. In: Jakobson, Roman (1989): Poetik. Ausgewählte Aufsätze 1921–1971. Frankfurt am Main: Suhrkamp.

Jelinek, Elfriede (1987): Michael. Ein Jugendbuch für die Infantilgesellschaft. Reinbek bei Hamburg: Rowohlt.

Jelinek, Elfriede (1986): Die Liebhaberinnen. Reinbek bei Hamburg: Rowohlt.

Jelinek, Elfriede (1989): Lust. Reinbek bei Hamburg: Rowohlt.

Reisigl, Martin (1999): Sekundäre Interjektionen. Eine diskursanalytische Annäherung. Frankfurt et al.: Peter Lang.

Reisigl, Martin (2000): Literarische Texte als heuristische Quellen und kunstfertige Herausforderung für die Analyse gesprochener Sprache – Eine Fallstudie am Beispiel von Friedrich Glauser. In: Panagl, Oswald, Weiss, Walter (Hrsg.) (2000): Noch einmal: Dichtung und Politik. Vom Text zum politisch-sozialen Kontext, und zurück. Wien: Böhlau. 237–319.

Sexl, Martin (2004): Einleitung: Literatur, Theorie, Literaturtheorie. In: Sexl, Martin (Hrsg.) (2004): Einführung in die Literaturtheorie. Wien: WUV (UTB).

De Saussure, Ferdinand (1989): Cours de linguistique générale. Edition critique préparée par Tulio de Mauro. Paris: Edition Payot.

Ueding, Gert (2007): Abenteuer im Wirklichen oder Die Gegenwart unserer Klassiker. Stuttgart: Klett-Cotta.

Wellershoff, Dieter (1969): Literatur als Simulationstechnik. In: Wellershoff, Dieter (1969). Literatur und Veränderung. Versuche zu einer Metakritik der Literatur. Köln/Berlin: Kiepenheuer & Witsch. 21–23.

Wittgenstein, Ludwig (1989 [1952]): Philosophische Untersuchungen. In: Wittgenstein, Ludwig (1989): Werkausgabe in acht Bänden. Band 1. Frankfurt am Main: Suhrkamp. 225–617.

Dinner Speech I

Joseph Zoderer

Das Brot der Sprache

Wir wissen es alle: Am nächsten ist uns die Welt, die wir in vertraute Worte fassen können. Das Andere ist schwer oder oft gar nicht greifbar – das Andere macht vielen Menschen sogar Angst. Die Sprache des Anderen, das Unverständliche, also das Unvertraute, verunsichert, irritiert, die Sprache der Anderen kann ängstigen, solange wir sie nicht verstehen.

Identität und Muttersprache sind zwei Augen. Wir schauen mit diesen Augen in die dunklen Häuser der uns fremden Sprachen. Die Neugier sollte uns zu Abenteurern machen, eigentlich zu Einbrechern, wir sollten in den fremden Sprachhäusern wohnen wollen, ganz gleich ob wir durch ein offenes Fenster einsteigen oder eine Türe aufbrechen müssen. Wir werden auf jeden Fall Unbekanntes entdecken, Geheimnisse lüften, auch wenn wir vielleicht nie die Stille ihrer Winkel, ihrer verstecktesten Ecken kennen lernen werden.

Die Sprache, die wir als Kind gesprochen haben, ist uns zur Heimat – zur Seele und zur Haut – geworden, die von keiner anderen Sprachwelt ersetzt werden kann. Denn das Wort, mit dem wir als Kind die Welt zu bezeichnen begonnen haben, ist behaftet von Konnotationen (Tonfall, Gestik, Farben, Gerüche), die nicht selbstverständlich in eine andere Sprache übersetzt werden können, weil man in dieser anderen Sprache nicht Kind war.

Meine Eltern haben mich mit meinen Geschwistern aus der Heimat Südtirol weggebracht in die Steiermark nach Graz, als ich vier Jahre alt war, wenige Monate nach der Abstimmung für Deutschland oder Italien, im Januar 1940. Seither lebte ich in der Fremde, als wäre sie meine Heimat, und ich kannte auch keinen Unterschied, nicht einmal den: Dass ich auf der Straße, im Hinterhof und in der Schule wie alle anderen meines Alters im Grazer Dialekt redete – ihre Sprache war meine Sprache –, aber dass sich hinter der Tür der elterlichen Wohnung die Worte plötzlich in meinem Mund veränderten … die Worte verwandelten sich in meinem Kopf flugs in andere Worte, auf jeden Fall sprach mein Mund sie ganz anders aus: südtirolerisch, ich redete hinter den Wänden unserer Wohnung mit einer anderen Zunge, ohne es wahrzunehmen, ich redete wie ein Meraner, nicht wie ein Grazer Kind.

Ich war ein Mittdreißiger, als ich mir schließlich eine fixe Adresse in meinem Geburtsland gab.

Heimat ist ein Glück, von dem man eines Tages nichts mehr weiß, sie ist in unseren Knochen, in unserem Wimpernschlag, sie ist alles und daher auch nichts, sie ist eine feine Nestwolle, Küchengeruch, die Stimme der Mutter, einmal lockend und ein andermal schimpfend.

Heimat ist das, was man so gut kennt, dass man unter Umständen nichts mehr damit anzufangen weiß. Heimat ist die intimste und abgenützteste Sprache.

Nur die Kindheit hat von allem scheinbar Unwichtigen für immer Besitz ergriffen, von Kieseln, Holzspänen und uralten Träumen. Eigenartigerweise verlässt uns nie dieses scheinbar so Unwichtige, und irgendwie erkennen wir daran die Welt, irgendwo in der Welt stoßen wir immer wieder darauf, auf diese Heimat. Dieses Unwichtige der ersten Jahre wird uns bis zum Ende Schlupfwinkel bieten für Träume und Hoffnungen in den Sprachverstecken der Kindheit.

Ich spreche mit meiner Zunge gerne eine andere Sprache, doch ich schreibe meine Bücher immer mit Worten, die mehr als neunzig Prozent der Bevölkerung des Staates nicht versteht, in dem ich geboren und dessen Bürger ich bin. Ich habe dieses Anderssein bis heute als wichtigen Teil meines Existenzabenteuers empfunden, nicht als Einschränkung meiner Möglichkeiten oder meiner Lebensqualität. Gewiss oder wohl ein Grund dafür (zumindest unterbewusst) ist, dass ich einer der bestgeschützten Sprachminderheiten in Italien angehöre und meine Sprache die Muttersprache von rund hundert Millionen Menschen in Europa ist.

Trotzdem werde ich immer wieder gefragt: Wie ist das, ein italienischer Autor zu sein, der seine Bücher auf Deutsch schreibt und von anderen ins Italienische übersetzt wird? Zur Enttäuschung mancher Frager muss ich antworten: Ich bin kein italienischer Autor, ein italienischer Autor ist wohl nur einer, der die italienische Sprache und den italienischen Kulturhintergrund als sein angeborenes Arbeitsmaterial und gleichzeitig als seine Werkstatt zur Verfügung hat. Dies ist bei mir und wahrscheinlich bei den meisten deutschen Südtirolern nicht der Fall. Ich jedenfalls habe immer zwischen der Zugehörigkeit zu einem Staat und jener zu einer Kulturheimat unterschieden. Ein italienischer Reisepass macht meiner Meinung nach einen Senegalesen doch nicht zu einem Italiener, weist ihn nur als italienischen Staatsbürger mit entsprechenden Rechten und Pflichten aus. Und so bin ich und fühle ich mich als österreichischen Autor mit italienischem Pass. Denn ich bin an einem kuriosen Schnittpunkt Mitteleuropas geboren, südlich der Alpen, in einem Darmgekröse aus Gebirge und Tälern, unter Gletschern und zwischen Kühen, Palmen und Apfelbäumen, in diesem Südtirol der Kontraste, einem kleinen Land, das über siebenhundert Jahre ein Teil des habsburgischen Kaiserreichs war und das dann als politisches Tauschobjekt nach dem Ersten Weltkrieg aus der Umklammerung des Faschismus in die offenen Arme des Nationalsozialismus wechselte. Heute tragen wir alle – Deutsche, Italiener und Ladiner – als Bewohner dieses Landes die Folgen der Geschichte aus, und jeder Tag ist ein Tag in einem unabsehbaren Lernprozess der gegenseitigen Toleranz und Achtung.

Ich bin einer von einer Viertelmillion deutschsprechender italienischer Staatsbürger mit italienischem Reisepass in Südtirol. Aber ich hätte nichts dagegen, wäre ich statt im Meraner Krankenhaus in irgendeiner Siedlung oder Hütte am Rand einer Wüste oder Steppe zur Welt gekommen – wäre ich neben einer leeren Konservendose in dieser Welt erwacht, etwas später herumgetrippelt im Sand oder zwischen Macchiagestrüpp: Das wäre heute meine Heimat, an die ich mich vom Hotelzimmer oder einem Wohnstock eines jeden Kontinents erinnern würde, vermutlich mit verklärender Sehnsucht, wahrscheinlich würde ich mich an die Säuseltöne des Windes in der Cola- oder Seven-up-Dose zu erinnern versuchen und mich nach dem Sand oder der Macchia ringsum sehnen als einer Form von Geborgenheit, also Heimat. Worauf aber sollte ich dabei stolz sein? Heimat ist für mich kein Verdienst, kein Leistungsabzeichen. Zufällig wie der Ort der Entbindung kann Heimat nichts als ein mehr oder weniger erfreuendes Geschenk sein.

Nichtsdestoweniger sehe ich den einzelnen Menschen geprägt von der Umgebung, in der er geboren und die ersten Jahre bis hin zum Erwachsensein durchlebt hat. Und entsprechend ernst nehme ich den gewachsenen Konsens aus Gesten, Mienenspiel und vor allem aus Sprache – von der Mundart bis zur Literatursprache, diesen genetischen Konsens, der unersetzlich ist für ein kulturelles Zusammengehörigkeitsgefühl. Denn darin liegt eingebettet das Erinnern, das Wissen aus Jahrhunderten und Jahrtausenden.

Ohne Frage bin ich von Goethe, Schiller, Grillparzer bis hin zu Kafka und Musil unmittelbarer beeinflusst als von Dante, Petrarca oder Manzoni. Dennoch bin ich überzeugt, dass Dante längst schon Engländer ist wie Shakespeare Italiener und Molière ein Deutscher wie Goethe ein Franzose. Wir alle mehr oder weniger gebildeten Europäer (aber ich denke ebenso an Amerika oder überhaupt an die lesende Welt) sind längst infiziert, sei es auf dem traditionellen Bildungsweg, sei es durch die Print- oder elektronischen Medien, wir sind längst durchdrungen und geprägt vom abendländischen Kulturgut der Jahrhunderte und Jahrtausende.

Trotzdem oder gerade deswegen nun zur Frage: Welchen Einfluss, welche unauffällige oder sichtbare Konsequenz hat die Tatsache, im eigenen Staat übersetzt werden zu müssen, auf die Identität des Schreibenden und auf das von ihm Geschriebene? Man könnte leicht lügen, aber ich habe keine Probleme, darauf spontan zu antworten: Ja, ich bin in dieser Grenzsituation reicher geworden. Ich fühle mich wach gehalten, ich bin in einem Dauerzustand der Begegnung mit einer anderen Kultur. Und deshalb bin ich hier geblieben, d.h. ich bin zurückgekommen vor Jahrzehnten schon, nachdem ich die erste Hälfte meines bisherigen Lebens als Stadtmensch im Ausland verbracht hatte. Jetzt lebe ich bereits wieder seit fast vier Jahrzehnten südlich des Brenners zwischen den Bergen, obwohl mich die Stadt anzieht, aber hier finde ich das für mich erträgliche Maß von gesellschaftlicher Wachheit, und daher sage ich: Ich bin in diesem Grenzland ein anderer, vielleicht erfahrungsreicherer Autor geworden, als hätte ich an einem eindeutigen, weit von der Grenze entfernten Ort mein Schriftstellerleben gelebt. Darüber hinaus glaube ich, dass wir Südtiroler deutscher, ladinischer und italienischer Zunge alle reicher geworden sind in diesem politisch oft gereizten, im Privaten aber doch friedlichen, fast unbemerkt wirksamen Kulturaustausch. Wir haben nun schon seit Jahren, inzwischen seit fast neun Jahrzehnten *nolens volens* den Sprachalltag der anderen Zunge mitpraktiziert: Wenn ein deutscher Südtiroler italienisch spricht, tritt er automatisch (mit oder ohne Anstrengung) über eine Grenzlinie, durch ein Tor in eine andere Sprachbildwelt und muss sich in diesem Existenzmoment der anderen, vielleicht fremden Heimat überlassen, sich ihr für die Dauer seines Redens hingeben, sein eigenes Bild für das andere, seine Wohlgefühlswelt wie Geldscheine in eine Ungewohnheitswelt umtauschen. Denn Brot heißt auf italienisch *pane*, aber *pane* wird in den verschiedenen Regionen Italiens immer wieder anders hergestellt und gebacken, anders auch als in Hamburg, in Wien oder München – Brot und *pane* sind Träger sehr different gewachsener Kulturwelten, obwohl man mit und ohne damit Hunger stillen kann.

Und wenn du als Anderssprechender wieder in deine eigene Sprachwelt zurückkehrst, kann es sein, dass du nicht sofort die eigenen Bilder wieder findest. Manchmal komme ich mir deshalb wie ein Selbstverräter vor oder wie einer zwischen verschlossenen Türen auf einem Korridor – wo ist denn mein mir zustehendes Zimmer? Wenn ich ein paar Sätze oder einige Seiten eines Romans, den ich auf Deutsch geschrieben habe, in der Übersetzung auf Italienisch oder Französisch lese, entdecke ich mich (meistens frustriert) als einen anderen, ich lese zu dreißig bis fünfzig Prozent einen mir entfremdeten Roman, meine deutsch gedachten Bilder haben sich verwandelt, meine Gefühle haben andere Kleider angezogen. So muss es aber wohl sein, denn die andere Kulturwelt hat eben anders gewachsene Bilder für Gefühle usw. Ich gebe zu, mich oft missverstanden zu fühlen, manchmal sogar billig verkauft, und dann, schüttele ich die Fäuste. Aber ich weiß, es ist kein Verrat, es ist das notwendige Gehen durch Türen ins Andere hinein. Es ist ein geistiges Existenzabenteuer, das uns lebendig hält, erfahrungsreicher macht und unsere Horizontenge überwindet. Das Dasein an der Grenze ist zweifellos ein Bereicherungsprozess: Auch ohne es immer gemerkt zu haben, in Abwehr und Öffnung, in der Reibung zwischen zwei großen Sprachkulturen (und ich meine zum gegenseitigen Vorteil) ist davon auch meine Identität als Schreibender betroffen; das Resultat ist ein Dauerwachzustand, eine Art Bereitschaftsdienst zum Streit und Dialog.

Die Sprache der Anderen ist auch meine. Warum sage ich das? Weil es in einer globalisierten Welt zu einem Imperativ des Wissens und des Gewissens geworden ist: Wir brauchen das Bewusstsein unserer Wurzeln, unserer Herkunft, unserer Identität, aber nie mehr auf Kosten der Anderen. Wir müssen uns dessen bewusst sein, das wir Teil sind der gleichen ganzen Welt, dass das gesamte kulturelle geistige Erbe dieses Planeten schon virtueller Teil ist unseres Selbst, es sei denn, wir verleugneten dies zu unserem und anderem Schaden.

Das Wasser eines Flusses kann trennen, aber auch zueinander führen. Manchmal komme ich mir vor wie ein freiwillig Ausgeschlossener, einer der auf der anderen Uferseite steht und über den Fluss hinüberruft – mit Worten, die, wenn der Wind sie nicht verträgt, ganz andere sind, als die Leute am anderen Ufer gewohnt sind zu hören.

Aber jeden Fluss kann man überqueren. Scheitern wäre nur, wenn man darin ertrinkt, wenn die eigene Sprache von der anderen weggeschwemmt würde.

Dinner Speech II

Lojze Wieser

Der Weg zur Erzählbarkeit der eigenen Welt

Leben wir nicht in einer seltsamen Zeit? Wir sprechen auf der einen Seite von Versöhnung und Annäherung, auf der anderen Seite werfen wir größeren, kleineren und noch kleineren Sprachen vor, dass sie nationalistisch seien. Wir haben auf die Fragen der Zeit, scheint es, keine Antworten. Und doch ist es offensichtlich, dass wir uns den einfachsten Dingen, der Sprache und der Kultur, nicht in dem Maße zuwenden, wie es für eine harmonische Entwicklung unseres gegenseitigen Verständnisses vonnöten wäre. Waren in Zeiten von Grimm, Goethe, Herder oder anderen die Versuche, *so zu schreiben, wie das Volk gesprochen hat,* nicht der Anbeginn einer sich differenzierenden und vertiefenden Stilistik, mit der man die Erzählbarkeit des Lebens und des Traums, des Hoffens und des Scheiterns anstrebte und die Mystik und die Mythen in den eigenen Worten, in den dahinter liegenden Bildern fasste und in ihren *Wortgeschichten* für jeden und jede erzählbar machte?

Waren es nicht unser Unvermögen einerseits und unsere Selbstverliebtheit andererseits, die es uns nicht erlaubten, rechtzeitig danach Ausschau zu halten, dass das von uns Erzählte, auch über die Zeit und zur Genüge, von den anderen verstanden wird? Die Sprachbilder und das von jenen Worthirten Erzählte, ihre epochalen Bilder und ihre einfachen Striche wurden auch von uns nicht oder kaum verstanden. Und haben wir uns nicht zu sehr und zu lange damit abgegeben, uns gegenseitig zu beweisen, wo wir uns unterscheiden, wo und wie viele der eigenen Bilder und Wortgeschichten den anderen gegenüber sich besser, erhabener, wertvoller erzählen lassen und dass daher unsere mit ihnen vielleicht verwandten Worte und Bilder beschützenswerter seien? Haben wir nicht in all dieser Zeit übersehen, dass wir uns damit selbst die Erzählbarkeit der eigenen Geschichte nehmen, dass wir uns das Hinhören abgewöhnen, dass wir das Lauschen zu einer militärischen Disziplin verkommen lassen und dass wir uns der Feinheiten des Unterschiedes berauben? Ähneln wir damit nicht jenen Menschen, die sich selbst den Boden abgraben und das Ufer, an dem sie stehen, mit eigenen Händen verflachen und sich darüber wundern, dass sie immer mehr im Wasser versinken und noch bevor sie richtig schwimmen lernen – zu ertrinken drohen?

Um *so zu schreiben, wie das Volk gesprochen hat,* um seine Geschichte auch so zu erzählen, dass sie von den anderen, die ihre eigenen Bilder, ihre Wortgeschichten haben, verstanden werden, benötigen wir wiederum jene Erzähler, die die Bilder, wie wir sie sehen, den anderen, den Hörenden, jenen, die uns zuhören und begegnen, in den von ihnen gesehenen Bildern und Wortgeschichten wiedergeben. Sie werden unsere Bilder in einen Teppich der Worte weben, sie werden einen Teppich knüpfen, der dann eine andere Haptik und Färbung erhalten wird – durch die Erzählung unserer „Hinzu-Bilder". *Brücken sind wichtiger als Vorratskammern,* hat Ivo Andrić einmal gesagt. Ja, sind nicht Worte und Wörterbücher möglicherweise solche Brücken, die uns das, was uns die Menschen in ihren jeweiligen Sprachen zu erzählen haben, zu verstehen erlauben und uns einen Teppich weben helfen, auf dem wir uns es wohl erst gemütlich machen, wenn uns das gut tut? Wir haben Atlanten, Landkarten und Globen. Doch haben wir genügend Wörterbücher, um die begonnene Erzählung allen, im Wohklang der eigenen Sprache, zu erzählen? Und haben wir wirklich alles unternommen, um es den anderen in ihrer Sprache so zu erzählen, wie wir es hören? Sind wir nicht oft durch eigenes Verschulden verstummt, versiegt nicht oft das von uns Gesagte ungehört, weil wir uns einer Erzählform bedienen, die beim Zuhörer, aufgrund unserer Lautstärke vielleicht, unverstanden bleiben könnte, gar muss? Waren wir nicht etwa zu laut, zu undeutlich, oft vielleicht auch zu leise, gar zu weinerlich, oft auch zu bestimmend, haben wir nicht auch versucht, den anderen durch unsere Erzählung zu übervorteilen? Und treffen wir auf unserem Weg nicht immer wieder solche Erzähler, die uns mit vorgetäuschter Kondition überholen, um dann hinter der nächsten Kurve zusammenzubrechen, und die vor lauter Nicht-zu-Atem-Kommen, aus Selbstüberschätzung heraus, den Mitläufern ein Bein zu stellen trachten? Erleben wir es nicht an allen Ecken und Enden und sind wir nicht immer wieder versucht zu glauben, dass das Schicksal nur mit uns so spielt?

Der Weg zur Erzählbarkeit der eigenen Welt (ist gleich der Wortbilder) in der von Herder und Co. gewünschten Form ist heute, mehr als zweihundert Jahre danach, noch immer eine Herausforderung. Sind wir nicht konfrontiert mit Erfahrungen, die uns das Verstehen der Bilder immer wieder fast verunmöglichen? Die nebeneinander erzählten Geschichten möchten sich übertönen, gar überschreien. Oftmals hat man die Befürchtung, sie würden nur hinausgebrüllt, um den Klang der Erzählung des anderen nicht zu hören. Aber ist nicht das der beste Beweis dafür, wie man sich danach sehnt, endlich gehört, endlich zur Kenntnis genommen zu werden? Ist nicht diese Disharmonie zugleich auch ein Schrei nach Harmonie? Würden wir dahin nicht eher und leichter kommen, wenn wir aus Worten und Bildern für uns Brücken bauten?

Allein, die Wortgeschichten, die uns ein einziges Wort zu erzählen imstande ist, ist wert, beachtet, gelesen, verstanden zu werden, wohlwollend und liebevoll aufgenommen und behütet, wie ein Augapfel zu sein.

Ich denke, Sie werden meine Meinung teilen, wenn Sie die zahllosen Erzählungen in ihrem Kopf erklingen lassen, die uns das Wort *bábica* zu berichten weiß (entnommen aus: Wolf/Pleternik: Slowenisch-deutsches Wörterbuch, Klagenfurter Ausgabe, Wieser Verlag 2004/2005):

Bábica, die Großmutter
bábica, die Hebamme
bábica, altes Weibchen
bábica, das Weibchen aller kleinen Vögel
bábica, die Schmerle
bábica, der Herrenpilz
bábica, die leere Buchweizenhülse
bábica, der leere Maiskolben
bábica, die leere Kastanienhülse
bábica, die Schraubenmutter
bábica, der Pfannendeckel am alten Büchsenschloss
bábica, die Matrize
bábica, das Haftelöhr
bábica, der Sensenring
bábica, der Dengelstock
bábica, der Deckel bei der Weinpresse
bábica, ein Haufen übereinander liegender Garben
bábica, die Mandel

So möchte ich mit dem Gedicht *Epilog* von Erich Prun, das Fabjan Hafner ins Deutsche übertragen hat, schließen:

Nazaj ni poti,
Ladje so krhke,
zastave so mrtve,
Veter je zejn.
Nazaj ni poti,
mornarji, tu,
na obali
moramo najti vasi.

Kein Weg führt zurück,
Die Schiffe leck,
die Flaggen tot,
durstig der Wind.

Kein Weg führt zurück,
Schiffer, hier,
an dieser Küste,
finden wir unser Glück.

Kapitel 2
Literatur versus Literaturbetrieb

Rüdiger Wischenbart

Literatur zwischen Globalisierung und Liebhaberei

Warum wird Büchern in der aktuellen Debatte um die Veränderungen der kulturellen Welten eine solch herausragende Bedeutung zugeschrieben? Und: Was ist überhaupt ein Buch?

Die Unesco definiert das Buch 2004 als

> „Non-periodic printed publication of at least 49 pages exclusive of the cover pages, published in the country and made available to the public."[1]

Einschlägige Lexika fügen dem nur wenige zusätzliche Qualitäten hinzu. Ein Buch bezeichne „mehrere zu einem Ganzen zusammengeheftete bedruckte, beschriebene oder leere Blätter, die in einem B.einband eingebunden sind"[2], eine „Réunion de plusieurs cahiers de pages manuscrites ou imprimées"[3], oder, in den Details aussagekräftiger: „A collection of sheets of paper or other substance, blank, written or printed, fastened together so as to form a material whole"[4], was wiederum nahezu identisch ist mit der aktuellen Definition der Online-Enzyklopädie *Wikipedia*:

> „A *book* is a set or collection of written, printed, illustrated, or blank sheets, made of paper, parchment, or other material, usually fastened together to hinge at one side."[5]

Nichts in diesen Definitionen, die über mehr als eineinhalb Jahrhunderte und ungeachtet aller Medieninnovationen in diesem Zeitraum in Inhalt wie Tonfall auffällig übereinstimmend geblieben sind, gibt einen Hinweis darauf, warum das Buch solch eine zentrale Rolle als Stützpfeiler von Kultur, Bildung oder gesellschaftlichen Identitäten spielen sollte und, noch weniger, weshalb ein medientechnologischer Wechsel heute am Buch – und damit an einer Säule der Kultur – rütteln wollte.

Um es noch deutlicher zu sagen: Wenn die gängigen Definitionen des Buches ausdrücklich handschriftliche wie gedruckte (also vervielfältigte) Sammlungen von Texten einschließen, wenn die Frage des Vertriebs und der Lagerung – also der Preis und die Kosten, die Mittlerorganisationen wie Verlage und Handel, die verwendeten Technologien, selbst die Autoren und die Leser – in den Definitionen des Buchs nicht vorkommen, woher rührt dann all die Aufregung seit Jahren?

Der Börsenverein des deutschen Buchhandels[6] oder, ganz ähnlich, das französischen Nationale Buchzentrum[7] sehen ihre Aufgaben jeweils als Lobbyisten nicht nur für die von ihnen vertretene Buchbranche aus Verlagen und Buchhandel, sondern als Verteidiger grundlegender kultureller Anliegen und Qualitäten.

In Österreich und Deutschland schützen eigene nationale Gesetze das Buch oder, genauer gesagt, einen festgesetzten, nicht in Rabattschlachten verhandelbaren Preis für die Mehrzahl der Bücher und insbesondere der Neuerscheinungen, die erst jüngst in zähen Kämpfen gegen die Liberalisierungsbegehren von europäischen Wettbewerbsbehörden durchgesetzt wurden. Außerdem fällt auf Bücher nur ein deutlich verminderter Satz an Umsatzsteuer an. In Österreich wie in etlichen anderen, zumeist kleineren europäischen Ländern gibt es überdies eine eigene Verlagsförderung des Bundes, nicht zuletzt mit dem Ziel, Vielfalt und nationale Eigenproduktionen zu bewahren. In nahezu allen Ländern Europas existieren überdies unterschiedliche Förderinstrumente und Einrichtungen zur Promotion der jeweils eigenen (nationalen oder regionalen) Bücher im Ausland, zu deren Übersetzung in andere Sprachen und ganz allgemein zur Unterstützung unterschiedlichster Gruppen von Buchautoren (etwa Literatur, Kinder- und Jugendbuch, aber oft auch Autoren, die in Minderheitensprachen schreiben), und manches mehr.

Die Digitalisierung von Büchern insbesondere durch Google als Akteur, der nicht aus der Buchbranche kommt, hat in den USA und noch mehr in Europa zu einer anhaltenden Kontroverse geführt, die rechtlich über das Urheberrecht und das Recht, Bücher einzuscannen und digital zu speichern, ausgetragen wird; doch viele Wortmeldungen machten von Beginn an klar, dass es in diesem Streit auch über die gesellschaftliche Verfügungsgewalt über das Buch und dessen Inhalte, also um zentrale kulturelle Definitionsmacht geht.

Am vorläufigen Kulminationspunkt dieser Auseinandersetzung um 2005 meldeten sich sowohl der französische Staatspräsident Jacques Chirac wie auch der Präsident der Europäischen Kommission, Manuel Barroso, zu Wort und verlangten, dass sich Europa gegen eine Vorherrschaft eines Konzerns wie Google in Sachen Buch durch eigene Digitalisierungsinitiativen zur Wehr setzen müsse.

Bemerkenswert ist, dass all diese Bemühungen rund ums Buch nicht in die Definitionen, was Bücher ausmacht, Eingang gefunden haben und dass umgekehrt in den verschiedenen Deklarationen, Debatten und Befürchtungen weniger die Existenz der Dichter und Übersetzer zum Fundament für Überleben und Vielfalt der europäischen Buchkulturen in den Mittelpunkt gerückt wird, sondern das Medium Buch. Bemerkenswert ist auch, dass die Leser – und die historische Entwicklung des Lesepublikums als die eigentlich treibende Kraft hinter dem „Buch" – im Schatten geblieben sind, während überwiegend die Verwalter des Mediums – also Verlage und Bibliothekare – öffentlich definieren, worum es bei Büchern geht.

Dieses Paradox lässt sich indessen rasch auflösen, wenn man das Buch nicht über seine Eigenheiten als Objekt oder als Produkt beschreibt, sondern von seinen Funktionen aus der Perspektive der Autoren und der Leser ausgeht. Auf diese Weise kommt man zu völlig anderen Qualitäten, die im Vordergrund stehen und die die kulturelle Schlüsselstellung des Buchs wesentlich deutlicher machen:

Aus Autorensicht lässt sich argumentieren, dass, wann immer jemand komplexes Wissen über ein beliebiges Thema aufbaut, egal ob dies nun fiktional oder faktisch bestimmt ist, und selbst wenn es nicht um eine Verschriftlichung dieser komplexen Inhalte geht, sondern etwa um Sammlungen von Bildern oder von musikalischen Notierungen, dann ist es seit gut fünfhundert Jahren sehr wahrscheinlich, dass dieses komplexe Wissen in einem Buch zusammengeführt und dargestellt wird.

Ganz ähnlich verhält es sich aus Sicht der Leser, die gelernt haben, in aller Regel zu Büchern zu greifen, wann immer sie nach Aufbereitungen solch komplexen Wissens suchen. (Anzumerken ist hier zumindest nebenher, dass Bücher nicht primär das Medium der Dichtung sind, sondern des Wissens – und Dichtung ist nur eine Möglichkeit unter vielen für seine Inhalte.)

In beiden Fällen bedeutet dies weder, dass in Büchern zusammengeführtes Wissen einen besonderen Wahrheitsgehalt oder gar einen moralisch oder ethisch positiven Wert beanspruchen kann. Es gibt gute wie schlechte, erhabene wie dumme Bücher. Die Bedeutung – nicht der Wert – des Buches liegt gerade auch darin, dass es ein solch neutrales, nach allen Seiten hin offenes Format ist.

Das Buch ist aber noch in einem weiteren Sinn ein offenes Format: Es ist häufig die Grundlage für die Überführung seiner Inhalte in andere Medien und Formate. Ein Buch kann verfilmt werden, es kann zur Grundlage szenischer Aufführungen, Vertonungen, künstlerischer Variationen oder neuerdings auch – in Rückführung des verschriftlichten Textes zur Oralität – als Hörbuch zum Vortragsmedium werden.

Diese Dimension des offenen Formats Buch wird jedoch noch wesentlich ergänzt und abgerundet durch seine gleichzeitige formale Geschlossenheit.

Die gängigen Buchdefinitionen betonen allesamt, dass die Seiten des Buches durch einen Einband „eingebunden" sind, dass es sich um „cahiers" handelt, „usually fastened together to hinge at one side".

Erst aus dieser Abgeschlossenheit resultiert die Differenz des zusammengefassten, aufgearbeiteten komplexen Wissens gegenüber beliebigen Sammlungen von Materialien, Bruchstücken oder Anhäufungen von Wissenspartikeln. Aus dieser Geschlossenheit erwächst die Autorität des Buches gegenüber anderen, losen Informationskonvoluten. Die Autorität des Autors als Garant für die Erarbeitung, Authentizität und in Folge auch Originalität des im Buch eingeschlossenen Wissens und der Warenwert des Buches, seine Qualität als Produkt, sind deshalb nicht zwei einander entgegengesetzte Aspekte, wie oft in Ausspielung von kulturellem und pekuniärem Wert irrtümlich behauptet wird. Im Gegenteil, ein Buch wird gehandelt, gerade weil seine Qualitäten als Produkt identisch sind mit seinen medialen Qualitäten als Wissenscontainer. Und ob an der Füllung und der Qualitätssicherung dieses Wissenscontainers noch weitere Personen oder Instanzen beteiligt sind – also Verlage, Lektoren, Rezensenten, Agenten oder Händler –, ist erst von nachgeordneter Bedeutung.

Die hohe Dynamik, die das Format Buch eröffnet, resultiert aus der Spannung zwischen seiner Offenheit und seiner Geschlossenheit – und nicht aus dem vermeintlichen Widerspruch von Kulturgut und Ware.

Zusammengenommen lässt sich daraus eine sehr schlichte Definition dessen ableiten, was ein Buch ist: Bücher sind das universellste und gebräuchlichste Format für den Austausch von Ideen und von komplexem Wissen.

Damit ist aber auch klar, warum so viel Aufmerksamkeit an diesem Format oder Wissenscontainer festgemacht wird. Denn mit dem zentralen Behältnis für alle möglichen Wissenseinlagen soll kein Unfug getrieben werden. Da steht viel auf dem Spiel.

So betrachtet ist freilich die Integration von Büchern in die neuen digitalen Wissensnetze ebenso logisch wie grundsätzlich wünschenswert. Die Bibliotheken des europäischen Abendlandes seit dem frühen Mittelalter haben ihre Stärke und Wirkungsmacht nicht zuletzt daraus entwickelt, dass sie das in Büchern versammelte Wissen einem stetig wachsenden Kreis von Lesenden zugänglich gemacht, die Bücher und das Wissen aufgeschlossen, organisiert und vernetzt und damit dessen Gebrauch Zug um Zug ausgeweitet haben. So erst gewann das Buch seine kulturelle Bedeutung, und nichts anderes geschieht aufs erste, wenn nun durch eine Digitalisierung und Bereitstellung online die Inhalte von Büchern in noch viel breiterem Ausmaß aufgeschlossen, organisiert und vernetzt, also geöffnet werden.

Die Sprengkraft aus der Digitalisierung, die letztlich auch die politische und rechtliche Kontroverse der jüngsten Zeit sowie die dahinter liegenden Ängste über einen Verlust der Verfügungsgewalt über das Buchwissen und das Medium Buch nachvollziehbar macht, nährt sich indessen aus dieser neuerlichen, durchaus radikalen Öffnung des Wissenscontainers im World Wide Web.

Anders als das, wie oben gezeigt, formal geschlossene Format Buch ist das Wissen in den Netzen formal offen nach allen Richtungen hin ausgestellt. Es ist gerade nicht festgelegt, sondern zumeist plastisch, entwickel- und kommentierbar, relativ. Es überlässt die riskante Entscheidung über seinen Gebrauch, die Überprüfung von Stimmigkeit und Wahrheit von Informationen und Aussagen den Nutzern – also den Lesern und nicht seinen Eigentümern und Verwaltern.

Wenn Bücher in großem Stil digitalisiert und online gestellt werden, wie in den massiven Digitalisierungskampagnen von Google, aber auch jedes anderen Akteurs, also etwa auch bei künftigen europäischen Projekten, dann werden diese geschlossenen Wissensformate eingebettet in eine bewegte See liquiden Wissens. Wenn all diese Inhalte über ein gemeinsames Interface – über Screen und Browser – in unsere tägliche routinierte Mediennutzung integriert werden, dann ist es plausibel wie absehbar, dass die Grenzen zwischen den Formaten zusehends verschwimmen. So verändert sich das Buch vor unseren Augen rasch und nachhaltig, und dies ist wohl kaum zu vermeiden.

Dies bedeutet aufs erste nicht, dass die Verbindlichkeit, für die das Buch traditionell steht, Schaden nimmt. Es gibt längst gewaltige Datenbestände, deren Unveränderlichkeit und Authentizität gewährleistet sind, von den großen kommerziellen Online-Datenbanken über wissenschaftliche Journale – nicht nur jene der Verlagskonzerne, sondern auch im Open Access – bis zu den Nachrichtendiensten, die ihre Reputation über eine Erosion solcher Verbindlichkeiten rasch einbüssen würden.

Aber all diese Datenbanken offerieren den Nutzern genau das Gegenteil geschlossener Wissenscontainer im Stil des Buches. Ihre Inhalte sind fragmentiert und verlinkt, sie lassen sich in kleinen Einheiten beziehen, und ein geschlossenes Gesamtbild darzustellen behaupten sie gerade nicht. Dies bedeutet freilich nicht, dass sich aus solchem Wissen nicht jeweils Wissenssynthesen erstellen lassen, aber diese sind jeweils Befunde von vorübergehender Gültigkeit.

Freilich hat diese für manchen beunruhigende Volatilität wenig mit dem Buch – oder mit Medien insgesamt – zu tun, sondern diese können nicht mehr und nicht weniger, als die Welt in ihren veränderlichen Zuständen wiederzugeben. Deshalb aber werden auch Bemühungen wenig erfolgreich sein, diese Veränderungen durch immer neue rechtliche Barrieren aufzuhalten, etwa in der Hoffnung, damit zumindest in den aktuell turbulenten Phasen des Übergangs taugliche Geschäftsmodelle für Verlage und Handel stabil zu halten.

Eine Definition, die das Buch nur als Medium und Produkt eines kulturellen Status quo beschreibt, aufgeladen mit vermeintlich unveränderlichen, symbolisch aufgeladenen Werten, unterschlägt letztlich die Universalität des Buchs als Format für Wissen, das immer wieder radikal an veränderte historische wie mediale Bedingungen angepasst wurde. Der neuerliche Umbau des „Buchs" ist gewiss nicht in allen Einzelheiten abzusehen. Es ist jedoch nur plausibel, dass die Ökonomie wie auch die rechtlichen Definitionen – also insbesondere auch das Urheberrecht, das Autorenschaft und Nutzungen festlegt – Veränderungen unterzogen werden, ganz wie auch, im Zuge der Digitalisierung, seine medialen Erscheinungsweisen. Aber auch wie wir ein Buch lesen, und welches Buch, welchen Inhalt, wir in welcher Erscheinungsweise konsumieren, gedruckt oder auf Bildschirmen, oder in künftigen Zwischenformen, wird sich vermutlich rascher ausdifferenzieren, als viele es für möglich halten.

Ein Verlust an Bedeutung für das Buch – in seinen analogen wie in heutigen oder künftigen digitalen Erscheinungsweisen – als verbindliches Format für Wissen und Ideen zeichnet sich indessen nirgendwo ab.

Anmerkungen

Zu Hintergründen und Quellen siehe www.wischenbart.com

1 http://www.uis.unesco.org/ev.php?ID=5096_201&ID2=DO_TOPIC
2 Meyers großes Universallexikon in 15 Bänden. Bd. 3, Mannheim, Wien, Zürich 1981, S. 8.
3 E. Littré: Dictionnaire de la langue française, Tome second, Paris 1869, p. 325.
4 The Oxford Universal Dictionary Illustrated. Vol. 1, Oxford 1959, p. 203.
5 http://en.wikipedia.org/wiki/Book ; Stand 2. Jan. 2008.
6 www.boersenverein.de
7 www.centrenationaldulivre.fr/

Klaus Zeyringer

Aura und Euro – Kunstschaffen, Literaturhandel, symbolisches Kapital

Am 22. Oktober 1849 verlässt der 28-jährige Gustave Flaubert sein Elternhaus und bricht in den Orient auf, von dem er seit der Kindheit träumt. Den schwierigen Abschied von der Mutter und das Adieu von den Pariser Freunden zieht Flaubert eine Woche lang hin, den Vorgeschmack auf die große Freiheit holt er sich im Bordell. Auf der ägyptischen Reise sammelt er starke Bilder, anhaltende Emotionen, eine Karawane, die lautlos im Sandsturm vorbeizieht, als ob sie in den Wolken marschiere. Als Flaubert nach eineinhalb Jahren zurückkommt, weiß er: Er will „entrer en littérature", in die Dichtung eintreten – wie in eine Kirche. Am 16. Juni 1851 ist er wieder zu Hause. Er klettert die schmale Stiege zu seinem Arbeitsraum hoch, den er genau so vorfindet, wie er ihn verlassen hat. Auf dem runden, mit grünem Filz belegten Tisch ist alles vorbereitet. Die Bücher mit den Notizen sind an den richtigen Stellen aufgeschlagen, die Papiere überschaubar ausgebreitet, die Federn fein gespitzt. Nachdem er seinen Reisebericht fertiggestellt hat, setzt er sich an eine Prosa, die so vollkommen sein möge wie ein lyrisches Werk. Im September 1851 beginnt Flaubert seinen Roman *Madame Bovary*, an dem er fast fünf Jahre schreiben sollte.

Das im Prinzip radikalindividuelle literarische Schaffen baut auf Freiheiten und Ordnungen, lässt sich auf Eigenheiten und Fremdheiten ein, verlangt Inspiration und soziale Implikation. Das klingt idealistisch, ist es auch, wenn man Kunst a priori mit einer Aura versieht, die einem Gemeinwesen den Kulturbonus verleiht. Auf Flaubert und seine dichterische Sorgfalt als eine Grundlage des modernen Romans verweisen zahlreiche Schriftsteller der Gegenwart, ob sogenannte Formalisten oder Meister eines „Neuen Erzählens". Mit einer Analyse der Pariser Salons in Flauberts *Education sentimentale* beginnt Pierre Bourdieu 1992 seine Überlegungen im Band *Die Regeln der Kunst*.

Im 19. Jahrhundert, führt er aus, entstand zwischen den Herrschenden und den Kulturschaffenden ein neues strukturelles Untertänigkeitsverhältnis, das zwei Hauptinstanzen der Vermittlung ausbildete: zum einen den Markt, zum anderen dauerhafte Beziehungen, die auf einer Affinität von Lebensstil sowie Wertesystem beruhen. „Habitus" nennt Bourdieu diesen Komplex verinnerlichter Dispositionen, der es mit ähnlichen Lesebrillen ausstattet. Ein literarisches „Feld" von Spannungen sei der Rahmen, in dem die Akteure einen „Einsatz" darstellen und um Positionen, um Bedeutung kämpfen. In diesem sozialen Spiel, der „illusio", seien ein Diskurs der Lobpreisung, der sich als Akt der Re-Kreation verstehe, und die von ihm mitgetragene Anerkennung der kulturellen Produktion ein Teil ebendieser Produktion, ja geradezu die Bedingungen des Auratischen: Die Künstler werden sozial als Fetisch geschaffen. Die Elite der Kultivierten gewährt durch ihre Anerkennung dem Künstler seine Existenz, der wiederum an der Existenz dieser Elite mitarbeitet.

Die Produktion der vorgeblich antiökonomischen Wirtschaft der Kunst ist auf der Anerkennung der Uneigennützigkeit begründet und auf eine Anhäufung von symbolischem Kapital ausgerichtet. Der Wert des Kunstwerks wird nicht vom Künstler hervorgebracht, sondern vom Produktionsfeld als Glaubensgemeinschaft, die zu Repräsentation und Sakralisierung neigt.

Sprachkunst ist jedenfalls eine Ware, zumindest auf einem symbolischen Markt. Das materielle Kapital bestimmen ein Publikum per Kauf und neben anderen Faktoren auch Meinungsbildner per Kaufanreiz; das symbolische Kapital bilanzieren legitimierte Akteure, die eine Aura verleihen können, etwa in Medien, in Jurys oder an Universitäten. Die Kunst braucht die Rezeption, die Literatur braucht – wie es Max Frisch ausgedrückt hat – die „Öffentlichkeit als Partner".

Die Öffentlichkeit in den reichen westlichen Ländern hat Strukturen und Mechanismen ausgebildet, die im Grunde auf Aufklärung und Romantik zurückgehen. Die Meinungsleader berufen sich in ihrer Legitimation auf Kultur und Demokratie; das Geistesleben und seine Institutionen verfahren großbürgerlich und feudal, wie eine Mischung von Salon und Tafelrunde, Fürstenhof und auch Funktionärsbüro.

Die Tafelrunde stellt im höfischen Rittertum den mythischen Ort hervorragender kollektiver Sammlung dar. Hier finden ein Geflecht von Angewiesenheiten und ein Elitenkreis ihre sakralisierte Präsentation. In vorgeblicher Gleichheit – und doch bis zum Fürsten hin hierarchisiert – sitzt in einer Tafelrunde eine fixe Anzahl von Etablierten, die gegebenenfalls ihre Kandidaten auf frei gewordene Plätze zuwählen. Somit ist eine personelle Erneuerung aus einem bestimmten Habitus selbst heraus gewährleistet. Akademien funktionieren nach diesem Vorbild der *Académie française*, auch der österreichische Kunstsenat, auch Netzwerke von politischen und wirtschaftlichen Eliten, die feudalen Treuebeziehungen ähneln. Gerade in Kunst und Wissenschaft, die als frei verfahrende Garanten für Kultur und demokratische Moral gelten, besteht ein strategisches Interesse, die Schutz- und Verpflichtungsbündnisse verdeckt zu halten.

Der Salon bildet einen sozialen Raum mit Definitionsdruck. Zum Jour fixe trifft sich ein Kreis von Stammgästen mit dem gleichen Habitus auf einem intellektuellen Umschlagplatz. Die konkrete historische Ausformung findet sich heute weniger an reale als an virtuelle Orte verlegt; es ist nach wie vor ein gruppendynamisch begrenztes System von Formen und Selbstverständlichkeiten, von Geselligkeiten und Gegenseitigkeiten.

Die Rolle der Dame im Mittelpunkt haben sich Akteure in Medien und Kulturinstitutionen zu Eigen gemacht.

Literatur ist prinzipiell Fiktion, findet sich allerdings heute damit konfrontiert, dass eine Show-Schau-Gesellschaft von keinem Schlüsselloch absieht, das sie sich vorgehalten glaubt. Martin Walsers Roman *Tod eines Kritikers*, um den es 2002 heftige Debatten gab, diese Satire auf den Literaturbetrieb, zeigt den Ort des Insiderauftritts nach dem Fernsehauftritt als medienmoderne Mischung aus Fürstenhof und Salon.

Der Kritikerkönig namens André Ehrl-König begibt sich jeweils nach seiner TV-Sendung SPRECHSTUNDE zum Jour fixe mit den Stammgästen in die Villa des Großverlegers Ludwig Pilgrim. Hier, auf dem obersten Niveau der Räumlichkeiten,

> „tritt immer Ehrl-König auf, seine SPRECHSTUNDEN-Assistentin, sein *Überraschungsgast* und Ludwig Pilgrim selbst. Da hinauf seien die mit einem Aufzug aus dem Souterrain gefahren. Um die oberste Plattform laufe ein Geländer wie eine Reling. Das ganze da oben sehe aus wie eine Kommandobrücke eines stattlichen Schiffes."

Gespielt wird eine populistische Balkonszene in einer bekannten Theatralik der Macht, die ihre Gewichtigkeit gerne topographisch konkretisiert gesehen haben will, ohne es an Leutseligkeit fehlen zu lassen. Sie postiert sich erhöht, über der Gemeinschaft auf dem Balkon, der zwar draußen und offen liegt, jedoch bloß über das Machtinnere zugänglich ist. Macht braucht sowohl den Schein einer Teilnahme als auch die Abgrenzung nach unten.

Das Auffallendste auf dem obersten Niveau, betont im Roman die Schilderung aus zweitem Mund, sei „die gewaltige Aufzugstür: wenn die sich öffnet, atme förmlich der ganze Raum auf und halte den Atem an, und dann trete eben mit Gefolge Ehrl-König heraus". Bei Hofe und im Salon zählt der Auftritt. Die Inszenierung unterstreicht die Bedeutung; das Gefolge ist ein wandelnder Menschenpfeil, der auf die Spitze hinzeigt.

Diese „Villa der Moderne" wirke, „wenn Ehrl-König mit Gefolge auf den breiten Treppen über zwei weitere Ebenen zu uns in die Polsterbucht herunterschreite, wie für diesen Auftritt gebaut". Die Gäste stehen auf und klatschen. So oft er dabei gewesen sei, berichtet ein Statist in indirekter Rede, habe es

> „... standing ovations gegeben, was vermuten lasse, daß es sich um ein Ritual handle. Um ein schönes, immer wieder herzlich aufgeführtes Ritual. Gerade habe man noch die SPRECHSTUNDE angeschaut, kollektiv, auf einer aus der Decke herabgelassenen Leinwand."

Unter dem Emblem versammelt sich die Glaubensgemeinschaft.

Es ist ein literarischer Auftritt, es ist Fiktion, es ist eine Satire. Sie umreißt eine theatralische Gestaltung von Positionen im Kulturleben. Der Zutritt zum sakralisierenden Ort und die Nähe zum Thron bestimmen hierarchische Wichtigkeit. Das Feudal-Populistische entspricht der Figur des Betriebskönigs: Er sei, erklärt sein PR-Berater, „ausgestattet mit einer eher feudalistischen als bürgerlich-demokratischen Legitimität". Er benützt und vermittelt die bipolare Weltsicht, die sich eben so praktisch verbreiten lässt, weil sie auf eine elementare narrative Struktur kommt und auf ihr beharrt.

Eine Ästhetik der Selbstverständlichkeit und eine moralische Legitimation der Ästhetik, die das Salonwesen gerne vertritt, schreibt Walser diesem Ehrl-König zu, auch hier in indirekter Rede. Die Gattin des Großverlegers erläutert: Was Ehrl-König

> „... nicht gefiel, war schlecht. Und dafür hat ihn die Chorknabenherde seiner Feuilletons verhimmelt. Seit dem muß man nichts mehr beweisen, nur noch sagen schlecht oder gut."

Dieses Gut und Schlecht sei „ästhetisch getünchte Katechismusmoral". Die zum Bild passende Bezeichnung „Literaturpapst" spielt auf Dogmatik und Unfehlbarkeit an und stützt so das Herrschaftsgebäude der *illusio*. Mit dem Zeremoniellen nimmt das Selbstverständliche zu und das Analytische ab. Die Autorität des Oberexperten gibt den wandelnden Salonmittelpunkt. In der satirischen Überzeichnung bildet er mit seiner Entourage eine heutige mediale Entsprechung zu den Salonwelten in Flauberts *Education sentimentale*.

Eine historische Übergangsform auf dem Weg von einer repräsentativen zu einer räsonierenden Öffentlichkeit sei der Salon gewesen, meint Habermas. Mittlerweile lässt sich allerdings beobachten, wie tief die Repräsentation sitzt, wie intensiv in zunehmender Festmasse Jubelfeiern, Ehrungen, Homepages gepflegt werden. Das Zeremoniengerüst ist von der Monarchie übernommen, die Aura wird in einer Ökonomie des Prestiges gehandelt. Die zunehmende Festmasse der Jahrestage und Geburtstagsjubel entzieht die Gefeierten einer Sphäre, in der sich die Intellektuellen seit der Aufklärung zu bewegen behaupten, nämlich der Kritik.

Das Private drängt hinaus, die Öffentlichkeit drängt aufs Jubiläum. Feierstunden sind schön, Verehrungsgesten sind gut. Nicht selten drehen sie auch am Rad der tautologischen Ästhetik mit: X wird gefeiert, weil er ein großer Künstler ist; X ist zweifellos ein großer Künstler, weil er gefeiert wird. Die Aura braucht keine weitere Begründung. Der Beruf des Dichters gehört zu den wenig kodifizierten und hängt in seiner Definition von Kanonmächtigen, von Meinungsbildnern des Literaturbetriebs ab. Feste, Preise und Stipendien eignen sich gut zur Bilanzierung des symbolischen Kapitals.

Die Literatur erfährt derart – schematisch gesprochen – eine Zweiteilung: in solche Autoren, die auf einem Publikumsmarkt reüssieren, und in solche, die auf dem symbolischen Markt ankommen. Ersteren wird bisweilen ihr Warenwert vorgehalten, letzteren ihr wahrer Wert bescheinigt. Und so steht in aktuellen Debatten immer wieder Euro gegen Aura.

Die Pariser Salons lehnten Albert Camus als „Bauer im Sonntagsstaat“ ab. Milan Kundera findet dies bezeichnend: Ein Demokrat fühle sich verpflichtet, das Volk zu lieben; er sei aber so frei, es in allem, was er als populär erachte, erhaben zu verachten. Im vorgeblichen Reich des Immateriellen hat das Materielle eine schlechte Presse. „Anrüchig“ findet es der Rezensent der Tageszeitung *Die Welt*, dass von einem Roman, der – wie sich zeigen lässt – ein tiefsinniges Sprachkunstwerk im Sinne Flauberts ist, Hunderttausende Exemplare gekauft werden. „Literatur als Kunstform“ verliere an Gewicht, beklagte vor einigen Monaten die Zeitschrift *perspektive*, der Kommerz dringe „verstärkt in Zonen ein, die vormals einer avancierten Literatur bestimmt waren“. Es sei nicht nur eine Frage des Geschmacks, wie man zu solchen Tendenzen stehe, heißt es ohne weitere Erklärung, und es drängt sich der Verdacht auf, dass mit „avanciert“ der eigene Standpunkt bezeichnet ist. Es gebe immer weniger Dichter, behauptete kürzlich Josef Winkler im *Standard*-Interview, „die ganze Branche“ spekuliere und fantasiere „zur Unterhaltung hin“. Folgt man ihm, gilt das von Horaz überkommene *prodesse et delectare* nicht mehr, hat Kunst offenbar nach Goethes Wort eine „stille, fast gedrückte Kirche der Ernsten“ zu bilden.

Die merkwürdige Bipolarität von schlechtem Lohnschreiber und wahrem, weil antikommerziellem Dichter hält einer Überprüfung nicht stand. Es besteht keine Relation zwischen Verkauf und Ästhetik, und einige auf dem Buchmarkt weniger Erfolgreiche beziehen durchaus erkleckliche Einkünfte durch Preise und Stipendien. Zudem schwingt im bipolaren Urteil eine Geringschätzung für das Publikum und für die Verbreitung von Literatur mit, die paradoxerweise in logischer Konsequenz dazu führen müsste, dass jedes verkaufte Buch eine Niederlage sei.

Literatur bedeutet für mich nicht die „stille, fast gedrückte Kirche der Ernsten“, sondern vielmehr eine Offenheit und eine große Bandbreite der Möglichkeiten, eine *littérature-monde*, für die kürzlich 44 Schriftsteller und Dichterinnen in der Zeitung *Le Monde* eintraten. Diese welthaltige Sprachkunst, betonten sie, möge schaffen, was seit jeher Aufgabe der Künstler sei: dem Unbekannten in der Welt und in uns selbst eine Stimme und ein Gesicht zu verleihen.

Die Vermittlung und nicht die Einschränkung von Literatur sehe ich als Kulturauftrag. Wenn es in den österreichischen Medien auch an Platz und an einem Qualitätsfeuilleton, in dem Feld an Offenheit mangelt und bisweilen eine gruppenspezifisch eingeschränkte Selbstreferenzialität vorherrscht, so gewährleistet immerhin der von der öffentlichen Hand gestützte Betrieb eine große Bandbreite dichterischer Produktion, zahlreiche rührige Kleinverlage, einige einschlägige Zeitschriften. Wie viel der Staat ausgibt, lässt sich in den *Kunstberichten* nachlesen; hier wird auch ersichtlich, was Netzwerke bewirken. So manchem deutschen Sprachkünstler erscheint das österreichische Stipendienwesen als erstrebenswerter Zustand. Tatsächlich ermöglicht es vielen, die freischaffend nicht von ihrem Verdienst leben können, dank ihrer ästhetischen Verdienste über die Runden zu kommen, ja in einigen Fällen über mehr als ein Jahrzehnt quasi ein geregeltes Subventionseinkommen zu beziehen. Bleibt die Frage, wer ästhetische Verdienste wie beurteilt.

Je hermetischer ein Text scheint, umso verdienstvoller die Exegese, lautet eine alte Devise. Maßstäbe und Interpretationsmuster sind im deutschen Sprachraum großteils an der philologischen Tradition sowie an einem Kanon geschult, der auf Klassik und Moderne beruht. Ein Literaturkanon bestimmt ästhetische Wertungen durch einen sozialen Konsens, er ist historisch wandelbar. Dem Habitus bietet er die entsprechende Lesebrille, eine Identitätsbildung vermag er ebenso zu stützen wie eine Bildungsidentität. Im Kanon äußern sich Tradition, Normativität, Dogmatismus. Die Funktionsweise begünstigt den Einfluss von etablierten Experten, die ja in den letzten zehn Jahren eine Rekordmenge von Kanonlisten und Kanonkoffern vorgelegt haben, während man das Verschwinden der Kultur an die Wand malte. Ein auf sich selbst bezogenes Vorgehen: Aus der eigenen Referenz ziehe man die Urteilsbegründungen, die diese Referenz stützen, so dass wiederum Urteile und eigene Referenz ihre Legitimation erfahren.

Je enger das Feld, umso geschlossener kann es seinen Kanon suggerieren. Die Kunstvorstellung geht aus der eigenen Etablierung hervor. Die tautologische Ästhetik funktioniert am besten in einem Milieu der *doxa* und der Lobpreisung. Sozialer Kreis und Zirkelschluss der Wertung bekräftigen sich gegenseitig.

„Heute, zu Beginn des 21. Jahrhunderts, müssen wir realistischerweise bezweifeln, ob überhaupt irgendein Schriftsteller je wieder in der Lage sein wird, Literatur hervorzubringen“, verkündigte 2004 Harold Bloom, ein Star der Kulturszene in den USA, in seinem Buch über *Die hundert bedeutendsten Autoren der Weltliteratur*. Dem Ego ist es angenehm, sich zu den letzten echten Kulturmenschen zu zählen. Blooms Ausführungen allerdings, die pro domo 49 von 100 Weltdichtern aus dem Englisch-Amerikanischen wählen, sind Ausdruck einer Kanonfalle: Diejenigen, die mittels künstlerischer Höhen Differenzierung und Tiefgang versprechen, warten mit Reklameformeln aus dem Untergeschoß des geistigen Warenhauses auf.

Der Duktus der Laudatio ist die Sprache der Werbung, das Wesen der Kanonprosa ist exklusiv, suggestiv, repetitiv. Die Autoritätssätze zielen ins Definitive: „für immer“, „niemals“, „der einzige“, „der letzte wahre“ haben Hochkonjunktur. Der Berserker der Rangliste schwelgt im Komparativ: Es sei eine

> „außerordentliche Auszeichnung, wenn man der größte portugiesische Dichter seit Camões genannt wird, vergleichbar der Einordnung von Wallace Stevens und Hart Crane als bedeutendste nordamerikanische Dichter seit Walt Whitman und Emily Dickinson."

Es sticht der Trumpf der Bedeutungsarithmetik: „Zusammen ergeben Kafka und Beckett zwei Drittel Dante des 20. Jahrhunderts." *Don Quijote* sei „die fortgeschrittenste Prosaliteratur", und das sei „noch untertrieben" – der Superlativ eine Untertreibung? „Wir leben in einem Zeitalter der Kategorisierungen", bedauert der Kategorisierer.

Literatur, Literaturproduktion, Literaturbetrieb brauchen Vermittlung, brauchen eine breite und vielfältige Öffentlichkeit, brauchen Debatte und nicht Dogmatismus. „Sapere aude", das bedeutet: Den Vormündern mache man sich nicht zum Hausvieh, wie Kant schreibt. Im Sinne einer Literaturbetrachtung, die nicht in erster Linie von verdeckten Voraussetzungen in Salon, Tafelrunde, Funktionärsbüro abhängen will, gilt es, Dogmen zu überprüfen, Argumentationen und Diskussionen zu fördern.

Madame Bovary sei „eine Art universeller Biographie", der „reinste Roman der Romane", erklärt Harold Bloom. So sah man das im Paris des Jahres 1857 nicht. Zur Zeit des Regimes von Napoleon III. rückten die Salons näher an den Hof. Die Kaiserin Eugénie umgab sich mit konformistischen Schriftstellern und Journalisten; bei der Prinzessin Mathilde verkehrten die Brüder Goncourt und Gustave Flaubert, der auch zum Salon der Madame Sabatier ging, wo er sich mit Baudelaire anfreundete. *Madame Bovary* wurde des Aufrufs zum Ehebruch bezichtigt; im Prozess um den Roman gelang es Flaubert, seine Salonbeziehungen zu mobilisieren. Baudelaire hingegen, der von den höfischen Salons ausgeschlossen war, verlor im selben Jahr 1857 seinen Prozess, bei dem er sich vom Großbürgertum nicht unterstützen lassen wollte. Das Verbot seiner *Fleurs du Mal* ist bis heute nicht aufgehoben.

Kapitel 3
Ware Buch

Nikolaus Hansen

Preis – Wert: Der Verleger als Unternehmer und Kulturidealist

Um meine Behauptung, dass ich es, wie der Titel meines Vortrages suggeriert, mit der Kultur und dem Idealismus durchaus ernst meine und nicht ausschließlich ein renditeorientierter Unternehmer bin, ein wenig glaubwürdiger zu machen, sollte ich eingangs ein paar Worte darüber sagen, wie ich überhaupt zum Buch gekommen bin. Es fing alles an mit einer ganz anderen Leidenschaft, dem Segeln nämlich, genauer gesagt mit einer Weltumseglung, zu der ich im zarten Alter von einundzwanzig Jahren zusammen mit drei Freunden aufbrach. Ich bin ein höchst lese-unwilliges Kind gewesen, ich habe als Kind jede Lektüre verweigert, hatte immer eine Vier Minus in Deutsch, und auf der Weltumsegelung – wo man sehr viel Zeit hat, wie Sie sich vorstellen können, da geht es manchmal vier Wochen ohne jegliche Landsicht über die Ozeane – habe ich all die Lektüre, die ich als Jugendlicher zu Hause verpasst hatte, also Tolstoi, Freud, Thomas Mann und all die anderen obligatorischen Groß-Literaten, in riesigen Mengen verschlungen: so ist sozusagen das Buch zu mir gekommen.

Aber nun zum eigentlichen Thema:

Ich fürchte, mir kommt hier die unangenehme Aufgabe zu, den Übergang zu schaffen von der *wahren* Sprache zur *Ware* Sprache. Das ist natürlich eine scheußliche Rolle, weil der Bereich „Ware" mit ganz banausigen Dingen zu tun hat; aber ich kann Sie beruhigen: Den Vortrag von Herrn Tenschert, der Sie zum Ende des Panels erwartet, ist ein Meisterwerk wahrer Sprache, und es geht um so hehre Dinge wie das Antiquariat, exquisite Handschriften und unvorstellbar teure Bücherraritäten. Sie werden dann wieder genau wissen, was die *wahre* Sprache ist. Aber vorher müssen wir ein wenig Kaufmännisches erledigen, müssen wir uns ein wenig der *Ware* widmen…

Ich habe meinen Vortrag überschrieben „Der Verleger als Unternehmer und Kulturidealist" und damit den durchsichtigen Versuch unternommen, schon im Titel den Bogen zur „wahren" Sprache zurückzuschlagen, aber fangen wir mit dem Unternehmerischen an: Verlegen – das bedeutet seiner etymologischen Herkunft nach „vorlegen", wenn also von Verlegern die Rede ist, sind im Grunde Banker gemeint, nämlich Leute, die denjenigen, die Bücher schrieben und es sich nicht leisten konnten, sie setzen und drucken zu lassen, das Geld für Herstellung und Vertrieb ihrer Werke vorgestreckt haben. Und um das eingesetzte Geld wieder einzuspielen, haben diese „Vorleger“ den Erlös der Bücher nicht komplett weitergeleitet an den Urheber, sondern diesem lediglich ein Autorenhonorar zugesprochen – ein Verfahren, das bis heute (oder heute mehr denn je) immer wieder Anlass zu Streit und Kritik gibt. Nun ist es natürlich ein bisschen kokett zu sagen, dass Verleger Banker sind, denn das Bankwesen, das wir betreiben, ist nicht ganz so einfach wie das eines herkömmlichen Bankers: Wir finanzieren keine Hypotheken, wir finanzieren keine Unternehmensgründungen, unsere Beurteilung eines richtigen – und ich sage ausdrücklich eines *richtigen* und nicht eines *guten* – Geschäftes ist nicht damit getan, eine Geschäftsidee oder einen Businessplan oder irgendwelche Garantien und Sicherheiten zu bewerten, die jemand anzubieten hat. Im Gegenteil – ich bin einmal, als ich zu einem Banker gesagt habe: „Ich biete Ihnen unsere Bücher als Sicherheit“, mit den Worten beschieden worden: „Unbedrucktes Papier wäre uns lieber.“ Ich kann das verstehen.

Unser Geschäft ist ein anderes. Ich möchte vorab zur Definition sagen: Ich rede nur über Publikumsverlage. Ich rede nicht über Fachverlage, ich rede nicht über Spezialverlage, denn das sind vollkommen andere Geschäftsfelder. Ich rede über Publikumsverlage, die allgemeines Sachbuch und Belletristik herausbringen. Wir als Verleger müssen bei jedem Buch – es ist wichtig, sich den Unterschied klar zu machen: nicht beim Buch im Allgemeinen als Produkt oder Wirtschaftsfaktor, sondern bei jedem einzelnen Titel – überlegen: „Hat dieses Projekt, dieser Text Chancen, irgendwo ernst genommen, wahrgenommen oder gar verkauft zu werden?“ Und wenn man sich fragt, wie das einer macht, dann ist man schnell bei der Prophetie – wir bewegen uns hier in einem Raum, wo es sehr wenig Handfestes gibt, auf das sich zurückgreifen lässt. Gleichzeitig tauchen immer da, wo Prophetie in der Wirtschaft eine Rolle spielt, Heerscharen von Menschen auf, die versuchen, gerade solche „weichen“ Aspekte wie den der Prophetie so weit wie möglich auszuschalten und das Geschäft irgendwie in konkrete Zahlen und andere „harte“ Faktoren zu überführen.

Ich war viele Jahre Verleger der Rowohlt-Verlage – unter anderem auch in einer Zeit, als die McKinseys – die „Mackies“, wie wir sie nur nannten – die Verlage analysieren sollten. Da kam es zu dem amüsanten Versuch, das Programm, das der Rowohlt-Verlag in seiner Pipeline bereit hatte (mit „Pipeline“ ist jener imaginäre Bereich gemeint, in dem jene Projekte ihres Schicksals harren, die zwar schon eingekauft, aber noch nicht veröffentlicht sind), in sogenannte A-, B- und C-Titel aufzuteilen, das heißt, vor Veröffentlichung zu entscheiden, ob ein Titel sich gut verkaufen würde oder nicht. Der Wunsch, die Buchwelt derart zu ordnen, ist verständlich, doch das Ergebnis ist nicht selten absurd: Da sollen – dies ein konkreter Fall – die Bücher José Saramagos wegen ihrer schlechten Verkäufe als C-Titel kategorisiert werden (was de facto bedeutet, dass man den Autor nicht weiter verlegt), aber dann erhielt Saramago den Nobelpreis, und im Handumdrehen waren 100.000 Bücher verkauft. Bei

Büchern wie bei Autoren kann permanent etwas passieren, das sich solchen Kategorien und einer solchen Art der Planung entzieht. Das ist sehr bitter für die Kaufleute (neudeutsch „Controller“) in Verlagen.

Ein anderer Versuch, den prophetischen Anteil an unserem Geschäft zu verringern, besteht darin, den Autor als Marke aufzubauen. Wenn das gelingt, verkaufen sich seine Bücher meist sehr gut, aber je besser ein Autor aufgebaut ist, d.h. je besser sich seine Bücher verkaufen, desto teurer werden die Rechte an seinem nächsten Buch für den Verlag – dem erfolgreichen Aufbaugeschäft ist also eine Kostenspirale immanent, die für Verlage delikat sein kann. Es herrscht allerdings auch die Praxis, sich als Verlag den (wahrscheinlichen – weil mit vorangegangenen Titeln des Autors bereits etablierten) – Erfolg teuer einzukaufen und sich die Aufbauarbeit zu sparen. Folgendes ist gerade vor wenigen Wochen auf der Frankfurter Buchmesse passiert: Da ist ein Buch, das der Rolling Stone Keith Richards angeblich schreibt und das 2010 fertig werden soll – also frühestens 2011 erscheinen kann –, für sieben Millionen US-Dollar in die USA verkauft worden, nur in die USA wohlgemerkt; wir reden noch nicht über andere Sprachen und Territorien. Ich wage zu prophezeien, dass sich dieses Geschäft für den Verlag, der hier tätig geworden ist, nicht rechnen wird am Ende.

Das dritte Element, mit dem wir versuchen, die Prophetie ein Stück weit in den Griff zu bekommen, ist das Marketing-Budget, das wir einzelnen Titeln zusprechen – aber auch das ist ein zweischneidiges Schwert: Es klingt so einfach, zu sagen: „Da machen wir mal eine ordentliche Werbekampagne.“ Im Fall des Buches bedeutet das zum einen intensives Marketing in Richtung Buchhandel; weit teurer und komplexer aber sind Werbeaktivitäten gegenüber dem Endverbraucher: Für die Verlage gibt es nämlich immer ein „Dazwischen“ – zwischen dem Leser und uns steht der Buchhandel. *Wir* müssen also zuerst die Bücher an den Buchhandel verkaufen; und wenn wir das getan haben, muss *der* sie an Kunden loswerden. Da der Buchhandel aber remittieren (also die Bücher gegen entsprechende Gutschrift an den Verlag zurückschicken) kann, wenn er sie nicht verkauft, liegt es in unserer verlegerischen Verantwortung, die Käufer in den Laden zu treiben, damit sie dort das Buch kaufen, das der Buchhändler vorrätig hat. Derartige Endverbraucher-Kampagnen sind wegen enormer Kosten sehr schwer durchzuführen. Andere Kampagnen basieren sozusagen auf der „Potenz“ des jeweiligen Titels – nehmen Sie zum Beispiel „Rhett“ (nach „Scarlett“ schon das zweite Sequel des Allzeit-Bestsellers „Vom Winde verweht“); der Verlag Hoffmann & Campe macht für dieses Buch eine Art von Marketing, bei der ich mir denke, die Rechnung wird aufgehen. Die werden sicher eine Million Bücher verkaufen – und wenn Marketing helfen kann, solche Dimensionen im Verkauf zu erreichen, dann ist eine große, aufwendige Kampagne lohnend. Man konnte aber auch schon das Gegenteil beobachten: Der Eichborn-Verlag hat in seiner Anderen Bibliothek das wunderbare große Buch „Kosmos“

von den Humboldt-Reisen herausgebracht – historisch bebildert, Ganzleinen, ein fabelhaftes Projekt. Der Verlag hat eine riesige Werbekampagne für den Titel veranstaltet – alle haben das bewundert, alle haben gesagt, so muss man es machen – und am Ende wurden wohl nicht mehr als 25.000 Stück verkauft, aber die Kampagne hat zweifellos ein Vielfaches dessen gekostet, was über diesen Verkauf wieder kompensiert werden konnte. Mit anderen Worten – viel Vorhersage-Sicherheit ist mittels Marketing nicht zu bekommen.

Eine ganz andere Sicherheit, die natürlich immer mit dem Verkauf eines Buches verbunden ist, liefert die normale kaufmännische Kalkulation. Aber mit der Normalität ist es so eine Sache. Natürlich kann man Kosten und Einnahmen bei Büchern gegeneinander aufrechnen und sagen, wenn ich so und so viel verkaufe, dann geht das schon gut. Aber das Problem besteht darin, dass auch hier wieder die Prophetie ins Spiel kommt, denn ein Buch ist ein reproduziertes Produkt. Das heißt, je mehr Sie drucken, desto billiger wird das einzelne Exemplar, denn bestimmte Vorlauf- und Einrichtungskosten (Übersetzung, Satz, Design zum Beispiel) fallen nur einmal an und verteilen sich auf die gesamten gedruckten Auflagen – je höher die sind, desto niedriger ist der „Fixkosten"-Anteil für das einzelne Buch. Mit anderen Worten: Ich kann mir jedes Buch, das ich verlegen will, schönrechnen, indem ich sage, wir verkaufen bestimmt zehntausend davon. Wenn ich aber nur viertausend verkaufe, dann war das Ganze eine Milchmädchenrechnung, denn einerseits habe ich zwar eine schöne Kalkulation, aber andererseits habe ich noch sechstausend bezahlte, aber unverkaufte Bücher am Lager.

Und wie steht es mit dem festen Ladenpreis, dem Flaggschiff unter den planerischen Sicherheitseinrichtungen im Verlagswesen – auch gern bezeichnet als „Die Preisbindung" –, die es uns erlaubt durchzusetzen, dass die Bücher überall zum gleichen, vom Verleger nach seinem Ermessen festgelegten Preis verkauft werden? Sie stellt zwar eine gewisse kalkulatorische Erleichterung dar, aber ich komme gleich noch darauf, dass auch sie ihre Schattenseiten hat. Ohnehin ist der Ladenpreis nicht wirklich beliebig gestaltbar, weil es andere Bücher gibt, die eine Konkurrenz darstellen. Das heißt, man kann nicht einfach sagen, mein Roman kostet 40 Euro, weil er so toll ist, und die Übersetzung war so teuer, und wir haben uns so viel Mühe gegeben. Denn später im Laden liegt unser 40 Euro teurer Roman von uns allein gelassen zwischen fünfzehn oder zwanzig oder fünfzig anderen amerikanischen Romanen, die alle nur 22 oder 24 Euro kosten und daher, obwohl man ein einzigartiges Produkt hat, eine gewisse Konkurrenz darstellen.

Ein anderer wesentlicher Konkurrenzfaktor, der die freie Preisgestaltung einschränkt, sind andere Medien; denn Menschen, die Bücher kaufen, tun das, weil sie sie lesen wollen. Aber lesen kostet Zeit. Und das Zeitbudget von Menschen zu besetzen mit Büchern, ist gar nicht so einfach. Und je attraktiver andere Medien werden – Sie kennen diese Diskussion –, desto schwieriger ist es, hohe Buchpreise durchzusetzen. Sofort kommt jemand und sagt: Kinokarte und Buch, wie verhält sich das preislich zueinander, und schon fangen die Probleme an.

Das Fazit bis hierhin lautet aus Verlagssicht: während die Kosten steigen, lassen sich die Erlöse (via Buchpreise) nicht entsprechend erhöhen. Auf der Kostenseite bekommen Autoren und Übersetzer immer mehr Geld – ich erinnere nur an die erheblich gestärkte Position der Übersetzer in Deutschland dank der Urheberrechtsnovelle von Frau Däubler-Gmelin, die zu einer dramatischen Verteuerung von Übersetzungen für Verlage führen wird; und auch Agenten, die zum Teil absurd hohe Vorschüsse für Autoren heraus handeln (ich habe vorher Keith Richards erwähnt), tragen zu dieser Kostenentwicklung bei. Die technischen Kosten für Satz, Druck und Bindung steigen – lohnbedingt – beständig, aber auch der Papierpreis spielt hier mit herein. Und nicht zuletzt haben sich die Kosten für den Vertrieb in den 50 Jahren seit dem Krieg permanent erhöht – das hat mit Lebenshaltungskosten, Löhnen und Gehältern zu tun. Und – um allen Missverständnissen vorzubeugen – es ist natürlich völlig in Ordnung, dass solche Kosten steigen, aber wie gesagt: Die Stückpreise des Buches lassen sich nicht entsprechend anpassen. Denn der gebundene Ladenpreis wird unter dem (Ein-)Druck konkurrierender Produkte aus der eigenen und aus anderen Medienbranchen festgelegt. Dazu muss ich noch erläuternd sagen: Der Verlag entscheidet zwar über den Ladenpreis nach eigenem Ermessen, aber er verkauft das Buch an den Buchhändler mit einem erheblichen Rabatt auf diesen Ladenpreis, und zwar liegt der Rabatt, wenn wir es breit fassen, im Durchschnitt irgendwo zwischen 40 und 50 Prozent. Und was das angeht, ist die Situation wiederum ungemütlich wegen der erheblichen Konzentration im Handel. Ich weiß nicht genau, wie es hier in Österreich aussieht, aber in Deutschland ist mit Thalia, Hugendubel-Weltbild und der Mayerschen der Konzentrationsprozess weit fortgeschritten, und er geht in unvermindertem Tempo weiter. Mit der Konzentration wächst natürlich der Rabattdruck seitens des Buchhandels auf die Verlage. Dazwischen fristet das Barsortiment sein Dasein – das ist ein Großhandel, der es sich zum Qualitätsmerkmal gemacht hat, jede Buchhandlung in Deutschland, Österreich und der Schweiz täglich einmal anzufahren, was heißt, dass wenn Sie am heutigen Tag ein Buch bestellen, Sie es am nächsten Tag garantiert abholen können. Diese Barsortimente üben ihrerseits einen erheblichen Rabattdruck aus, denn kein Verlag kann es sich leisten, seine Bücher aus diesem höchst perfekten und professionellen Belieferungssystem herauszunehmen.

Schließlich gibt es noch eine Besonderheit in der Buchbranche, die ich hier erwähnen möchte: Es sind – einzigartig in der Geschichte der Wirtschaftsverbände – alle drei Sparten (die Verleger, die Buchhändler und die Zwischenbuchhändler) in *einem* Verband organisiert, im Börsenverein. Sie sind sich aber inzwischen untereinander spinnefeind – gerade was den Handel selbst angeht, ist es so, dass wenn Thalia in Deutschland in einer mittelgroßen Stadt einen Laden in der A-Lage aufmacht, machen in der Regel zwei Buchhandlungen, die seit zig Jahren vor Ort sind, deswegen ihre Läden zu. Der Börsenverein und unser Gewerbe in seiner Organisationsform haben ob ihrer langen Geschichte eine sehr alte, aber auch altmodische Organisationsstruktur – wir alle halten an diesem Einheitsverband fest, und zwar zum einen, weil wir Angst davor haben, eventuell wirklich offen gegeneinander Krieg führen zu müssen, und zum anderen, weil es sonst den Friedenspreis des Deutschen Buchhandels nicht mehr gäbe – eine wunderbare Einrichtung, die uns viel Ruhm und Ehre einbringt, allerdings leider nur wenig Geld. Und: Der Friedenspreis gibt mir immerhin Gelegenheit, das Thema „Kulturidealismus" an dieser Stelle meiner Ausführungen schon einmal kurz aufscheinen zu lassen. Noch aber sind wir bei den Problemen des Unternehmers: Das Interessante mit dem gebundenen Ladenpreis – es geht noch immer um die Frage, „Was kann ich erlösen gegen die Kosten?" – ist Folgendes: Als er noch so richtig schön und wirklich sehr altmodisch war, als er nämlich noch gar nicht konzentriert war, wurde der Buchhandel oft mit dem Lebensmittelhandel verglichen. Alle haben gesagt, was sich im Lebensmittelhandel abgespielt hat, das blüht auch dem Buchhandel: Zuerst gab es den Tante-Emma-Laden, dann kamen die Supermärkte und der Emma-Laden ging pleite, und dann kam der Feinkostladen, der kann dank Qualität und ausgesuchtem Sortiment neben dem Supermarkt bestehen. Das Problem beim Buch ist in diesem Kontext die sonst zu Recht so hoch gepriesene Preisbindung. Sie können zwar einen fabelhaften Buchladen machen, klein, fein, edel und mit bestens geschultem Personal, aber Sie können die Bücher nicht teurer verkaufen. Während Sie 100 Gramm Salami, wenn Sie das entsprechende Publikum dazu haben, für acht Euro verkaufen können, lassen sich solche Sachen mit Büchern nicht machen. Mit anderen Worten – und vor meinen Verlagskollegen traue ich mich so was kaum zu sagen: Die Buchpreisbindung ist zwar in mancher Hinsicht ein Segen, in mancher Hinsicht ist sie aber auch ein rechter Fluch.

So – jetzt ist genug gejammert, wobei man sagen muss, Jammern gehört bei uns Verlegern zum Geschäft – das wird uns zu Recht immer nachgesagt: Wir wissen immer was zu jaulen. Ich habe vor einigen Jahren im Börsenblatt nach der Buchmesse einen Artikel geschrieben über die ewige Party, die dort alljährlich knapp eine Woche lang abläuft. Ich weiß nicht, wer von Ihnen mal auf der Buchmesse war – man kann sich das kaum vorstellen: Da werden jeden Abend ungefähr fünfzig hochkarätige Partys mit guten Häppchen und gutem Champagner gegeben, ein Leben in Saus und Braus. Und das Ganze habe ich in meinem Artikel geschildert als ein Tanz auf dem Vulkan – die Branche ist eigentlich pleite, und trotzdem leistet sie sich diese absurde Messe-Orgie –, das kann nicht mehr lange gut gehen, habe ich damals prophezeit. Völlig zu Unrecht – die Branche feiert weiter, es wird immer toller, es lohnt sich immer mehr hinzufahren. Man muss also feststellen: den Verlagen geht es nicht schlecht, es kann ihnen nicht schlecht gehen, zumindest den großen Verlagen nicht.

Aber wieso? Wie kann es, bei allem, was ich bis hierher an Aussichtslosigkeiten geschildert habe, einem Verlag überhaupt noch gut gehen? Die Antwort lautet: Das hat etwas mit Unternehmensgeschichte zu tun. Das allerwichtigste für große Verlage ist ihre Backlist – das sind jene Bücher, die zum dauerhaften Programm-Repertoire des Verlages gehören. Je älter ein konsequent programmgeführter Verlag ist, desto bedeutender die Backlist. Bei Rowohlt haben wir in meinen Jahren bis zu 50 Prozent des Jahresumsatzes mit Backlist-Titeln gemacht. Und das ist ein Umsatz, bei dem ein Großteil der Vorkosten nicht mehr anfallen, weil die Bücher produziert, zumindest aber übersetzt und gesetzt sind. Und dieses Backlist-Volumen findet vor allem im Taschenbuchformat statt. Das heißt, das Hardcover hat in der Regel eine ganz kurze Lebensdauer, während das Taschenbuch, bei backlistfähigen Titeln, eine wunderbare Lebenszeit aufweisen kann. Und wenn ein Roman wie Salingers „Catcher in the Rye" erst mal Schullektüre ist, dann können Sie einen Verkauf von x-tausend Exemplaren als Umsatzgröße jedes Jahr fest einbuchen, egal was passiert. Noch etwas anderes zeichnet große Verlage aus – aufgrund ihrer Finanzkraft haben sie die Möglichkeit, hohe Vorschüsse einzusetzen, um sich Erfolgsautoren zu „kaufen", was es ihnen erlaubt, mit einzelnen Bestseller-Titeln erhebliche Umsätze zu machen.

Aber es gibt auch kleine Verlage, die erfolgreich arbeiten. Und damit sind wir endlich wirklich beim Kulturidealismus, weil ich jetzt endlich über meinen Verlag reden kann, den marebuchverlag. Der marebuchverlag heißt marebuchverlag, weil er Bücher macht, die alle mit dem Meer zu tun haben. Es ist aber kein Verlag für Segler und Fischer oder Kriegsmarine-Aficionados; die Idee „Mare" ist von uns vielmehr kulturhistorisch gemeint: Wir haben es uns zur Aufgabe gemacht, mit unserem Buchprogramm das Meer als für den Menschen bedeutsamen kulturellen Raum zu behandeln. Die Idee dazu stammt nicht von mir, die hat ein Mann gehabt, der vor zehn Jahren die Zeitschrift „mare" gegründet hat – gleiches Konzept, gleiches Prinzip, nur eben als Zeitschrift. Inzwischen gibt es auch ein „mare"-TV, das im Nordfernsehen einmal im Monat läuft. So haben wir eine kleine Unternehmensgruppe, deren einzelne Glieder unabhängig voneinander arbeiten und lediglich die Idee und die Marke teilen. Der Buchverlag feiert derzeit sein fünfjähriges Jubiläum.

Wir haben beim marebuchverlag das große Glück gehabt, dass wir bereits ein Jahr nach unserem Start einen Nummer-Eins-Bestseller hatten. Was ich vergessen habe, über die Branche zu sagen – abgesehen davon, dass sie jammert und dass sie es versteht zu feiern –, ist, dass gerne ausgesprochen übelmeinend über Kollegen geredet wird, neidvoll und mies. Also, wir hatten nach einem Jahr einen Nummer-Eins-Bestseller, und da hieß es von allen Seiten nur: Zufall, Zufall, Zufall – eine plausible Einschätzung nach allem, was ich vorhin über die Planbarkeit von Bucherfolgen gesagt habe… Man muss dazu wissen, das Buch wurde von Elke Heidenreich in ihrer Sendung „Lesen“, die damals noch sehr wirkungsvoll war, besprochen und wurde tatsächlich von ihr in jene Dimension gebracht, die es dann erreicht hat. Aber worüber ich eigentlich reden will: Entscheidend für allen Erfolg war, dass wir vorher bereits eine ganz ausgeprägte Idee davon hatten, was wir diesem Buch zutrauen und was wir wollen. Ich weiß noch sehr genau, wie ich das Buch bei der Vertretersitzung vorgestellt habe; da habe ich gesagt: „Zweimal in meinem Leben hatte ich vor einer Vertretersitzung, vor einer Buchvorstellung Herzklopfen – das eine Mal war, als ich Thomas Pynchons Roman ‚Mason & Dixon‘ bei Rowohlt vorgestellt habe, und das zweite Mal ist heute bei Ihnen.“ Ich habe also schon in jenem entscheidenden Moment der Vertreterkonferenz mein ganzes Herz und meinen ganzen Glauben in dieses Buch gelegt. Wir haben uns dann viele Besonderheiten einfallen lassen für das Buch, und rückblickend kann ich heute sagen, dass wir zwar Glück hatten damit, wie die Dinge liefen, aber dass der spätere Erfolg kein Zufall war, sondern dass wir einfach eine Menge richtig gemacht haben. Viel richtig machen, das heißt, man muss sich vorher überlegen, warum man etwas tut. Es gibt so verflucht viel zu entscheiden, wenn man ein Buch macht; das geht vom Titel, dem Umschlag, über das Format, über die Art, wie man den Autor präsentiert, ob über Literaturhäuser, ob lieber im Buchhandel oder in erster Linie mit Zeitungs-Interviews, etc. etc.

Es gibt ein weiteres Mittel, erfolgreich zu sein: Mut zur Kreativität. Verleger sagen immer, die Autoren seien ihr wichtigstes Gut. Sie sind die Kreativen, während wir Verleger – wie gesagt – eher fürs Bankgeschäft verantwortlich zeichnen. Aber – es gibt einen ungeheuren Raum für Kreativität im Verlagswesen. Ich will auch da ein kleines Beispiel nennen: Als wir anfingen, den marebuchverlag zu machen, haben wir schnell gemerkt, dass wir ein großes Problem haben: Autoren, die man als Verlag aufzubauen und zu pflegen versucht, die dann letzten Endes das Kapital des Verlags werden können, sind für einen themendefinierten Verlag wie den unseren schwer zu binden, denn wenn einer nicht respektive nicht wieder übers Meer schreibt, dann hat er bei uns im Programm keinen Platz mehr. Der bereits wegen seines Bestsellers „Rausch“ erwähnte John Griesemer schreibt jetzt gerade einen Roman über das Actors Studio in New York in den sechziger Jahren – das Buch wird leider im marebuchverlag nicht stattfinden können… Es schlägt, wie Sie sich vorstellen können, einem Verleger schwer aufs Gemüt, seinen erfolgreichsten Autor nicht etwa im Bieterstreit um den höchsten Vorschuss an einen Konkurrenten zu verlieren, sondern ihn aufgrund selbst auferlegter Beschränkungen freiwillig ziehen zu lassen. Aber wir haben aus der Not eine Tugend gemacht und haben etwas begonnen zu verlegen, was wir die marebibliothek nennen – die wird herausgegeben von Denis Scheck, und hier laden wir Autoren ein, uns ihre Geschichte mit dem Meer zu schreiben. Wir unterstellen: Jeder hat eine Geschichte mit dem Meer – egal ob er es mag oder nicht, ob er es kennt oder nicht, das Meer ist so groß, dass für jeden Menschen, also auch für jeden Autor, irgendeine Art von Beziehung besteht. Und diese Bibliothek ist ein kleiner Schatz für den Verlag. Zum einen, weil wir so fabelhafte Autoren wie John Updike, wie Robert Gernhardt, wie Siegfried Lenz, solche Kaliber wie Louis Begley in dieser Bibliothek haben, zum anderen, weil das Projekt verlegerisch besonderen Spaß macht, denn hier besteht die Möglichkeit, international Bücher mit Autoren von höchstem Rang auf den Weg zu bringen – wir bemühen uns bei diesen Titeln stets, die Weltrechte zu erwerben, so dass wir die Bibliothek auch ins Ausland verkaufen.

Und es gibt noch einen weiteren bedeutenden Aspekt, der Einfluss auf den Erfolg der Arbeit hat, oder richtiger, ohne den erfolgreiche Arbeit gar nicht möglich ist: Die Rede ist von jener Energie, die allem immer und jeden Tag und jede Minute zugrunde liegt, jener Energie, die man selber aufbringt, wenn man ein Buch macht, die schon mobilisiert werden muss, wenn man sich entschließt, ein Buch für den Verlag zu erwerben und dort in etwas umzusetzen, das mit Wucht an die Öffentlichkeit gelangen soll. Diese Energie muss man weitergeben, via Buchhandel an den Käufer, an den Leser, an das Publikum – oder wie immer man dieses rätselhafte Glied am Ende der Kette nennen will. Damit dieser Prozess der Weitergabe gelingt, müssen eine Reihe von Faktoren bei der Arbeit stets bedacht werden. Am Anfang steht eine Programmplanung, die es einem ermöglicht, jedes einzelne Buch bereits in die Komposition eines Gesamtprogramms einzufügen. Wie wichtig das ist, habe ich in meiner Zeit bei Rowohlt gelernt – als ich dort hin kam, war der Verlag schon beinahe 100 Jahre alt, und es gab eine „Pipeline“ von unveröffentlichten Titeln, von denen im Haus keiner mehr wusste, warum sie überhaupt ursprünglich eingekauft worden waren. Solche Bücher – man könnte sie „Findelkinder“ nennen – gut zu verlegen ist fast unmöglich, denn es gelingt nicht, die Energie des Verlages in den Prozess der Publikation einzubinden. Die Identität der Titel früh festzulegen und diese Identität überhaupt erst einmal im Haus zu etablieren, das ist gar nicht so einfach – ein Beispiel: Ich habe eine neue Mitarbeiterin; wir machen im Frühjahr ein Buch über den „Krieg“, der im antarktischen Meer beim illegalen Walfang herrscht („Krieg“, anders kann man das nicht nennen, was da Jahr für Jahr abgeht – da gibt es Umweltorganisationen, die versuchen, die Walfangschiffe zu *versenken* ...). Und zu diesem Buch hat ein Greenpeace-Aktivist einen kleinen Vortrag auf unserer Vertretersitzung gehalten, er hat den Kriegsalltag zwischen blutigem Walfang und „Schiffeversenken“ plastisch geschildert, und die arme Frau, meine neue Mitarbeiterin, hat mit blassem Gesicht und Übelkeit den Raum verlassen. Und trotzdem muss es mir als Verleger gelingen, dass in dem Moment, da ein Buch und ein Programm die Schnittstelle nach „außen“ erreichen, der ganze Verlag mit einer Stimme spricht und dass die Energien, die Bücher brauchen, um sich behaupten zu können, optimal gebündelt sind. Das geht dann weiter über die Vertretersitzung und hinein in die Vorschau (das ist der Programm-Prospekt, der dem Buchhandel vom Verlag zur Verfügung gestellt wird), und es endet mit der Pressearbeit, mit Lesereisen und anderen Aktivitäten zur öffentlichen Unterstützung eines Buches. Persönliches Engagement macht die druckvolle Unterstützung all dieser Faktoren einfacher – es erleichtert den Zugang zu den Autoren, denen man einen immensen, auch physischen Einsatz für den Verlag abverlangen muss. Dank persönlicher Identifikation werden am Ende selbst äußerst strapaziöse Lesereisen mit täglich zehn Presse- und Fototerminen und ein bis zwei Leseveranstaltungen nicht nur zu einem erfolgreichen Unterfangen – sie machen allen Beteiligten sogar Spaß. Und im besten Fall entwickeln sich dauerhafte Freundschaften zwischen Verlagsmitarbeitern und Autoren.

Wenn wir den Titel meines Vortrags verkürzen auf das Begriffspaar „Preis versus Wert", dann ist der „Preis" von Büchern zwar gebunden, aber ihr „Wert" ist erarbeitbar durch den Verlag, und dieses Erarbeiten des Werts findet statt auf dem Wege des Übertragens von Energien, so wie ich es gerade zu beschreiben versucht habe. Ein solcher permanenter Energieeinsatz ist natürlich erschöpfend – und damit sind wir bei dem, was ich als Kulturidealismus eines guten Verlegers bezeichnen möchte. Es versteht sich von selbst, das ein solcher Einsatz nicht an der Bürotür anfängt oder endet: Als ich gestern Abend von einer Gesellschafterversammlung nach Hause kam und meinen Kindern sagte, dass ich morgen hierher nach Alpbach fahre und dass unsere Österreich-Vertreterin völlig begeistert sei davon, dass ich hier einen Vortrag hielte, weil Alpbach eine einzigartige Einrichtung sei, da hat mein Sohn jubelnd gerufen: „Oh, unser Verlag wird berühmt!" Sie sehen, der Kulturidealismus reicht bis zum Abendessen mit der Familie, und wenn ich morgen nach Hause komme, wartet dort die israelische Autorin Michal Zamir, die nächste Woche eine Lesereise beginnt und vorher mit ihrem Mann ein paar Tage bei uns wohnt. Und da schließt sich der Kreis, da sind wir wieder bei Herrn Tenschert, der in seinem Vortrag sagt, „Der Antiquar hat den schönsten Beruf der Welt." Ich kann Ihnen versichern, der Verleger hat den anderen schönsten Beruf der Welt. Ich danke Ihnen.

Klaus Reichert

Was machen neue Herstellungsformen und Märkte mit Literatur?

Nach der liebenswürdigen Einführung werden Sie sich fragen, was so jemand, also ein Philologe oder ein Wissenschaftshistoriker oder ein Akademiepräsident, eigentlich verloren hat bei einer Tagung, die den Titel hat „Wa(h)re Buch", bei der es also eher um die Ware als um das sogenannte Wahre oder auch Schöne und Gute geht.

Vielleicht fange ich auch ein bisschen autobiografisch an: Es ist beeindruckend, was Herr Hansen uns erzählt hat über den Totaleinsatz, den er als Verleger, als Verlagsleiter zu leisten hat auf allen möglichen Gebieten. Ich war auch einmal Lektor, und zwar in den Jahren 1964 bis 1968, ein Angestellter von Siegfried Unseld in den Verlagen Suhrkamp und Insel. Wir haben in diesen Jahren das phantastischste Lektorat, das man sich nur vorstellen kann in der deutschen Verlagslandschaft, zusammen gehabt: Walter Boehlich, Karl Markus Michel, Günther Busch, Karlheinz Braun, Peter Urban, Urs Widmer und so weiter und so fort, und wir haben uns den Teufel darum geschert, ob unsere Bücher auch verkauft würden. Wir haben gemacht, was wir wollten, ob es nun deutsche Autoren waren, ob es amerikanische waren, französische, italienische, spanische: „Die Bücher sind gut, und Unseld soll sehen, wie er sie verkauft." Manchmal hat er uns beiseite genommen und gesagt:

> „Also, ich will Ihnen ja nicht mit Amerika drohen, aber wenn ein Lektor dort das zweite oder dritte oder vierte Buch auf den Markt bringt, oder uns angepriesen hat, das sich nicht verkauft, dann wird der gefeuert. Ich will Ihnen das nicht androhen, aber es gibt andere Weisen zu verlegen."

Ich bin in gewisser Weise durch diese Dinge auch mitgeprägt, und ich bin dem Verlagsgeschäft insofern treu geblieben, als ich immer wieder Dinge ediert habe für Suhrkamp, zum Beispiel die Joyce-Ausgabe –, aber wir sind Ende 1968 alle weggegangen, wir haben Streit mit Unseld bekommen, weil er zu viel Hermann Hesse verlegen wollte und wir sagten, Hesse ist ein Gegenaufklärer und wir sind hier ein Aufklärungsverlag, wir wollen die Welt langfristig verändern. Er musste aber Geld verdienen, er hatte die Weltrechte für Hesse und so weiter. Im Nachhinein hat er ja recht gehabt. Aber damals waren wir glühende Weltveränderer.

Wir sind gegangen, und kein Verlag wollte uns haben, keine Zeitungsredaktion, kein Rundfunk, weil wir Störenfriede waren. So musste sich jeder von uns einen Beruf ausdenken. Urs Widmer ist Schriftsteller geworden, ich Universitätsprofessor, war fast 30 Jahre lang Ordinarius für Anglistik. Wir haben den Verlag der Autoren gegründet, den ersten Verlag auf genossenschaftlicher Basis. Also der Verlag der Autoren gehört tatsächlich den Autoren des Verlages. Wir hatten keine Backlist, Herr Hansen, wir hatten keine Basis, auf der wir leben konnten, aber wir hatten freundliche Leute wie Peter Handke zum Beispiel, der als Theaterautor von Suhrkamp mit zum Verlag der Autoren gekommen ist. Wir habe den Filmverlag der Autoren gemacht, mit Leuten wie Fassbinder, Kluge, Edgar Reitz. Inzwischen sind wir der stärkste, der potenteste Theater- und Filmverlag. Und haben sogar Frau Bundesministerin Zypries dazu bewegen können, den sogenannten zweiten Korb (da geht es um urheberrechtliche Verwertung) doch noch einmal zu überdenken.

Ich habe für S. Fischer dann die riesige Virginia-Woolf-Ausgabe gemacht, und inzwischen war ich ein bisschen älter, um nicht zu sagen reifer geworden und habe es dann zu meiner Aufgabe gemacht, die Verlagsvertreter selber zu impfen. Fischer ist ein Riesenhaus, hat ungefähr 30 Vertreter, und ich habe jedem einzelnen in die Augen geschaut und ihn beschworen, er muss diese Bücher verkaufen, die Woolf ist eine der größten Autorinnen des 20. Jahrhunderts überhaupt, und so weiter, und das hat bis zu einem gewissen Grade auch geklappt, also bei den Romanen zumindest hat das sehr gut funktioniert.

Es ist nicht mein Metier, über das Verlegen zu sprechen, aber ich möchte ein bisschen über meine Erfahrungen sprechen: das Wort „Bestseller“ stand vorhin im Raum, und man denkt gern, ein Bestseller ist etwas, was sich gut verkaufen lässt – auch ins Ausland. Das stimmt aber nicht. Die Rechnungen, die sich die Verleger machen, gehen oft nicht auf. Zum Beispiel nach dem Krieg kam Gottfried Bermann-Fischer wieder zurück aus Amerika aus der Emigration nach Frankfurt, wollte wieder den Fischer-Verlag übernehmen und dachte, die Amerikaner machen doch so viel Geld mit Bestsellern. Er hat also Bestseller eingekauft, amerikanische Bestseller für den Fischer-Verlag, und sie waren, glaube ich, alle Flops. Die Bücher gingen nicht, weil das ganze Umfeld, das kulturelle, soziale und politische Umfeld nicht gepasst hat. Und umgekehrt stimmt das auch. Zum Beispiel ein Roman von Grass, „Örtlich betäubt“, der auf dem deutschen Markt und übrigens auch bei der Kritik durchfiel, wurde ein großer Erfolg in den Vereinigten Staaten. Also das verschwierigt nochmal die Rechnungen, die die Verleger sich machen: „Da hab ich schon mal ein Buch, das sich gut verkauft hat, das muss doch auch hoch gehandelt werden im Ausland.“

Anderes Beispiel: der Nobelpreis. Als jetzt Doris Lessing den Nobelpreis bekam, sagte mir ein Verleger, er wäre jetzt schon dreimal als Verlagsleiter in verschiedenen Verlagen mit Nobelpreisen konfrontiert gewesen und er könnte mir versichern, das seien letzten Endes Pleiten für die Verlage. Nachdem Doris Lessing den Preis zugesprochen bekam, wurden mehrere Bände von ihr, die schon zur Makulatur freigegeben waren, wieder aus der Makulatur geholt, weil die Vorbestellungen der Buchhändler so unglaublich waren, alle Titel wurden nachgedruckt. Der Verleger sagte: „Von jedem Titel drucken wir ungefähr 100.000 Stück; ich weiß, im Januar bekommen wir 80.000 davon wieder zurück. Und statt 3000 müssen wir dann 20.000 makulieren." Also das ist auch ein großes Vabanquespiel, das sich nicht kalkulieren lässt.

Etwas, wovon auch nicht die Rede war bei Ihnen, Herr Hansen, und heute morgen, ist die Frage, was verteuert die Bücher so oder was ist das Problem mit der Langfristigkeit von Büchern. Sie sprachen ja von der Backlist, die aber bedeutet hohe Lagerhaltungskosten. Dass die Lagerkosten sich nicht verringern, dafür sorgt schon das Barsortiment, das die Bücher, die sich nicht gleichmäßig gut verkaufen, nach ein, zwei Jahren aus den Barsortimentskatalogen nimmt. Sie gelten dann als „nicht mehr lieferbar", zu deutsch vergriffen, obwohl noch große Bestände an Lager liegen. Wo gehen die dann hin? Oft werden die makuliert, oder wenn Sie in die modernen Antiquariate schauen, da liegen – das kann man nicht Ladenhüter nennen – hervorragende Bücher, die da gelandet sind, von bedeutenden Autoren. Und wenn man sieht, was da landet auf diesen Tischen, dann kann man sich nur fragen, ob wir in Deutschland – ich kann nicht für Österreich sprechen – ob wir in Deutschland den Namen Kulturnation, mit dem wir uns neuerdings wieder so gern schmücken, verdienen. Wenn ich auf dem Ramschtisch das letzte große Prosawerk von Samuel Beckett – immerhin einem der allergrößten Autoren des 20. Jahrhunderts – „Company", einen Text in drei Sprachen, englisch, französisch, deutsch in einer Auflage gedruckt von 3000 Stück, wenn ich diesen Titel auf dem Ramschtisch liegen sehe, dann werde ich wirklich irre daran, die Deutschen noch eine Kulturnation zu nennen, wenn sie so taub und stumpf sind, von diesem großen Autor nicht wenigstens 3000 Exemplare zu absorbieren. Bei Beckett kann man sagen, er ist Nobelpreisträger, ein berühmter Mann, als Theaterautor außerordentlich erfolgreich bis heute. Es gibt aber auch andere Autoren, die es nicht geschafft haben zu diesem Weltruhm. Die es nicht einmal geschafft haben, von einem der großen Publikumsverlage – für uns sind das immer noch Suhrkamp, Fischer, Rowohlt, Hanser, Klett-Cotta – gedruckt zu werden. Für sie gibt es die wunderbaren Kleinverlage – wir haben heute Morgen das schöne Beispiel von Loijze Wieser hier gehört, der seit Jahren ein vorzügliches Programm macht. Es gibt Jung und Jung in Salzburg, Ritter in Klagenfurt, es gibt eine ganze Reihe kleiner Verlage, die eigentlich die Literatur produzieren, die Leute, die mich interessieren. Nur: wie komme ich an diese Bücher? Wir hatten früher Buchhandlungen, sogenannte Sortimenter. Wir hatten in der Frankfurter Innenstadt – ich komme aus Frankfurt und lebe dort seit über 30 Jahren – sechs hervorragende Buchhandlungen, die sich nicht unbedingt Konkurrenz gemacht haben; die eine war mehr für Sprachbücher, Nachschlagewerke zuständig, die andere hatte Reisebücher und Landkarten, aber gleichzeitig hatten sie alle immer literarische Neuerscheinungen. Wenn ich mich informieren wollte, was gibt's denn bei den Kleinverlagen, Reiner Pretzel, Kleinheinrich zum Beispiel in Deutschland, bin ich da hingegangen und habe die Bücher gesehen. Die Buchhandlungen sind alle verschwunden, wir haben nur noch die bekannten Bestsellerstapelplätze, das heißt, ich habe keine Chance mehr, diese Bücher zu sehen, außer auf der Frankfurter Buchmesse. Da haben die Klein- und Kleinstverlage ihre winzigen Stände, da muss ich überall durch, das haben die neu und das haben die und das haben die. Ich gehöre einer aussterbenden oder schon ausgestorbenen Generation an, die mit dem Internet nichts anfangen kann. Also ich gucke nicht ins Internet, Wieser, was hat denn der, und dann müsste ich das bestellen, ich habe eine haptische Beziehung zum Buch, ich muss es sehen, ich muss es aufschlagen können, ich muss daran riechen. Früher hatten die ganz verschiedene Leime. Ihr großer Autor H.C. Artmann, dessen gesamtes Werk ich herausgegeben habe, der roch immer an den Büchern, und dann wusste er, aus welchem Jahrhundert es war. Möglicherweise auch, in welchem Land das gedruckt worden ist. Einmal habe ich ihm perfiderweise eine in Indien gedruckte englische Übersetzung von Majakowski-Gedichten unter die Nase gehalten und er sagte: „Ich weiß es nicht, europäisch riecht es nicht." Immerhin das.

Ich brauche also diese Nähe zum Buch. Um aus meinem engeren Arbeitsgebiet zu erzählen: als ich die Bibliothek für mein Renaissance-Institut aufgebaut habe, wollte ich unbedingt die zwei Mal 500 Bände der „Patrologia Latina" und „Graeca" haben, den sogenannten „Migne", in der zweiten Hälfte des 19. Jahrhunderts erschienen. Großformatige Bände. Da sagt mir der Bibliothekar der Universität, „Nein, das können wir nicht kaufen, aber das gibt es doch vollständig auf CD-ROM." Ich sagte: „Das können Sie vergessen, ich will keine CD-ROM." – „Aber da können Sie doch jeden Begriff leicht finden." – Und ich sage: „Ich will den Begriff nicht finden, ich will ihn suchen, und beim Suchen habe ich dann die sogenannten Kollateralgewinne. Ich finde etwas, was ich nie gesucht habe." Das ist ungefähr so, wie wenn Sie in die Stacks einer amerikanischen Bibliothek hineingehen: Sie haben im Katalog gefunden, das Buch steht da und da. Dann finden Sie es und Sie sehen, dass das, was links und rechts von dem Buch steht, viel interessanter ist. Sie wären nie draufgekommen, wenn Sie es nicht da gesehen hätten. Insofern habe ich mir den „Migne" nur in Einzelbänden zusammenklauben können, aber ich gehöre zu den alten Leuten, die einfach darauf nicht verzichten möchten, diese großen Seiten, diese Folianten zu wälzen, das Papier ist ein wenig wellig, aber es ist in einer Weise gedruckt, dass alle Sonderzeichen, deren Fehlen auf heutigen Computern allenthalben beklagt wird, noch vorhanden sind.

Weil wir schon beim Klagen sind: Sie sprechen von Büchern, von Manuskripten und so weiter. Was ist denn das eigentlich, was Sie heute auf dem Lektoratstisch vorfinden? Das ist ein Ausdruck, den ein armer Autor, der sich mühselig in den Computer hineingeschafft hat, gemacht hat, und das liegt dann da. Und wenn das Buch angenommen und lektoriert ist, werden die Änderungen in den Computer übertragen, und der neue Ausdruck geht an die Herstellung. Dann bekommt der Autor die Fahnen freundlicherweise noch einmal zur Korrektur. Fertig. Wehe, er bringt noch irgendwelche neue Korrekturen oder gar Ergänzungen an. Wenn die Korrekturen zehn Prozent der Satzkosten übersteigen, dann, das ist so eine Schutzklausel, hat der Autor die Kosten der Korrekturen eben selbst zu tragen. Ich möchte Sie kurz daran erinnern, dass ein nicht eben unbedeutender Roman, der *Ulysses* von James Joyce, auf den Fahnen entstanden ist. Etwa die Hälfte des Romans ist auf den Fahnen entstanden, und das war Bleisatz. Das hieß, der ganze jeweilige Satz musste weggeworfen werden. Joyce hat eine Version gemacht, die wurde gedruckt, er sah auf einmal alle Kapitel nebeneinander und sah, wie sich die Verbindungen, die Kreuz- und Querverweise herstellen ließen. Das was wir bewundern an der Komposition dieses Romans, wo jedes Motiv irgendwo schon einmal anfing auf der ersten, zweiten, fünften siebten, elften Seite und sich durchzieht, das sind Dinge, die kann man erst sehen, wenn man das nebeneinander hat. Und dann hat er eine zweite Version gemacht, wieder neuer Bleisatz, von einer Buchhändlerin in Paris finanziert, Sylvia Beach, der Buchhändlerin von Shakespeare & Company, die noch nie ein Buch verlegt hatte. Die hatte kein Geld, hat aber irgendwie Geld aufgenommen, weil sie Joyce für ein Genie hielt. Englische Drucker hatten sich geweigert, das Buch zu drucken, weil da schlüpfrige Wörter vorkamen oder Wörter wie „bloody", und „bloody" hielt man aufgrund einer falschen Etymologie für eine Anspielung auf das Menstruationsblut Mariens, also für eine Blasphemie, und derlei wollte aus Zensurgründen keiner drucken. Jedenfalls hat es dann ein jugoslawischer Setzer in einer französischen Stadt gesetzt; der stand nicht in der Gefahr, das lesen zu können, und dadurch hat er es fast druckfehlerfrei hergestellt. Jedenfalls waren fünf Fahnenkorrekturen nötig gewesen, bis der Ulysses zu dem geworden ist, was er schließlich wurde. Jeder Verlag heute würde sagen, das ist absolut undenkbar, das geht nicht, es ist ruinös, alles Bleisatz. Jedenfalls wird es Bücher wie den *Ulysses* nicht mehr geben können.

Ein anderes Beispiel wäre *Krieg und Frieden* von Tolstoi. Davon gibt es zwölf verschiedene Fassungen, auch alle in Bleisatz. Ursprünglich in einer Zeitschrift veröffentlicht, hat er den Text dann überarbeitet, einem Verlag gegeben, und hat ihn in zehn oder zwölf Korrekturgängen auf den Fahnen im Bleisatz um- und umgeschrieben, bis schließlich der Roman, den wir kennen, geschrieben war. Ich erwähne diese beiden Beispiele, weil das zwei der allergrößten Romane der letzten beiden Jahrhunderte sind und dieser Typ von Roman mit den heutigen Verfahren nicht mehr denkbar ist. Ich will das nur erwähnen – ich weiß, *tempi passati* –, damit man sich einmal darüber klar wird, was wir durch die sich immer rabiater entwickelnde Technik samt den hoch und heilig beschworenen Marktgesetzen verloren haben und weiter verlieren.

Da ich gerade von Verlusten spreche, möchte ich zu einer Annahme etwas sagen, die heute Morgen eine Rolle gespielt hat: wir befänden uns in einer Wissensgesellschaft. Was heißt das aber? Wir können statistisch erfahren, dass das Wissen innerhalb eines Jahres so sprunghaft ansteigt, dass wir längst nicht mehr mitkommen. Oder dass man in bestimmten Disziplinen keinen Anschluss mehr findet, wenn man zwei Jahre etwas anderes gemacht hat, zum Beispiel in der Universitätsverwaltung. Auf der anderen Seite muss man dazu auch sagen, dass mit dem Anwachsen von Wissen sehr viel wichtigeres altes Wissen verschwindet. Wir wissen immer nur das Neueste. Und zwar nicht nur in den Naturwissenschaften, wo es eine gewisse Berechtigung hat, dass man die neuesten Forschungsergebnisse zur Kenntnis nimmt, weil sie die eigenen vielleicht verändern. Wenn ich mich aber an meine Anglistik- und Komparatistikstudenten erinnere, dann haben sie in ihren Arbeiten aus der Sekundärliteratur nur die der letzten drei Jahre zur Kenntnis genommen, weil sie gedacht haben, das sei eben das Neueste in der Forschung. Ich habe ihnen gesagt, sie sollten das sein lassen: Lest doch Jacob Burckhardts „Kultur der Renaissance" oder Huizinga über Erasmus oder Max Weber oder Panofsky oder was immer und nicht irgendwelche modischen Theorien, denen das Verfallsdatum schon aufgeklebt war. Dieser Hang zum Ewig-Heutigen – ein Ausdruck des großen Historikers Arno Borst – hängt damit zusammen, dass wir kein kulturelles Gedächtnis mehr haben, auch nicht in Geisteswissenschaften, und das wird natürlich durch diese ständige Akzeleration auch im Verlagswesen, auch im Druck von wissenschaftlichen Büchern beschleunigt. Als ich 1960/61 in Berlin an der Freien Universität studiert habe, vor dem Mauerbau, konnte ich noch hinüber nach Ostberlin fahren. Und ich habe aus dem Niemeyer-Verlag (Halle) und anderen Wissenschaftsverlagen zu Originalpreisen – 10 Pfennig, 20 Groschen, 50 Pfennige – die schönsten kritischen Ausgaben mittelalterlicher Texte gekauft. Heutzutage kommen diese Sachen sofort in den Reißwolf, wenn sie sich nicht innerhalb kürzester Zeit verkauft oder amortisiert haben. Demnächst werden derlei Ausgaben, die natürlich für Spezialisten bestimmt sind, nur noch online, wenn überhaupt, verfügbar sein. Und die Zeit, die wir früher dem Lernen von Sprachen widmen konnten, werden wir dazu brauchen, den immer wieder geänderten Gebrauch von Computern zu studieren, in einer Sprache, die keine mehr ist.

Da ich gerade bei meinen Mahnungen eines Alten bin, der bessere – oder ich sage lieber: andere – Tage gesehen hat: was ich auch fatal finde, sind die Preise, die neuerdings für Bücher ausgeworfen werden. Wir haben einen Messepreis in Leipzig, neuerdings den Deutschen Buchpreis und was weiß ich was noch für Preise. Ich bin überzeugt, dass im Augenblick hervorragend in Deutschland und im deutschen Sprachraum geschrieben wird: Essayistik, Erzählprosa, Lyrik, Sachbuch. Wir leben in einer satten Zeit, was Literatur betrifft und was auch in einem merkwürdigen Widerspruch zu der Art steht, wie der deutsche Sprachgebrauch immer mehr verludert und verarmt. Und zwar auf allen Gebieten, ob in den Schulen und Universitäten, den Kirchen, in der Politik, den Medien und so weiter. Wir haben aber eben auf der anderen Seite, wie gesagt, Dutzende von preiswürdigen Büchern, doch durch die Preispolitik wird die Aufmerksamkeit auf eine ganz schmale Auswahl gelenkt. Unter hundert Büchern erstellt man dann eine Long-List, und die wiederum wird zur Short-List verknappt, und dann stellt man sich ein auf ein einzelnes Buch, das dann das Rennen macht und das eine riesige Auflage bekommt. Es ist den Autoren jeweils ja zu gönnen, dass sie einmal den ganz großen Erfolg haben. Aber jedes auf diese Weise verkaufte Buch bedeutet ein nicht verkauftes Buch, das den Rang hätte, genau so wahrgenommen zu werden. Was sind dafür die Kriterien? Es gibt keine Kriterien, möchte ich einfach so behaupten. Wenn ich mir die Feuilletons ansehe, die mehr und mehr zu Propaganda-Instrumenten für irgendwelche Autoren werden, für deren Werbung die Verlage viel Geld investiert haben, dann kann ich daran zweifeln, dass sie ihrer Aufgabe oder auch ihrem Ethos nachkommen, als Leute, die dafür bezahlt werden, dass sie sich um die Qualität von Büchern kümmern und nicht, dass sie irgendwelchen Werbestrategien folgen. Gewiss, die Bücherflut ist beängstigend, und es wird immer schwerer, sich zu orientieren. Aber die „Orientierungshilfen“, die die Verlage bieten, leiten sich ausschließlich von den Gesetzen des Marktes her – oder der Hoffnung auf einen Markt. Wo sind die Redakteure, die die Anzeigen-, Preis- und Lesereisenkampagnen ignorieren und sich auf die Suche machen, selbst etwas zu entdecken? Es gibt so viele ungehobene Schätze, die auf Rutengänger warten.

Das sind ein paar unzeitgemäße Betrachtungen. Ich habe noch eine lange Liste, aber die erspare ich Ihnen jetzt.

Klaus Stadler

Bücher und ihr Wert – es geht nicht immer nur um das große Geld

Vielen Dank für die freundlichen Einführungsworte. Paul Watzlawick, dessen Bücher ich als Lektor besonders gern betreut habe, würde in dieser Situation ungefähr so geantwortet haben: Ich danke für die freundlichen Worte und zitiere nun Marx (Groucho, nicht Karl), der an dieser Stelle zu sagen pflegte: Nun bin ich gespannt zu hören, was ich zu sagen haben werde.

Auf Paul Watzlawick, der leider Ende März verstorben ist, komme ich noch öfter zu sprechen.

In dem Einladungsbrief von Herrn Dr. Busek wurden drei Fragen formuliert, über die ich mir Gedanken machen sollte:

1. Was ist das Besondere an der Ware, an dem Medium Buch?
2. Wer oder was bestimmt den Wert eines Buches?
3. Wie entsteht der Ladenpreis eines Buches?

Das ist viel Stoff für ein kurzes Referat. Ich versuche es trotzdem.

1\.

Zum ersten Punkt kann ich nur Beobachtungen aus meiner Erfahrung als Leser und meiner gut dreißigjährigen Praxis als Sachbuch-Lektor mitteilen. Diese klingen allerdings einigermaßen banal. Aber es schadet ja nichts, trotzdem darüber nachzudenken.

Seit ich im Verlag arbeite, mache ich die Erfahrung, dass immer wieder öffentlich über das Ende des Buches geunkt wird. Das Fernsehen, Video/DVD, CD-ROM, das Internet würden ihm schließlich doch einmal den Garaus machen. Das kommt in Wellen, aber das Buch lebt, und es verkaufen sich ja nicht nur klischeereiche Unterhaltungsromane, sondern vielfach auch anspruchsvolle Literatur oder erzählende Sachbücher und Ratgeber in guten Auflagen. Warum?

Ein Zukunftsforscher von der Hamburger Stiftung für Zukunftsfragen würde jetzt wohl antworten: Weil die Deutschen eher traditionell denken, ungern und nur langsam ihre Gewohnheiten ändern und deshalb am Buch als Medium festhalten. Reicht uns das als Antwort? Hier einige andere Antworten, die ich wichtig finde:

- Das Buch ist langlebiger und haltbarer als viele der Alternativen (etwa Rundfunk, Fernsehen, Zeitungen, Zeitschriften, Magazine).
- Es eignet sich besser zur Aufbereitung von wichtigen Informationen. Nehmen Sie die aktuelle Klimadiskussion. Hier kann ein Buch viel

gründlicher informieren und die heiklen Fragen diskutieren als ein Rundfunk- oder Fernseh-Feature oder ein Zeitungs- bzw. Zeitschriftenartikel. Leser werden so in einem Piper-Sachbuch von diesem Frühjahr sicher behutsamer darauf vorbereitet, sich mit dem ja häufig ungeliebten Gedanken vertraut zu machen, dass es noch längere Zeit ohne Kernenergie nicht gehen wird, wenn wir gleichzeitig den Ausstoß von Kohlendioxid und damit die Klimaerwärmung eingrenzen wollen.

- Die Lektüre einer gründlichen Argumentation in einem Buch verlangt das eigene Mitdenken, stimuliert das eigene Nach- und Weiterdenken, die eigene Phantasie. Ich muss die Argumente lesend nachvollziehen, bin nicht abgelenkt durch die Kleidung oder die Stimme von Moderatoren, überhaupt durch bewegte Bilder oder auch Hintergrundmusik. Übertragen auf Romanbeispiele: Ein Harry-Potter-Buch oder ein harter skandinavischer Krimi lösen mehr an Phantasie aus als die entsprechenden Filme zum Buch.
- Das Buch kann „in die Hand" genommen werden, es kann auf die Reise oder auf die Fahrt ins Büro mitgenommen werden (das sehe ich jeden Tag auf meinen S-Bahn-Fahrten in den Verlag und nach Hause, wo zwar viel „Bild" und andere Printmedien gelesen werden, aber auch viele Bücher) – und mit ins Bett. Einen Roman oder ein erzählendes Sachbuch liest man nicht am PC- oder Laptop-Bildschirm. Gute Ausstattung und Gestaltung vorausgesetzt, ist das Buch immer noch etwas, das Menschen gern als Objekt in die Hand nehmen. Deswegen wird in Verlagen wieder deutlich mehr als früher über die Gestaltung und Ausstattung von Büchern nachgedacht. Und noch ein ganz praktischer Aspekt, auch wenn ich mich damit als altmodisch „oute": Wenn ich schnell die Lebensdaten von Richard Wagner oder (um einen berühmten Innsbrucker Bergsteiger zu nennen) Hermann Buhl wissen will, schalte ich deswegen nicht den PC an, um zu „googeln", sondern konsultiere Band 19 oder Band 3 des dtv-Brockhaus aus dem Jahr 1995, der in meinem Büro in Reichweite steht.
- Ich verschenke Bücher und freue mich immer, wenn Menschen sich darüber freuen. Bücher sind noch immer ein gern mitgebrachtes Geschenk, meist preiswerter und jedenfalls haltbarer als Blumen. Als wir 1982/83 über die Ausstattung und den Preis eines späteren Kultbuches und Millionenerfolgs (Paul Watzlawick, „Anleitung zum Unglücklichsein") im Verlag diskutierten, spielten Überlegungen zum Geschenkbuch eine wichtige Rolle: Das kann man jemand mitbringen, es ist eine intellektuell anspruchsvolle Lektüre, die zugleich großen Spaß macht und ziemlich schnell zu bewältigen ist. Ein richtig schöner Blumenstrauß kostete übrigens auch damals schon mehr als 19,90 DM.

2.
Nach diesen fast selbstverständlichen Bemerkungen jetzt zum „Wert des Buches", den ich umfassender verstehe als durch Vorauszahlungssummen oder Umsatzgrößen definiert. Deshalb auch meine Titelformulierung für dieses Kurzreferat.

Mitte Oktober diskutierte „Der Spiegel" aus Anlass der Frankfurter Buchmesse 2007 den Wert eines Buches vor allem mit Hinweisen auf die großen Honorarvorauszahlungs-Summen, die Agenten von Verlagen erwarten und häufig auch bekommen. Bestimmen also Agenten und die bereitwillig zahlenden Verlage den Wert von Büchern? Geht es nur noch – und das schon lange, wenn wir uns etwa an den Molden-Verlag erinnern – um das große Geld? Nein, nicht generell, manchmal aber doch, wobei die Rechnung allerdings häufig nicht aufgeht. Beispiele dafür gibt es in vielen Verlagen, auch bei den oft hochbezahlten Memoiren prominenter Politiker. Und natürlich gibt es die Gegenbeispiele, bei denen es den Verlagen und dem Buchhandel gelungen ist, Bücher, für die vorab keine hohen Summen bezahlt werden mussten, zu großen Erfolgen zu machen (oft übrigens auch mit eher niedrigen Werbeetats). Zuerst ein berühmter Fall aus einem anderen Verlag:

Robert Schneider, „Schlafes Bruder" (Reclam, Leipzig);

dann die Fälle aus dem eigenen Haus:

Anna Wimschneider, „Herbstmilch"; „Stupid White Men", das erste Buch von Michael Moore; das erste Buch von Ayaan Hirsi Ali, „Ich klage an"; auch das schon sprichwörtliche „Ich bin dann mal weg" von Hape Kerkeling. Bei der bereits erwähnten „Anleitung zum Unglücklichsein" habe ich den Vertrag von 1982 nochmals angesehen: Honorarvorauszahlung gab es keine, die verkaufte Auflage liegt inzwischen bei über zwei Millionen Büchern.

Aus meiner Sicht gibt es einige Faktoren, die den „Wert eines Buches" bestimmen. Ich versuche, sie in knappen Stichworten mit Beispielen aus der eigenen Arbeit oder der von Kollegen zu erläutern. Mein Lieblingsbuch, das von Paul Watzlawick, wird immer dabei sein.

- Ein Autor (eine Autorin) entscheidet sich für einen Romanstoff oder ein Sachbuchthema und schreibt ein Buch. Paul Watzlawick hat mit dem „kleinen Schmarrn" (so kündigte er damals sein Manuskript an) ein geniales, therapeutisches Buch geschrieben, aus dem man lernen kann, wie man es nicht machen soll. Sten Nadolny hatte sich in die Geschichte des Seefahrers John Franklin hineingedacht, sein Buch „Die Entdeckung der Langsamkeit" hat bestimmt viele eher hektische Menschen nachdenklich gemacht. Anna Wimschneider, die Bäuerin aus Niederbayern, hatte ihre Erinnerungen „Herbstmilch" ursprünglich nur für ihre Kinder geschrieben, nicht ahnend, was damit passieren würde. Der Physiker Konrad Kleinknecht musste sein Buch über das Klima- und Energieproblem einfach deshalb schreiben, weil ihm das Thema wichtig und er beunruhigt über die deutsche Diskussion war. Die Wiener Historikerin Brigitte Hamann hatte so spannende Dokumente über den jungen Hitler in Wien gefunden, dass sie ebenfalls darüber schreiben musste.

- Im Verlag diskutieren Verleger, kaufmännische Geschäftsführer, Lektoren, Verkaufs-, Werbe-, Presse- und Herstellungsleitung regelmäßig darüber, ob ein Projekt sinnvoll ist, ins Programm passt, kalkulierbar ist, auf dem Markt gut oder zumindest akzeptabel durchzusetzen sein wird oder für den Verlag wenigstens image- bzw. substanzbildend ist, also eine positive Rolle für die Programmentwicklung spielen kann. Bei Watzlawick war das einfach. Es gab schon erfolgreiche Bücher von ihm im Verlag, sein „kleiner Schmarrn" würde daran anknüpfen können. Bei Kleinknechts Klima- und Energiebuch war das schwieriger. Wir hatten einige und meist schlechte Erfahrungen mit Umweltbüchern gehabt. Aber wir wollten zu der laufenden Klimadiskussion etwas Sinnvolles beitragen. Das war dann ebenso eine Imageentscheidung wie die für ein Buch über „Große Cellisten" von Harald Eggebrecht. Musikbücher gehören seit vielen Jahrzehnten zum Piper-Programm, außerdem gab es schon einige Bücher über große Interpreten, so über Pianisten, Geiger und Dirigenten.
- Ist die Entscheidung gefallen, dann müssen Ideen produziert werden, die dem Verlag und dem Buchhandel helfen, ein Buch möglichst gut durchzusetzen. Wieder Paul Watzlawick: Wir haben uns für einen irritierenden Titel entschieden, den der Autor ursprünglich als Untertitel haben wollte, für ein kleines Geschenkbuchformat mit hübscher Ausstattung und für einen Preis knapp unter 20 DM. Beim Klima- und Energie-Buch von Kleinknecht für eine aktuelle Broschur, trotz vieler, auch farbiger, Abbildungen und einem Umfang von über 250 Druckseiten für einen „Kampfpreis" von 14 € (was uns übrigens nicht wirklich genützt hat), außerdem für eine „halbe Flucht nach vorn". Statt eines provozierenden Titels wie „Kernkraft ja bitte" haben wir „Wer im Treibhaus sitzt" verwendet, aber immerhin auf der Rückseite des Buches deutlich gesagt, dass der Autor auch für einen vernünftigen Einsatz der Kernenergie in Kombination mit neuen Energieformen plädiert. Ein drittes Beispiel ist das „Denktagebuch" von Hannah Arendt, aus dem Nachlass publiziert, ein Image-Titel, für den Verlag sozusagen ein „Leuchtturm-Buch" (ein Werk, das zum Verlagsprofil sehr gut passt, das auch mit Autorenpflege zu tun hat): Hier haben wir für die zwei Bände eine bibliophile Ausstattung verwendet (sie wurde von der Stiftung Buchkunst dann auch prämiert), konnten damit einen hohen Preis rechtfertigen (der zudem natürlich auch durch die anspruchsvolle Edition selbst zu erklären ist) und eine angemessene Auflage erreichen. Das letzte Beispiel: Alan Weisman, „Die Welt ohne uns", ein erzählendes Sachbuch, dessen Titel irritieren und neugierig machen sollte. Weisman fragt, was mit der

Welt passiert, wenn wir Menschen von jetzt auf sofort verschwinden würden. Hier hat neben einer maßvollen Werbekampagne das für Sachbücher seltene Instrument des Leseexemplars für den Buchhandel sicher mitgeholfen, Buchhändler und Medien für das Buch zu interessieren. Es wurde sehr schnell in den Medien groß besprochen und stand längere Zeit auf der „Spiegel"-Bestsellerliste.

- Da ist das nächste Stichwort gefallen. Ohne die Medienöffentlichkeit würden viele Bücher nicht ins Gespräch kommen. Deshalb ist die Pressearbeit für Verlage und für das Schicksal von Büchern extrem wichtig. Das große Interview, eine neugierig machende Rezension, ein Buch im Fernsehen, eine öffentliche Präsentation, eine Lesereise mit Autoren... Wieder Watzlawick: Die Frauenzeitschrift „Brigitte" brachte 1983 bald nach Erscheinen eine wunderbare Besprechung des Buches, in der die Rezensentin eine fiktive Geschichte aus der Redaktion erzählte, die auch aus dem Buch hätte stammen können. Das wirkte als Initialzündung. Bei Anna Wimschneiders „Herbstmilch" war es eine Talkrunde, „3 nach 9" von Radio Bremen. Die Autorin verließ ihr niederbayrisches Dorf, flog (es war ihre erste Flugreise) nach Bremen und beherrschte dort die ganze Runde mit ihrer bescheiden-charmanten Art. Wieder eine Initialzündung. Bei Brigitte Hamanns Buch „Hitlers Wien. Lehrjahre eines Diktators" halfen eine Pressekonferenz in Wien, Lesungen sowie große und seriöse Besprechungen, die deutlich machten, das die Autorin mit diesem Buch Teile der Historikerzunft beschämt habe, weil sie ein neues Bild des frühen Hitler aus bisher unberücksichtigten Quellen zeigen könne. Eine der größten Rezensionsmappen im Verlag ist sicher die zu Hape Kerkelings „Ich bin dann mal weg". Die Tendenz: Ein Fernsehstar schreibt ein sehr menschliches Buch, dessen Lektüre lohnt, auch wenn man selbst den Jakobsweg nicht unbedingt laufen will.
- Und gerade bei diesem Buch weiß ich aus eigener Erfahrung, dass die Leser selbst den Erfolg (und damit den „Wert") maßgeblich befördert haben. Es wurde einfach sehr viel über dieses Buch geredet, viele Menschen haben es gelesen, weitere Exemplare gekauft und verschenkt. Das ergab einen Schneeballeffekt, der mit Sicherheit auch bei Watzlawicks „Anleitung" wirkungsvoll war. Auch wenn, so konnte man hören, Teile der Psychotherapeutenzunft das Buch als zu „leichtgewichtig" abgelehnt haben: Viele Menschen haben es einfach weiterempfohlen. Auf Einladungen und anderswo wurde darüber gesprochen, wurden die Geschichten aus dem Buch als hilfreich und witzig erzählt (die Geschichte mit dem Hammer oder die von Mutter und Sohn und den zwei Hemden). Bei den „Großen Cellisten" von Eggebrecht hoffe ich darauf, dass Liebhaber klassischer Musik einander von diesem Buch erzählen.
- Schließlich – und das klingt wieder banal, hat aber doch mit dem „Wert des Buches" zu tun: Der Auflagen-Erfolg eines Buches an

sich bedeutet einen großen Umsatz und ein positives Ergebnis mit der Chance auf hoffentlich sinnvolle Investitionen in neue Projekte. Wird ein Buch mit einer niedrigen Auflage in der Öffentlichkeit zumindest beachtet und als wichtig eingeschätzt, dann bringt dies dem Verlag immerhin einen Imagegewinn, außerdem einen Beitrag zur Schärfung des Verlagsprofils. Beide Varianten nützen dem Verlag in der gesamten Szene, also bei Buchhandel, Presse und Publikum, und natürlich auch bei der Akquisition neuer Autoren.

3.

Die Frage, wie Buchpreise entstehen, lässt sich kurz behandeln. Jedes ernsthaft in Erwägung gezogene Buchprojekt wird mit einem Kalkulationsprogramm gerechnet. Faktoren dabei sind u.a.: die mögliche oder notwendige Honorarvorauszahlung, das Autorenhonorar für Hardcover und Taschenbuch, dann die von erwarteter Auflage, von Umfang, Abbildungen und Ausstattung bestimmten technischen Kosten für die Herstellung des Buches, die Übersetzungs- und Redaktionskosten sowie der sogenannte Verlagsanteil (Personalkosten, Mieten u.a. inklusive der Kosten für Werbung). Das ergibt einen zumindest theoretisch sinnvollen Ladenpreis, bei dessen endgültiger Festsetzung aber auch „Zwänge" des Marktes, der bestimmte Preise erfahrungsgemäß nicht zulässt, eine Rolle spielen. Und manchmal wird ein Verlag auch einen taktischen Preis festsetzen.

Sind die Preise heute angemessen? Der schon erwähnte Hamburger Zukunftsforscher würde antworten: Nein, sie sind viel zu niedrig. Aus meiner eigenen Erfahrung dazu nur: Wenn vergleichbar ausgestattete Sachbücher mit rund 300 Seiten um das Jahr 1980 schon 49,80 DM gekostet haben und heute möglichst nur 19,90 € (umgerechnet weniger als 40 DM) kosten sollen, dann stimmt offensichtlich etwas nicht. Man kann beim Nachdenken über Buchpreise auch den Schweinsbraten im Gasthaus als Vergleichsgröße heranziehen. Das ist durchaus lehrreich. Buchpreise sind immer ein gutes Diskussionsthema.

Heribert Tenschert

Die Sicht des Antiquars

Man kann über das Buch – über die Bücher – in jeder Art reden (wenn man's kann): technisch, rational, beteiligt, fachidiotenhaft, philosophisch, partikulär, artig, hingerissen.

Während üblicherweise bei einer seriösen Einlassung auf das allen zugängliche, moderne, erhältliche Buch die Kategorien ineinander fallen, möge man dem Nischen-Mann Heribert Tenschert, mir, dem Antiquar, zubilligen, dass er sich dem Thema in gänzlicher Einseitigkeit und holder Vernarrtheit nähert; zumal es hier keine Semester-Vorlesung gilt, sondern eine Art gehobener Glosse von enden sollender Dauer. Also nur ein paar Worte erinnerter Verzückung, hingesetzt aus dem Erlebnisspeicher des Sammlers, der Antiquar sein darf; des Händlers, der den eingeborenen Sammler in sich endlich nicht mehr notzüchtigt.

Vor 30 Jahren, eben der Universität mir ihren prokrusteshaften Unausweichlichkeiten entronnen – und heil! –, begann ich das prekäre Spiel mit einer kleinen Phalanx von Büchern, meist moderne Bibliophilie des frühen 20. Jahrhunderts und klassische Texte (Horaz, Rabelais, Dante, Montaigne, Goethe und so höchst erwartbar weiter) mittels einer bangen Katalog-Erkundung und traf bei Menschen, deren Existenz mir kurz vorher noch Hekuba gewesen war, auf einen brüderlichen Widerhall, der so spontan im Rückblick schlechtweg liebevoll genannt werden muss. Ich sagte mir: wenn dieses Gefühl rätselhaft prästabilierter Harmonie über alle Länder-, Sprach-, Geschlechts- und „Klassen"-Grenzen hinweg nicht trog, dann sollte der in mir immer vernehmlicher rumorende Pioniergeist (oder weniger pompös: die Neugier) es doch schaffen, den Götterfunken zu zünden und einige Verführbare aus den Sammlerheeren herauszulösen, um sie mit mir auf eine Reise in Herz und Geist der Vergangenheit zu nehmen, immer wissend (noch eher: fürchtend), dass sie es sein würden, die für Proviant, Fortbewegungsmittel, Unterkunft und Sherpas sorgten, während ich mein Finderglück anrief und in der Not den Zufall als das gebenedeite Ziel ausgab.

Diese Vergangenheit, damit von ihr jetzt doch endlich die Rede sei, war bei den Büchern zwar prinzipiell unermesslich, aber wenn man den Blick sich schärfen und das Flair eigenwüchsig hatte werden lassen, dann schälten sich, ohne dass man selbst zum Häuten der Zwiebel schritt, eine Handvoll Komplexe heraus, die erst nach Abklingen der Verwunderung über ihre Überschaubarkeit eine innere Unendlichkeit offenbarten.

Also heißt – ganz nur zum erstbesten Beispiel – die Vergangenheit für den hochgemuten Antiquar: die Erstausgabe von Kafkas „Prozess", bei der „Schmiede" 1925 von Max Brod gegen den Willen des ohnmächtigen, weil toten Autors veröffentlicht, in möglichst ungelesenen Exemplaren, weinmetaphorisch: bekömmlich trinkbarer Pinot grigio, da der Herr Verleger keine Rarität züchten, sondern Gewinn machen wollte. Dann das Gleiche, aber *mit dem beige-blau-schwarzen Original-Umschlag* von Georg Salter, den ich in 35 Jahren *ein* Mal – hier – gesehen habe und der dieses Exemplar um ein inkalkulierbar Zig-faches kostbarer, weil überhaupt erst selten, macht: im Vergleich ein *Clos de la Roche* von Dujac 1991 – wer ihn einmal gekostet hat, ist für 95 Prozent des *auch* Trinkbaren verloren; und dann, 1988, widerfuhr mir die Erwerbung von Kafkas Originalmanuskript, dieses unenträtselbaren Hauptwerks wider Willen – Brods Geliebte hatte es so fromm bewahrt wie gewitzt vermarktet –, nur um es mir allzu überstürzt von jenen Verbergern und Archivcharakteren aus der Hand nehmen zu lassen: Das war dann aber für wenige Wochen eine *Magnum La Tache* von 1990, mit der Geliebten getrunken und in keinem Atom mehr von dieser Welt.

Die Vergangenheit ist: Goethes Dissertation von 1771, die mythischen „Positiones Iuris quas auspice deo [...] in Alma Argentinensi Die VI. Augusti MDCCLXXI [...] publice defendet Ioannes Wolfgang Goethe", insgesamt zwölf luftig gesetzte Seiten. Nur vier, allenfalls fünf Exemplare haben sich davon erhalten auf der Welt. Meines wurde auf einer Spottgeburt von Auktion in Calais (!) unter völlig lachhafter Beschreibung, geschätzt ein paar tausend Francs, angeboten, das Telefon verschaffte es, nicht ganz so billig (das Sechzigfache). Es muss dort in Frankreichs *Ultima Thule* seit über zwei Jahrhunderten gelegen haben – immer noch in der doppelt gefalzten blauen Originalbroschur, die Bogen *unaufgeschnitten*: Man muss in meinem Beruf auch, ja vor allem der Ignoranz dankbar sein, wenn es zur Überlieferung gereicht hat.

Vergangenheit, sie inkarniert sich auch in der Augsburger Steyner-Bibel von 1535: auf Pergament gedruckt, in zwei Bände gebunden, Holzschnitte illuminiert. Diese beiden Bände drifteten Ende des 16. Jahrhunderts mit den zwei Linien der Grafen von Ortenburg auseinander – erst 1989 gelang es, sie wieder (aus der Schweiz und aus Franken) zu vereinen, immerhin das bedeutendste Denkmal des frühen Protestantismus in Bayern – heute liegt sie im Deutschen Historischen Museum in Berlin.

Vergangenheit: das ist die größte je realisierte Boccaccio-Handschrift über Größe und Elend der berühmten Männer und Frauen der Geschichte (mehr als einen halben Meter hoch), in Paris ca. 1470 für einen begüterten Parlamentarier namens Bonvarlet geschrieben und ausgemalt, mit ursprünglich 88 großen und kleineren Miniaturen vom *Maître François* und seinem Atelier: 1929 im vollständigen Zustand versteigert. Vor 14 Jahren gelang es mir, sie zu erwerben, von einem der wasserklarsten Faschisten unter den Sammlern des 20. Jahrhunderts (Beispiel dafür, wie sich auch bei der Bibliophilie Ruchlosigkeit und Schönheitssinn oft entwaffnend verschwistern): aber jetzt fehlten vier Blätter mit Miniaturen. In dem Fall skandiert der Antiquar aus Erfahrung die Inschrift über Dantes Hölle: „Lasciate ogni speranza...". Als ich den Kodex 1997 in einem Katalog anbot, war es gelungen, die vier Miniaturenblätter unversehrt, und immer noch in der Riesengröße des Manuskripts, diesem wieder einzufügen. Drei Kontinente hatten sie mir zugetragen – Europa, Amerika, (Vorder-)Asien. Kann man angesichts solcher Erlebnisse nachempfinden, wie sehr ich die „Schlächter" und ihre Helfershelfer, die Einzelblatt- und Miniaturenschacherer, verachte, die aus dem Gegenteil solcher *restitutio in integrum* ihre isabellenfarbenen Profite ziehen?

Vergangenheit, das ist aber auch das recht eigentlich Unmögliche, Unvorstellbare. Immer, seit ich die Geschichte des geschriebenen und gedruckten Buches, eher ahnungsvoll als wissend, überschaue, habe ich von Johannes Gutenberg und seinen drei, vier Wunderwerken geträumt (wobei nur die Bibel von 1454 ein wahres Wunder darstellt, die anderen sind Fingerübungen oder trotzig-ungelenker Neubeginn aus purem Nichts); aber es ist umsonst – alle 47 Exemplare und Fragmente der Bibel sind im Klammergriff der öffentlichen Hand. Wie zieht man aus dieser Tatsache keine Erbitterung, sondern Genugtuung? Indem man *die* Bibel, die Gutenberg geplant hat, die aber erst mit dessen Materialien von seinem Drucker Peter Schöffer und seinem Geldgeber und Erlediger Johannes Fust zwischen den späten 50er Jahren und dem 14. August 1462 verwirklicht wurde, da die beiden aufatmend stolz ihren Druckervermerk (den ersten der Geschichte!) ans Ende der zwei Großfoliobände mit ihren 900 Seiten setzten – indem man, sage ich, diese Bibel, nämlich das Nächstbeste zum Unbegreiflichen von 1454, das uns das Zufalls-Schicksal noch bereithält, unter Schmerzen erwirbt.

Es ist das schönste bekannte, ja das schönste vorstellbare Exemplar, ganz auf schneeiges Kalbspergament gedruckt, wie eine imperiale Handschrift mit Hunderten von handtellergrossen Initialen, Ornamentranken und seitenüberspannenden floralen Bordüren, auch Tieren (Hund, Eule, Affe, Strauß!), in Gold und narkotisierenden Farben um das Erscheinungsjahr herum in Mainz vom sogenannten „Fust-Meister" illuminiert, und mit einer reißfesten Provenienzen-Kette seit dem 15. Jahrhundert gesegnet (die letzten zweihundert Jahre in den erlauchtesten bibliophilen Sammlungen der angelsächsischen Welt). Sie war das letzte Mal 1923 auf dem Markt, in London, kostete zwei Drittel der ebenfalls angebotenen Gutenberg-Bibel und kam dann durch die unwahrscheinlichsten Kanäle über Houston (Texas), New York, London, Amsterdam zu mir, mit einer tödlichen Zielsicherheit, an der zuletzt die Freundschaft zerbrach, die sie mir überhaupt erst eintrug (der Sammler, von dem ich sie für einen Betrag mit unerträglich vielen Nullen bekam, konnte ihre plötzliche Abwesenheit im Wortsinn nicht ertragen und wurde wunderlich).

Und zu guter Letzt entsteigt dem Brunnen der Vergangenheit ein bescheidenes Heftchen, in fleckigem Pergament, das sehr früh aussieht.

Schlägt man es auf, scheinen die einzelnen Buchstaben der Schrift vor Uranfänglichkeit zu taumeln zwischen den kleinen Bildern mit ihren dunklen Tieren und Menschen und Ornamentgewächsen – aber es ist (noch) ein Wunder, nämlich der Text des Kanonikers Richard de Fournival aus Amiens, genannt das Liebes-Bestiarium, „bestiaire d'amours", verfasst in den Jahren nach 1250. Dieses Manuskript, wie gesagt von bescheidener Erscheinung, wurde mir vor vielen Jahren angeboten, als ein nordfranzösisches Produkt nach 1300, dafür aber komplett mit 46 Seiten Text und 71 Miniaturen. Ich erwarb es, vor allem aus dem unabweisbaren Gefühl, dass weder diese sich erst im Vollzug des Schreibens erfindende Schrift noch diese von überwältigender Naivität gekennzeichneten Bildchen *nach* der Jahrhundertwende entstanden sein konnten. Dann suchte ich die rechten Forscher, die meine Vermutung bestätigen (oder widerlegen) würden. Ich fand die beiden, einen Professor aus Montreal und eine Professorin aus Paris; der erste lieferte mir seine Ergebnisse 1998, letztere ist in diesem Jahr des Heils 2007 am Formulieren der letzten Kapitel (Geduld ist nicht der richtige Ausdruck für das beim Umgang mit Wissenschaftlern Erforderliche), aber um es kurz zu machen: es stellte sich heraus, dass dieses unscheinbare Manuskript nicht nur um ca. 25 Jahre älter war als das bisher bekannte älteste des Textes, datiert 1284, sondern auch, dass es in Paris geschrieben und mit einiger Sicherheit dasjenige der Exemplare des Autors selbst ist, das dieser dem König Thibaut de Champagne vermachte, der es wiederum dem künftigen König von Frankreich, Philipp dem Kühnen und seiner Frau Isabelle d' Aragon zu ihrer Hochzeit am 6. Juli 1262 als Geschenk überreichte. Kann man höher belohnt werden für eine Anfangs-Vermutung, für die Untrüglichkeit des Instinkts?

Dies genüge zur Vergangenheit – man wird ihre Lockung ermessen oder mindestens erahnt haben, auch ihren süffigen Lohn. Und ist es nicht, bei all den Feinsinns- und Radau-Diskussionen um die Vergangenheit (Beutekunst, Raubkunst – aber die Spolien der schlimmsten und unaustilgbaren Verbrechen hängen im Louvre, liegen in der Bibliothèque nationale de France, in London, New York, St. Petersburg und Moskau, auch in München und Wien), ist es da nicht tröstlich, wie viel von ihr unangefochten in die dankerfüllte Gegenwart schwebt und wie viel Unausdenkbares die Zukunft birgt?

Dergestalt, dass zurzeit in den Sammlungen, aus denen ich gerade eine schmale Handvoll Exemplare ans Licht gehoben habe, noch fast zweihundert mittelalterliche Handschriften liegen, alle illuminiert oder illustriert; ca. 400 Inkunabeln, also Drucke von 1454 bis 1500, darunter die großen Verwirklichungen des menschlichen Geistes und der Kunst; eine Sammlung von derzeit 260 gedruckten Pariser Stundenbüchern zwischen 1487 und ca. 1560 – die umfangreichste überhaupt; etwa 3500 illustrierte Bücher des 18. Jahrhunderts, in dem die Kupferstichillustration auf ihre einsamste Höhe kam; und mindestens zwölftausend bibliophile Werke des späten 19. und frühen 20. Jahrhunderts – von einer Handbibliothek, die sich sehen lassen kann und unter anderem einhunderttausend Kataloge des 17. bis 21. Jahrhunderts umfasst, einmal abgesehen.

Man wird dem Glücklichen, dem dieser schönste aller Berufe zufiel, nicht verargen, wenn er sich da der oben beschworenen Verzückung für einige weitere Jahrzehnte anheim gibt, „si diis placebit“.

Kapitel 4
Übersetzungen – was sie kosten, was sie bringen

Hellmuth Matiasek

Wie? Übersetzen?

Einleitung des Moderators

„Über-setzen nenn ich das Unterfangen,
ist es doch, begonnen, ein Sprung
von einem Uferrand nach Fremdem ...“

Der umstrittene österreichische Dichter Josef Weinheber schrieb das den Übersetzern ins Stammbuch. Auch Michael Kunze, dem alle neuen amerikanischen Musicals ihre deutschsprachige Wiedergeburt verdanken, wollte keinesfalls übersetzt, sondern „adaptiert“ haben.

- Übersetzungen können die Welt verändern und Revolutionen auslösen, wofür schon die Bibelübertragung Martin Luthers (1534) ein historisches Beispiel gibt.
- In der heutigen Diskussion wird uns bestimmt nicht nur die Frage interessieren, was sie kosten und bringen, sondern auch die Rolle, die der übersetzten Sprache in der zwangsglobalisierten Welt zugedacht sein wird. Haben wir nicht im gebrochenen Englisch, das die meisten von uns sprechen, ein passables Welt-Esperanto, das die Notwendigkeit des Übersetzertums relativiert?
- Der englische Unterhausabgeordnete und BBC-Redakteur John Gummer zeigt sich todunglücklich über die weltweite Zerstreuung seiner Muttersprache auf dem niedrigsten Niveau von 180 Wörtern im Vergleich zu den 5000 in den Stücken von William Shakespeare. Und wie erklärt es sich, dass die ersten Werke des vielfachen türkischen Preisträgers Orham Pamuk in fünf verschiedenen deutschen Übersetzungen erschienen sind? Wie unsicher ist da der Marktplatz aufgestellt?
- Die Statements von den folgenden drei Experten werden die unterschiedlichsten Ansätze zum Thema „Übersetzungen“ vortragen. Wir werden auch Klagen zu hören bekommen. Übersetzer finden sich unterschätzt und unterbezahlt. Der hohe Anspruch im sensiblen Umgang mit dem Wortschatz beider zu überbrückenden Sprachen findet keine entsprechende Anerkennung in der Praxis. Ist der Übersetzer das Aschenputtel des heutigen Literaturbetriebs?

Alfred Noe

Literarische Übersetzungen – was sie kosten, was sie bringen

Ich möchte mit meiner Fragestellung nach dem Wert von literarischen Übersetzungen eine vorwiegend historische Perspektive eröffnen. Ich werde mit einem aktuellen Beispiel eines zurzeit sehr populären Autors aus dem italienischen Bereich, wo ich mich am besten auskenne, beginnen. Es handelt sich dabei um *Il cane di terracotta*, eines der schönsten Bücher von Andrea Camilleri, 1996 im Original erschienen und 1999 als *Der Hund aus Terracotta*, gleich versehen mit dem Zusatz *Comissario Montalbano löst ein Rätsel*, in der deutschen Übersetzung von Christiane von Bechtolsheim bei editionLübbe veröffentlicht. Ich versuche hier am Beispiel der ersten beiden Sätze des Romans zu zeigen, von welcher Art diese Übertragung in das Deutsche ist:

> A stimare da come l'alba stava appresentandosi, la iurnata s'annunziava certamente smèusa, fatta cioè ora di botte di sole incaniato, ora di gelidi stizzichii di pioggia, il tutto condito da alzate improvvise di vento.
> *So wie sich der Morgen präsentierte, kündigte sich ein grässlicher Tag an, mal würde die Sonne vom Himmel brennen, mal eisiger Regen niederprasseln, und auch mit ein paar heftigen Windböen war zu rechnen.*
>
> Una di quelle iurnate in cui chi è soggetto al brusco cangiamento di tempo, e nel sangue e nel ciriveddro lo patisce, capace che si mette a svariare continuamente di opinione e di direzione, come fanno quei pezzi di lattone, tagliati a forma di bannèra o di gallo, che sui tetti ruotano in ogni senso ad ogni minima passata di vento.
> *Wenn an solchen Tagen Kopf und Kreislauf unter dem plötzlichen Wetterwechsel leiden, kann es schon mal vorkommen, dass man dauernd seine Meinung und seine Gefühle ändert, so wie sich die Blechdinger in Form einer Fahne oder eines Hahns beim kleinsten Windstoß auf den Dächern in alle Himmelsrichtungen drehen.*

Wenn Sie die deutsche Version mit dem Ausgangstext vergleichen, dann wird Ihnen auffallen, dass sie im Gegensatz zum Originaltext in einer äußerst neutralen Sprache gehalten ist, die in keiner Weise die Eigenheiten des italienischen Originals widerspiegelt. Sie können, wenn Sie nur den deutschen Text lesen, in keiner Weise nachvollziehen, wie Camilleri im Original schreibt und was gerade den Charme seiner Sprache ausmacht, d.h. warum die Romane Camilleris in Italien ein so großer Erfolg sind.

Ich werde nun versuchen, Ihnen das ganz kurz zu verdeutlichen, damit Sie dann auch den Unterschied zu der deutschen Version einigermaßen einschätzen können. Im Vergleich stellt sich heraus, dass das Original eine wohlabgewogene Kunstsprache auf der Grundlage des sizilianischen Dialekts ist. Was man bei Camilleri liest, ist nicht sizilianisch, sondern es ist eine stilistische Verformung des Sizilianischen. Also wie wenn Sie z.B. Wienerisch, Tirolerisch oder Bayrisch in eine gewisse Richtung transformieren und daraus etwas machen, was äußerst charmant nach dem Dialekt klingt, es aber nicht wirklich ist. Entsprechende Beispiele für den deutschen Sprachraum liefert ja die sogenannte Volkskomödie des 19. Jahrhunderts. Der zusätzliche Effekt für den Leser liegt darin, dass durch diese künstliche Sprachform eine gewisse Barriere des Verständnisses errichtet wird. Das heißt, man ist im Laufe der Lektüre gezwungen, den Sinn langsam zu erschließen. Es gibt in einigen Bänden von Camilleri selbst für die italienischen Leser sogar ein Glossar, damit sie den Sinn der Ausdrücke bzw. der Konstruktionen nachvollziehen können. Diese Form des künstlich verformten Dialekts hat im Übrigen eine Tradition in der sizilianischen Literatur, die zurückgeht auf Giovanni Verga, den großen Romancier des Verismo, bei dem Sprichwörter und Redensarten der verschiedenen sozialen Schichten in die Romane und Erzählungen als tragende stilistische Komponenten eingeführt werden. Damit soll außerhalb Siziliens zum Ausdruck gebracht werden, was Leonardo Sciascia in Anlehnung an Léopold Sédar Senghors *négritude* als *sicilitudine* bezeichnet hat. Also ein gewisses Gefühl des Sizilianer-Seins, welches sich in dieser Kunstsprache widerspiegelt und durch sie transportiert wird.

Die deutsche Version, wie Sie wohl an den zwei Sätzen einschätzen konnten, wird Ihnen keinerlei Gefühl vermitteln, dass Sie dort dazu gehören, dass Sie emotional angeschlossen werden an eine bestimmte Region, an eine bestimmte Gruppe, die eine Kultur gemeinsam hat. Was die Sprache der Übersetzerin nicht leisten will oder kann, wird in der deutschen Ausgabe durch Anmerkungen der Übersetzerin zu Orten und Personen ein bisschen zu kompensieren versucht. Ganz geht das dann vom italienischen Original weg, in eine völlig neue Richtung, wenn noch dazu am Ende des Bandes eine Liste der im Text erwähnten „Kulinarischen Köstlichkeiten" angeführt wird. Damit sind wir endgültig auf der mediterranen Küchenreise; und als ganz letzter Punkt der Übersetzung unter der Überschrift „Commissario Montalbano empfiehlt" werden schließlich Rezepte für ein Menü mit Vorspeise, Hauptspeise und Nachspeise geboten. Das hat nun mit Camilleri und seinem Original eigentlich nichts mehr zu tun. Es hat hingegen sehr viel zu tun mit einer im Norden weit verbreiteten, diffusen Italien-Strandsehnsucht, die hier vermittelt wird.

Das kann man auch sehr schön sehen an dem, was die moderne Literaturwissenschaft als paratextuelle Elemente bezeichnet, also an der Aufmachung des Buches im großen und ganzen.

Wenn man das italienische Original zunächst betrachtet, dann sieht man ganz deutlich, dass der Leser hier in eine Kunstwelt entführt werden soll: Das machen zunächst der schwarze Umschlag und auch dieses ganz eigene Format (166 × 118 mm), die ja ganz typisch für die Verlagsserien bei Sellerio sind. Und dann natürlich dieses Bild, das ein Fenster in eine Puppenwelt ahistorischen Charakters eröffnet, wo man eine stark abstrahierte Akrobatin mit zwei kleinen Hunden in einer stark stilisierten Manege sieht.

Ganz anders der Umschlag der deutschen Ausgabe:

Auf dem Umschlag eines banalen Oktav-Bandes sieht man ein Ensemble aus südländischen Dachlandschaften, welches entfernt an Mittelmeerferien erinnert und wo man eben noch dazu den Untertitel *Comissario Montalbano löst ein Rätsel* geliefert bekommt, um das Genre gleich eindeutig zu klassifizieren, damit man sich bei der Strandlektüre, die man auswählt, nicht vergreift und etwas Falsches aus dem Regal mit in den Liegestuhl nimmt.

Das hängt natürlich grundsätzlich mit dem fundamentalen Unterschied zwischen *vertere* (verwandeln) und *traducere* (hinübertragen) zusammen. Einerseits also verwandeln (*vertere*), das Sie dann in Version (*versio*) wieder finden, und andererseits in eine andere Sprache oder Kultur hinüberziehen (*traducere*).

Das aus diesem Unterschied resultierende Problem und vor allem seine Folgen sind nicht neu. Als der Pfarrer in Kapitel 6 des ersten Teiles von Miguel de Cervantes' *Don Quijote* die Bibliothek von Don Quichote besichtigt, um sie von den schädlichen Ritterbüchern, welche den Geist ihres Besitzern verwirrt haben, zu reinigen, stößt er auf spanische Übersetzungen von Matteo Boiardos *Orlando innamorato* und Ludovico Ariostos *Orlando furioso*, also die großen italienischen *romanzi cavallereschi* der frühen Neuzeit, und stellt fest, dass die spanischen Übertragungen den Texten viel von ihrem ursprünglichen Wert nehmen, vor allem weil es Übertragungen von Texten in gebundener Sprache sind. Hier die Passage in der deutschen Version von Ludwig Braunfels (es handelt sich ja um Prosa, daher ist das auch im Sinne von Cervantes zulässig):

> „Und dasselbe [nämlich dass die Übersetzung unzulänglich ist] wird jenem begegnen, der Verse in eine andere Sprache übertragen will; denn wie viele Sorgfalt er anwende und wie viel Geschicklichkeit er an den Tag lege, nie wird er die Vollendung erreichen, die sie in ihrer ersten Gestaltung besitzen."

Also ein relativ deutliches Urteil, das sich auf Texte in gebundener Sprache bezieht, wie eben jene von Boiardo und Ariosto.

Beim *vertere*, also beim Verwandeln eines Textes von einer Sprache in die andere, spielt natürlich die sogenannte *couleur locale* eine große Rolle, das ist das, was die französischen Romantiker, allen voran Victor Hugo, als den Charme der exotischen Accessoires in ihre Sprache eingeführt haben. Und in diesem Zusammenhang gilt natürlich ganz besonders der italienische Spruch vom *traduttore* als *traditore*, also dem Übersetzer als Verräter des Originals, weil an diesen Details sehr viel hängt, weil die Sprachgestaltung von diesen schmückenden Details wesentlich mitbestimmt wird. Aber das gilt nicht nur für Übersetzer, muss man festhalten, sondern auch für Autoren von historischen Romanen, die versuchen, sich in andere Epochen oder in andere Kulturen zu versetzen. Auch bei diesen Texten muss man als Leser oft feststellen, dass kleine Fehler immens stören und die Atmosphäre, die die Autoren kreieren möchten, zerstören. Dazu ein kleines Beispiel: *Der Schachautomat* von Robert Löhr, 2005 bei Piper erschienen. Es ist ziemlich irritierend, dass der Mann *Tibor* heißt, wenn er im Veneto geboren ist. Das ist schon sehr seltsam und irgendwie komisch, aber soll sein. *Signore Kempelen* hingegen ist eindeutig daneben, das muss *Signor Kempelen* lauten. Und das kommt nicht einmal vor, sondern durchgehend, und ist für jemanden, der italienisch beherrscht schon sehr irritierend. Störend ist *San* *Maria Gloriosa* anstelle von *Santa Maria Gloriosa*, usw. Ich beschränke mich auf diese zwei Dinge, die irritierend sind und welche im Original genauso irritierend sind, wie sie in einer Übersetzung irritierend wären, die ähnliche Missgriffe aufweist.

Aber Übersetzungen sind nicht nur zweifelhafte Unternehmungen, sie haben natürlich auch einen Wert, sie stellen eine Bereicherung der Zielsprache dar und werden aus diesem Grund bereits von den Humanisten ab dem 14. Jahrhundert systematisch durchgeführt. Sie werden am Anfang bezeichnet als *volgarizzamenti dai classici*, betreffen also vor allem Übertragungen aus dem Lateinischen. Als einer der wichtigsten ersten Übersetzer in diesem Bereich ist Giovanni Boccaccio zu nennen, gemeinsam mit Leonardo Bruni Aretino und seinem Traktat *De interpretatione recta* vom Beginn des 15. Jahrhunderts. Es wird von den frühhumanistischen Übersetzern in Deutschland schon am Ende des 15. Jahrhunderts der Streit entfacht, ob *ad litteram* oder *ad sententiam* zu übersetzen ist. Niclas von Wyle und Arigos vertreten die Forderung nach *wort zu wort*, während Heinrich Steinhöwel und Albrecht von Eyb zu der Richtung *nach dem synn und mainung der materien* tendieren. Die Frage, zu welcher Madame de Staël mit *De la manière et utilité des traductions* (1816) den Gesichtspunkt der Romantik hinzufügt. bleibt nach vor in Diskussion.

Ich bringe Ihnen nun zwei historische Beispiele, um Ihnen allein am Erscheinungsbild der Übersetzungen zu zeigen, was sich vom Original zur Übersetzung verändert. Sie haben hier eines der wichtigsten Erziehungstraktate des 16. Jahrhunderts, *Il Galateo* von Giovanni Della Casa, der der Gattung später den Namen gibt, wo auf der Titelseite im Prinzip mit einem Untertitel nur kurz erläutert wird, worum es geht: *Il Galateo di M. Giovanni Della Casa; Overo Trattato de' costumi e modi che si debbono tenere ò schifare nella conversatione.*

Das Titelblatt der deutschen Übersetzung fühlt sich hingegen verpflichtet, schon vor der Lektüre sehr viel zu erklären, um den deutschen Kunden in die offenkundig neue Materie einzuführen und damit zum Kauf des Buches zu bewegen:

Io. Casae Galateus. Das ist / Das Büchlein Von erbarn / höflichen vnd holdseligen Sitten. Jnn welchem vnter der Person eines alten wolerfahrnen Hofmannes / ein edler Jüngling vnterweiset wirdt / wie er sich in seinen Sitten / Geberden / Kleydung / Reden / Schweigen / Thun / Lassen / vnnd gantzem Leben also fürsichtliglich verhalten solle / daß er bey jedermenniglich möge liebe vnd werth gehalten werden.

Das zeigt schon, dass es sich hier um etwas handeln muss, was dem italienischen Publikum vertraut ist, und dass andererseits sehr viel mehr Aufwand betrieben wird, um es in die neue Kultur hinüberzubringen. Das gleiche bei einem französischen Erziehungstraktat, *L'honnête homme* aus dem 17. Jahrhundert. Auf dem Titelblatt der Erstausgabe in Paris aus dem Jahr 1630 findet man schlicht: *L'Honneste-Homme ou, L'Art de plaire à la cour.*

Bei der deutschen Übersetzung aus dem Jahr 1647/1648 muss nicht nur das Titelblatt wieder wesentlich ausführlicher sein, um dem künftigen Kunden deutlich zu machen, worum es in diesem Werk gehen wird. Der Verleger entschließt sich sogar noch zu einem Titelkupfer, auf welchem man zwei modisch gekleidete Edelmänner in Konversation vor dem Hintergrund einer Stadt sieht. Der Titel auf der gegenüberliegenden Seite lautet: *L'honneste Homme, Das ist: Der Ehrliebende Welt-Mann / Oder Die von vielen Leuten gesuchte schöne Kunst / wie einer an grosser Herren Höfen durch besondere Tugenden / vnd geschicktes Wolverhalten gegen männiglichen sich beliebet vnd belobet machen könne.*

Übersetzungen sind ja, wie man an diesen historischen Beispielen ablesen kann, nicht nur einfach maschinelle Übertragungen von einer Sprache in die andere, sondern sie haben sehr viel mit Kultur zu tun, weil ja Sprache ein Produkt der Kultur ist. Yuri M. Lotman hat in seinem Werk *Universe of the Mind. A Semiotic Theory of Culture* (1990) die drei hauptsächlichen Funktionen eines Textes zusammengefasst. Zunächst einmal die kreative Funktion des Hervorbringens von neuen Botschaften in einem semiotischen System; weiters, was für literarische Texte von besonderem Interesse ist, die künstlerische Funktion der stilistischen Auswahl der sprachlichen Mittel und damit der poetischen Verwandlung der Sprache; und zuletzt die Funktion des Gedächtnisses der Texte in der Kultur.

Und von Schritt zu Schritt wird natürlich auf jeder dieser Ebenen der Übersetzungsvorgang komplizierter. Das heißt, Sie kommen von diesem einfachen Modell Ausgangssprache – Zwischenebene – Zielsprache dann zu einem Modell, das die Aufsplitterung dieser Entschlüsselung der Bedeutung und ihrer Transformation in eine Zielsprache um mindestens zwei weitere Ebenen erweitert und den Vorgang in seiner Verflechtung entsprechend komplex macht.

Es stellt sich nun die Frage, ob es überhaupt möglich ist, sprachliche Texte befriedigend zu übersetzen. Zwei amerikanische Sprachwissenschaftler und Ethnologen aus den dreißiger Jahren des 20. Jahrhundert haben das grundsätzlich verneint: Edward Sapir und Benjamin Lee Whorf sind berühmt geworden mit ihrer Theorie der Unübersetzbarkeit von Sprachen, und zwar jeder Botschaft aus jeder Sprache. Ich möchte diese grundsätzliche Skepsis an zwei kleinen Beispielen von Titeln erläutern, weil Titel ja besonderen Signalcharakter haben: Italo Svevos Roman *La Coscienza di Zeno* aus dem Jahr 1923 ist in seinem prägnanten Titel kaum übersetzbar, weil *coscienza* sowohl *Bewusstsein* als auch *Gewissen* bedeutet. Daher der schlichte deutsche Titel *Zeno Cosini*, um das Problem zunächst einmal beiseite zu schaffen. Dino Buzzatis Roman *Il deserto dei Tartari* (1940) wird in drei deutschen Übersetzungen mit unterschiedlichen Titeln beglückt: Die erste Übersetzung 1942 *Im vergessenen Fort* klingt fast nach einem Western, der hier angekündigt wird; 1954 dann *Die Festung*, bis man sich letzten Endes 1990 zu dem Titel *Die Tatarenwüste*, der dem Original am nächsten ist, entschlossen hat, der aber anscheinend für die vorangegangenen Übersetzungen nicht befriedigend war.

Es gibt natürlich literarische Passagen, wo man Cervantes absolut und Sapir/Whorf relativ recht geben muss bezüglich der Unübersetzbarkeit. Ein einziges Zitat, das zu meinen Lieblingszitaten gehört und für das ich fast einen Übersetzerpreis ausschreiben würde, ist eine Passage aus Thomas de Quinceys *Confessions of an English Opium Eater* (1821), das lautet: „Oxford-street, stony-heartet stepmother!" Wenn Sie das in eine befriedigende deutsche Version hinüber kriegen mit der unglaublichen Metapher, dann herzlichen Glückwunsch! Das ist schon beinahe unmöglich, und in dem Punkt muss man vermutlich Sapir und Whorf recht geben.

Das heißt, man bewegt sich bei den literarischen Übersetzungen letzten Endes irgendwo zwischen den „unschönen Treuen" und den „schönen Untreuen", was die Texte betrifft, und muss dann schließlich zu Kompromissen finden, wie das kürzlich Mihály Szegedy-Maszák im *Times Literary Supplement* vom 5. 10. 2007 festgestellt hat. Es ging bei dieser Besprechung um Sándor Márais Roman *A zendülők* (in der englischen Version *The Rebels*, worüber man schon ein bisschen diskutieren könnte). Er merkt zu Beginn an:

> „The value of the translation depends largely on what the reader expects from it. Faithfulness to the original I find a vague and therefore problematic ideal, so I ask for a well-written text in the target language."

Also das wäre dann eine „schöne Untreue", die sich Szegedy-Maszák hier erwartet. Und er fügt erwartungsgemäß hinzu: „The difficulty consists in finding the limits of freedom."

Und damit sind wir bei der subjektiven Entscheidung der Person, die übersetzt, angelangt und letzten Endes auch beim Urteil des Publikums, ob es eher eine unschöne Treue oder eine schöne Untreue möchte. Die schlimmste Form der Verunstaltung ist jedenfalls die behübschende Verharmlosung eines Werkes durch die Beseitigung seiner stilistischen Eigenheiten in einer geglätteten Übersetzung, wie Vladimir Nabokov in *The Art of Translation* urteilt: „… when a masterpiece is planished and patted into such a shape, vilely beautified in such a fashion as to conform to the notions and prejudices of a given public." Womit wir wieder bei dem Beispiel von Camilleri angelangt wären.

Katarina Rohringer Vešović

… und es geht wieder nicht um das große Geld

Übersetzungen – was sie kosten, was sie bringen: das Thema ist Programm. Auf Literaturübersetzungen angewendet, bedeutet das die Übertragung der Logik und der Gesetze der Wirtschaft auf die Übersetzungsarbeit. Die Koppelung von „Bringen“ mit „Kosten“ lässt schließen, dass „Bringen“ hier nicht im übertragenen Sinne eines kulturellen Wertes verstanden wird, sondern in seiner elementarsten Form des monetären Nutzens. Mit etwas anderen Worten: Die Existenzberechtigung des Übersetzens hängt am dünnen Faden der Kosten-Nutzen-Rechnung. Ein „wie“ wird durch ein „wie viel“ ersetzt: Im Vordergrund steht nicht die Frage, *wie* gelungen eine Übersetzung oder *wie* bedeutend ein übersetztes Werk ist, sondern *wie viel* die Übersetzungskosten ausmachen und *wie viel* sich mit dem Übersetzten verdienen lässt. Diese Einstellung ist zugleich eine Werteinstellung dem Beruf „ÜbersetzerIn“ gegenüber: seine Bedeutung wird mit seiner ökonomischen Verwertbarkeit gleichgesetzt, seine Würde ist ihm genommen. Übersetzer und Übersetzerinnen befinden sich in der Arena des freien Marktes, Übersetzungen werden als Fließbandware gehandelt, gegenseitiges Preisdumping ist erwünscht.

Damit ist die Misere der heutigen Übersetzungsarbeit skizziert. Warum aber hat sich die Lage so verschlechtert? Das was heute als Ergebnis vermeintlicher wirtschaftlicher Zwänge interpretiert wird, hat eine mindestens fünfzehnjährige Geschichte, deren Protagonisten sehr wohl als treibende und nicht nur sich-treiben-lassende Kräfte zu sehen sind. Das Übersetzungswesen erscheint dabei als eine der Facetten im größeren Rahmen einer gesellschaftlichen Fehlentwicklung. Ich kann sie hier nicht ausführlich analysieren, möchte aber auf einen wichtigen Aspekt hinweisen: der Prozess des langsam, aber stetig wachsenden Populismus im Bereich Politik, der heute Oberhand hat, ging Hand in Hand mit dem Verdummungsprozess im Bereich „populärer“ wie auch „hoher“ Kultur. Schritt für Schritt wurde das Niveau des Kulturangebotes einem imaginierten Durchschnittsrezipienten angepasst, dieses Niveau wiederum zunehmend nach unten gesenkt; Kulturrezipienten wurde immer weniger zugetraut, sie wurden immer mehr infantilisiert. Die Verschiebung in Richtung kurz, schnell, unkompliziert war in unterschiedlichen Kultursparten evident: Anspruchsvolle Kultursendungen wurden gestrichen, Texte – auch in „Qualitätszeitungen“ – sind um die Hälfte geschrumpft, die kritische Spitze wurde stumpfer, die Themen wurden immer lieblicher, die Klappentexte der Bücher immer blumiger. Insgesamt veränderte sich die Richtung vom Inhalt weg, hin zum Marketing; von der Substanz weg, hin zur Inszenierung; vom Denkanstoß weg, hin zum Entertainment. Während ich an Wiener Sprachinstituten, die auf Kunden aus dem Bereich Wirtschaft spezialisiert sind, als Englischtrainerin arbeitete, war die Rede nur noch davon, eine Sprache leicht und spielerisch zu erlernen, was ungefähr bedeutete, die Kunden bloß nicht glauben zu lassen, dass eine Verbesserung der Sprachkenntnisse mit Wiederholungsübungen, Ausdauerkraft oder sogar Frustration zu tun haben könnte. Heute wird in diesem Bereich das Blaue vom Himmel versprochen, auch von namhaften Instituten wie *Berlitz*, wo man in zwei Semestern sogar vier Sprachen erlernen könne, selbstverständlich spielerisch und ohne jede Mühe, wie einer Werbung zu entnehmen ist.

Ähnliche Veränderungen waren schon Mitte der neunziger Jahre auch im wissenschaftlichen Bereich spürbar. Dazu ein auf den ersten Blick unsignifikantes Beispiel, das dennoch symptomatisch ist: Im Vorwort der neu bearbeiteten Ausgabe des englischen Wörterbuchs „The New Oxford Dictionary of English" von 1998 wurde erklärt, dass frühere Ausgaben viele möglichen Bedeutungen eines Wortes anführten, dafür aber die Hauptbedeutung unfokussiert und damit unscharf blieben; die neue Ausgabe hingegen führe weniger Bedeutungen eines Wortes an, dafür aber seien die Definitionen präziser und griffiger. Was hier als wissenschaftlicher Fortschritt präsentiert wird, ist in Wahrheit die Anpassung an einen projizierten Durchschnittsleser und seine vermeintlichen Fähigkeiten.

Zur Popularisierung und Kommerzialisierung der Kultur kam seit der zweiten Hälfte der neunziger Jahre verstärkt ein verwandter Faktor dazu – die Streichung von öffentlichen Geldern für Kultur und Bildung, die sich der Staat im bisherigen Umfang vermeintlich nicht mehr leisten konnte. Die Verantwortlichkeit wurde von der öffentlichen Hand auf den privatwirtschaftlichen Bereich verschoben – Stichwort Sponsoring und Drittmittelbeschaffung –, die Arbeitsverhältnisse für Geisteswissenschaftler, die zunehmend atypische Beschäftigungsmodelle im Kauf nehmen mussten, erheblich verschlechtert. Auf diese Weise wurden Kultur und Bildung noch stärker mit dem Markt gekoppelt, so sehr, dass wirtschaftliche Parameter wie Anwendungs-, Zweck- und Ergebnisorientiertheit zu Parametern wissenschaftlicher und kultureller Kompetenz geworden sind.

Ist es angesichts dieser Entwicklung nicht erfreulich, dass wir uns gerade im Jahr der Geisteswissenschaften befinden, damit auch im Jahr der Übersetzer und Übersetzerinnen? Wenn wir bedenken, dass die Geisteswissenschaften erstes Opfer der Sparmaßnahmen an den Universitäten waren und dies zur Schließung zahlreicher Institute oder zum Abbau ihres Personals geführt hat (in Deutschland wurde die Hälfte aller Slawistikinstitute geschlossen), dass dies mit dem mangelnden praktischen Wert und fraglichen Nutzen für das Gemeinwesen gerechtfertigt wurde, dass dies im öffentlichen Diskurs eine negative Wertstellung der Geisteswissenschaftler als realitätsferne Vergeuder staatlicher Gelder begünstigt hat – ist das laufende „Jahr der Geisteswissenschaften" tatsächlich ein erfreuliches Ereignis. Sollten Sie heute zum ersten Mal davon erfahren, ist das kein Grund zur Verwunderung: obwohl dieses Jahr in Deutschland von höchster offizieller Stelle ausgerufen wurde, war in der deutschen wie auch der österreichischen Öffentlichkeit kaum etwas von dieser Würdigung zu spüren. Jedenfalls steht fest, dass das Jahr der Geisteswissenschaften kein Anlass war, sich mit der Entgeisterung der Geisteswissenschaften auseinander zu setzen, geschweige denn Schritte für eine strukturelle Veränderung in die Wege zu leiten. Viele sind womöglich sogar stolz darauf, dass wir in Zukunft weniger Übersetzer, dafür aber mehr Mathematiker, Techniker und Naturwissenschaftler haben werden; laut der letzten EU-Studie über die Entwicklung im Bildungswesen gebe es in Österreich seit 2000 ein Plus von 13,7 Prozent bei Studierenden im technischen und naturwissenschaftlichen Bereich, wobei die EU-Vorgabe sei, dass dieser Prozentsatz bis 2010 auf 15 Prozent steige. Im Namen der „Wettbewerbsfähigkeit" Europas wird es in Zukunft immer weniger Geisteswissenschaftler geben, und es wird immer seltener darauf verwiesen, wie es um die Verdienste der Geisteswissenschaften für die Menschen steht: dass sie sich mit den ewigen Fragen der Menschheit nach einem sinnvollen Leben beschäftigen, dass sie dem menschlichen Bedürfnis entsprechen, sich selbst und die Welt als Ganzheit zu verstehen, dass sie das ethische Potenzial des Menschen entwickeln, das kritische und selbständige Denken fördern, den Sinn für das Schöne kultivieren, für die Bedeutung der Liebe öffnen. Eine richtige Blütezeit erwartet lediglich das Arabistikstudium – wohlgemerkt gilt diese Anerkennung nicht den Geisteswissenschaften, sondern dem politisch Nützlichen. Ich erinnere daran, dass es ausgerechnet dieses Studium war, das der ehemalige Finanzminister Karl-Heinz Grasser – vor dem 11. September – am liebsten als Müll der Geschichte entsorgt hätte. Diese Episode mag uns als Gleichnis dienen, wie behutsam man sein muss, wenn man Nützlichkeit oder Nutzlosigkeit von Wissen beurteilt, denn es ist einfach nicht voraussehbar, in welcher Situation welches Wissen wem von Nutzen sein kann.

Wenden wir uns jetzt näher unserem Übersetzer und unserer Übersetzerin zu. Schauen wir uns einmal die Frage nach der Kosten-Nutzen-Rechnung aus ihrer Perspektive an: Was kostet eine Übersetzung den Übersetzer oder die Übersetzerin, was bzw. wie viel bringt sie ihnen? Die Übersetzungsarbeit kostet unverhältnismäßig viel Zeit und Energie in Relation zu ihrer Honorierung. Es gibt eine Minderheit in hochspezialisierten Bereichen wie Medizin oder Technik, die finanziell vielleicht relativ gut abschneidet, für die Mehrheit aber zahlt sich die Übersetzungsarbeit nicht aus. Einige Zahlen: Burkhart Kroeber, deutscher Übersetzer von Umberto Eco und Italo Calvino, behauptet, dass „sogar Besserverdiener wie er im Durchschnitt lediglich auf ein Nettoeinkommen von rund 1000

Euro pro Monat kämen".[1] Übersetzer für das Theater gelten in Deutschland als Urheber und verdienen folglich etwas besser. Sie können mit einem Fixbetrag zwischen 500 Euro und 1.000 Euro pro Stück als Vorschuss rechnen, aber auch mit Tantiemen, die zwischen 0,88 Euro und 1,8 Euro pro verkaufte Theaterkarte ausmachen und gegen den Vorschuss verrechnet werden.[2] Dieser auf den ersten Blick materiell bessere Status relativiert sich, wenn man bedenkt, dass die meisten der neu übersetzten Stücke nur kurz gespielt werden und nur einige Theater gut besucht sind. Als deutsche Literaturübersetzer vorigen Winter auf Konfrontationskurs mit Verlegern gingen, um Urheberrechte wie ihre Kollegen im Bereich Theater zu erwirken, stießen sie bei den Verlegern auf zähen Widerstand und wurden in manchen Medien wegen überhöhter Ansprüche kritisiert. Urheberrechte wurden ihnen jedenfalls nicht zugesprochen.

Der zeitliche Aufwand der Übersetzungsarbeit – das ist nicht nur die Suche nach einem noch treffenderen Wort, das ist auch Recherchieren, Konsultieren, wiederholtes Überprüfen von Klang und Melodie, Bereinigung von Fehlern und Versehen. Vor allem aber bedeutet es zeitlichen Aufwand, dass sich ein Übersetzer – in der Sprache der Wirtschaft ausgedrückt – in einem „kontinuierlichen Verbesserungsprozess" befindet. Sprache ist eine dynamische Kategorie, also muss der Übersetzer für die Entwicklung der zeitgenössischen Sprache offen sein, muss Änderungen in Jargon und Terminologie in unterschiedlichsten Bereichen verfolgen, von der Literatur über die Wirtschaft bis hin zur Politik, er soll dementsprechend viel lesen, aber auch ein offenes Ohr für die Umgangssprache haben – und dies alles in mindestens zwei Sprachen. Da ÜbersetzerInnen meistens auf Werkvertragsbasis für verschiedene Verlage arbeiten, können sie die Kosten, die für eine Fortbildung notwendig sind, z.B. für den Besuch eines Symposiums, nur dann ersetzt bekommen, wenn sie zu einer derartigen Veranstaltung eingeladen sind. Es ist mittlerweile allerdings die Regel, dass auch den Übersetzern, die für eine Institution arbeiten, kein Budget für Fortbildung zur Verfügung gestellt wird – z.B. am Institut für Slawistik der Universität Wien – und Sprachwissenschaftler ihren „kontinuierlichen Verbesserungsprozess" allein finanzieren oder Drittmittelbeschaffer werden müssen.

Die ÜbersetzerInnen brauchen auch Zeit für ihre Erholung. Diese Zeit verbrauchen sie aber mit Geldbeschaffen, so dass die Erholung auf später verschoben wird; diese Zeit wiederum kommt nie, weil die aufgetriebenen Mittel immer zu wenig sind und kaum für die Übersetzungsarbeit selbst reichen. Falls eine Übersetzerin gerade ihrer Liebe zur Philosophie nachgeht bzw. ein Buch aus diesem Bereich übersetzt, dann braucht sie einen oder auch zwei weitere „Jobs", um überleben zu können. Da Übersetzer für diese notwendige finanzielle „Ergänzung" nicht mehr mit einer Teilzeitstelle als Lektor in einem Verlag rechnen können, weil diese Stellen abgebaut wurden, nicht mehr mit einer Teilzeitstelle als Forscher an einem Institut, weil sowohl Stellen wie auch Institute gestrichen wurden, ist die Bedeutung von Übersetzerstipendien umso größer geworden. Stipendien sind heute aber auch schmäler, an immer neue Voraussetzungen und Forderungen gekoppelt. Hier als Beispiel das Übersetzerstipendium der Stadt Wien: Es ist für Literaturübersetzungen aus einer fremden Sprache ins Deutsche vorgesehen; Zielgruppe sind renommierte Übersetzer, da eine „durch publizierte Übersetzungen nachzuweisende erfolgreiche Übersetzungstätigkeit"[3] vorausgesetzt wird. Was bekommt konkret unser würdiger Übersetzer von der Stadt Wien? Zwischen 370 Euro und 1800 Euro jährlich – ja, Sie haben richtig gehört: bis 1800 Euro jährlich, nicht monatlich – wobei die Gesamtförderungssumme 7300 Euro beträgt, und damit wahrscheinlich ca. 8 ÜbersetzerInnen in ihren Genuss kommen können. Diese Summe soll laut dem Förderer „die Übersetzenden in die Lage versetzen, ohne materiellen Druck an einer Übersetzung zu arbeiten".[4] Im Vergleich mit dieser Behauptung scheint das österreichische Arbeitsmarktservice Übersetzenden gegenüber wesentlich ehrlicher zu sein. In seiner Broschüre über Jobchancen nach dem Studium einer Sprache findet man einen Teil über „Atypische Beschäftigung und Prekarität", in dem festgestellt wird, dass „insbesondere der Einstieg in den Beruf von sog. atypischen Beschäftigungsverhältnissen geprägt" ist und dass die Nachteile solcher Beschäftigung „große Arbeitszeit- und Einkommensschwankungen" sowie „tendenziell (bei Vergleich des Stundenlohns) geringeres Einkommen als bei Normalarbeitsverhältnissen"[5] sind.

Der Druck, immer schneller zu arbeiten, ist größer geworden. Könnten Computerprogramme übersetzen, würden viele am liebsten den Kostenfaktor „ÜbersetzerInnen" aus den Gesamtkosten streichen. Das ist nicht möglich, also versucht man aus ÜbersetzerInnen Computer zu machen – weil ein Buch bis zur Buchmesse stehen soll, weil man vor der Konkurrenz einen neuen Titel herausbringen möchte, weil ein Unternehmen im letzten Moment doch Unterlagen in der Muttersprache des Kunden haben will: Nacht- und Wochenendarbeit sind selbstverständlich geworden, werden aber ebenso selbstverständlich als Normalarbeitszeiten honoriert. „Wenn man wie ich früh morgens anfängt und oft erst um Mitternacht aufhört, dann kommt schon einiges an Geld zusammen – aber es läuft unter Selbstausbeutung", sagt Übersetzer Manfred Allié in einem Interview.[6] Die verlangte „Flexibilität" führt zu der Angst, aus dem Kreis stetig engagierter Übersetzer herauszufallen. Also wird kaum ein Angebot zurückgewiesen, was in der Praxis zur Folge hat, dass ein Übersetzer entweder zu viel oder zu wenig Arbeit hat. Persönliche Präferenzen nach einem bestimmten Autor oder Thema müssen unterdrückt werden zugunsten dessen, was gerade am Markt am meisten honoriert wird. Laut Michael Raab, der Theaterstücke übersetzt, sind die begehrtesten Theaterautoren Tschechow, Ibsen und Strindberg: „Diese Übersetzungen erzielen nicht nur lange Laufzeiten einzelner Produktionen, sondern halten sich auch viele Jahre im Repertoire, bevor ihr Haltbarkeitsdatum überschritten ist."[7]

Im Schraubstock zwischen zeitlichem Aufwand und Honorierung ihrer Arbeit eingespannt, sind die Übersetzer gezwungen, Kompromisse hinsichtlich der Qualität ihrer Arbeit zu machen. Sie müssen liefern, ob sie nun mit dem Übersetzten zufrieden sind oder nicht. Die für eine gute Übersetzung unerlässlichen Pausen – z.B. für das Liegenlassen des Übersetzten und das erneute Lesen – müssen gestrichen werden. Der Ausstieg aus der Maschinerie, in der sich die Übersetzer befinden, ist nicht einmal für kurze Zeit möglich; der Kopf arbeitet wie ein Druckkochtopf, in dem sich die Sorgen um die unbezahlte Miete oder das Akquirieren eines neuen Kunden mit der Frage, was wohl Gottfried Benn mit dem Wort „Karioleis" gemeint hat, ständig mischen.

Die Ökonomisierung der Übersetzungsarbeit zieht die Korrosion der Arbeitsethik und die Entgeisterung dieses Berufes nach sich. Wie die Übersetzerin aus dem Tschechischen Kristina Kallert feststellt, wurden einmal Geisteswissenschaftler gelehrt, dass eine gelungene geistige Arbeit fünfzig Prozent Wissen, Können, Intelligenz und fünfzig Prozent Ethik ausmacht. Viele ÜbersetzerInnen, die diese Einstellung verinnerlicht haben, arbeiten trotz des kälteren Klimas, das nun auf ihrem Terrain herrscht, weiterhin mit Herz und Leidenschaft – und gegen ihre eigenen ökonomischen Interessen. Und die kommende Generation der ÜbersetzerInnen? Von wem lässt sie sich inspirieren? Überall herrscht der Reformgeist des Bologna-Prozesses, der dazu ansporn, sich so früh wie möglich mit einer Hochspezialisierung an den Marktbedürfnissen zu orientieren, statt so tief wie möglich ein solides Fundament der allgemeinen Sprache zu bauen, Kultur und Geschichte der jeweiligen Fremdsprache zu erforschen. Wir werden noch Doktoratsstudien für die Immobiliensprache oder juristische Fragen der Gentechnologie erleben.

Wie deplaziert muss es sich bei einer solchen Gesinnung anhören, wenn man auf die kulturelle Bedeutung der Übersetzungen verweist, auf Übersetzer als Kulturvermittler, Entdecker und Repräsentanten neuer Autoren, Vermittler literarischer Strömungen. Es gibt unzählige historische Beispiele für den fruchtbaren kulturellen Austausch, zu dem es ohne Einfluss der Übersetzer nicht gekommen wäre. Aber allein die Tatsache, dass man mit diesen Beispielen die Würde der Übersetzungsarbeit verteidigen muss, zeugt davon, wie sehr wir das Nützliche mit dem Profitablen verbinden und wie wenig Wert wir auf den „nutzlosen" Nutzen legen. Dass Kulturaustausch wichtig ist, damit implizit auch Übersetzungsarbeit, ist im öffentlichen Diskurs allerdings präsent, ebenso aber dass Übersetzungsarbeit Ware ist und als solche behandelt gehört. Diese beiden Betrachtungsweisen sind wie zwei im Bewusstsein nebeneinander befindliche Schubladen, die scheinbar nie in Konflikt kommen: Schublade 1 für Festreden, Schublade 2 für den Alltag.

Wem „Wettbewerbsfähigkeit" der Leitstern des Lebens ist, arbeitet tüchtig daran – mit Robert Musil gesagt –, dass die Menschheit immer durchschnittlicher wird. Wenn heute alle schnell, zielgerichtet und marktorientiert gebildet werden, befinden wir uns morgen in einer Gesellschaft von Dilettanten. Dann wird sich die Wirtschaft fragen, wo die Kultur geblieben ist. Ob sie dann vielleicht zu den selten gewordenen guten Übersetzungen selten gewordener guter Bücher greift, um Antworten zu suchen?

Postskriptum: Mein jüngster Versuch, die Übersetzung zweier Bücher aus dem Deutschen ins Serbische zu vermitteln, ist – wie es im Moment aussieht – gescheitert. Es handelt sich um zwei renommierte Autoren – Robert Menasse und Konrad Paul Liessmann – und zwei theoretische Bücher von großer kulturpolitischer Bedeutung. Zwei exzellente serbische Übersetzer haben sich für diese Bücher begeistern lassen und einen entsprechenden Verlag für die Veröffentlichung gewonnen. Das Ansuchen um ein deutsches Übersetzungsstipendium seitens eines der Übersetzer wurde ohne Begründung abgelehnt. Den österreichischen Autoren ist auch nicht gelungen, einen Förderer für dieses Projekt zu gewinnen. Zynisch ausgedrückt, erspare ich mir somit die Zeit, die ich für die Promotion dieser Bücher in Belgrad, für das Dolmetschen bei den Pressekonferenzen, für die Interviews mit den Autoren und für das Rezensieren der Bücher gerne aufgewendet hätte, wohl wissend, dass die Kosten-Nutzen-Rechnung nicht gestimmt hätte.

Anmerkungen

1 Karin Cerny: „Die Schattenschreiber". In: Profil N° 15, 2007, S. 120.
2 Michael Raab: „Die U-Bahn war bumsvoll". In: Theater Heute, N° 2, 2006, S. 22.
3 In: Webseite der Stadt Wien.
4 Ibid.
5 Arbeitsmarktservice Österreich: „Jobchancen nach dem Studium – Sprachen". Broschüre 2007/2008, S. 41.
6 Karin Cerny, Profil N° 15, 2007.
7 Theater Heute, N° 2, 2006.

Volker Viechtbauer

Wie übersetzt man „verleiht Flügel"?

Zu Beginn ganz kurz zur Geschichte von Red Bull: Gründung durch Herrn Mateschitz 1987. Nach drei Jahren Produktentwicklung erfolgte die Markteinführung in Österreich, weil in Deutschland die Zulassung nicht erteilt worden war. 1992 bis 1996 – das ist auch die Zeit, als ich zu Red Bull gekommen bin – Expansion in Europa und seit etwa 1997 weltweite Expansion. Red Bull hat letztes Jahr über drei Milliarden Dosen verkauft. Seit mehr als 15 Jahren haben wir zweistellige Umsatzsteigerungen pro Jahr, wir haben Tochtergesellschaften in 34 Ländern und mehr als 4000 Mitarbeiter.

Ich komme zum Thema „Übersetzungen" und Red Bull. Es wird Sie vielleicht überraschen, aber der Erfolg von Red Bull gründet sich zum Teil darauf, dass nicht übersetzt wird. Und das war bewusst so von Anfang an von Herrn Mateschitz gewählt: Red Bull ist ein englischer Name, wird überall verstanden, und auch deshalb wird das Produkt in aller Welt als generisches Produkt für Energydrinks angesehen und nicht als österreichisches Produkt.

Der Erfolg von Red Bull liegt einerseits im Produkt selbst. Es ist ein funktionales Getränk, eines der ersten funktionalen Getränke überhaupt, und anderseits auch im globalen Marketingansatz, der mit möglichst wenigen Übersetzungen auskommt. Und wir haben auch weltweit identische Rezepturen.

Das heißt, „Red Bull" bedarf keiner Übersetzung. Ich könnte hier meinen Vortrag beenden. Sie sind aber noch nicht erlöst. Denn es gibt auch bei Red Bull Übersetzungsprobleme, und ich habe versucht, diese für das Symposium aufzuarbeiten.

Was wird übersetzt bei Red Bull? Wir haben ein kleines hermeneutisches Problem gehabt bei der Übersetzung von „verleiht Flügel". Die Übersetzung war lange ein Problem für uns. Denn „verleiht Flügel" ist ein derart schöner Allegorismus für das, wofür das Produkt steht, dass es für uns sehr schwer war, es ins Englische oder andere Fremdsprachen zu übersetzen. Die Übersetzungen sind und waren eher ein Kompromiss.

Goethe hat schon gesagt: „Man wird mit den eigenen Dichtungen nicht fertig, mit den Übersetzungen nie." Ich bin, wie Sie wissen, Jurist. Ein Jurist, den ich sehr schätze, Herr Walther Kastner, hat in seinen Memoiren geschrieben:

> „...es [gibt] nur hilfsweise Skizzen, welche die augenblickliche Einsicht in das fremdsprachliche Werk wiedergeben. Die unendliche

> Wandelbarkeit und die unerschöpfliche Tiefe des Originals lässt sich auf die Übersetzung nicht übertragen."

Lichtenberg, auch jemand, den ich sehr schätze, sagt:

> „Ist es nicht sonderbar, dass eine wörtliche Übersetzung fast immer eine schlechte ist? Und doch lässt sich alles gut übersetzen. Man sieht hieraus, wie viel es sagen will, eine Sprache ganz verstehen; es heißt, das Volk ganz kennen, das sie spricht."

Und wenn wir Lichtenberg kennen, dann wissen wir: er war halb Engländer, hat dort gelebt, und er hat natürlich keine wörtlichen Übersetzungen gemeint, sondern sinngemäße.

Und noch Hieronymus:

> „[...] es ist schwer zu erreichen, dass ein gelungener Ausdruck in einer anderen Sprache dieselbe Angemessenheit in der Übersetzung beibehält. Da ist etwas durch die besondere Bedeutung eines einzigen Wortes bezeichnet: in meiner Sprache habe ich aber keines, womit ich es ausdrücken könnte, und während ich den Sinn zu treffen suche, muss ich einen langen Umweg machen und lege kaum ein kurzes Wegstück zurück."

Und das war genau unser Dilemma bei der Übersetzung von „Verleiht Flügel": Wir haben kein klassisches Übersetzungsproblem gehabt, sondern wir haben eines mit der Konnotation gehabt. „Verleiht Flügel" – verleihen, im Deutschen, das kommt noch aus der Monarchie, man bekommt einen Orden verliehen, und dieser Orden hat eine Bedeutung. Flügel verleihen – da schwingt etwas Erhabenes mit. Im Englischen schwingt das nicht mit, und wir haben einen Kompromiss machen müssen. Die Transkription können Sie vergessen, das hat nicht funktioniert. „Lend you wings" oder „Wings lend"; „Makes you fly" ist ganz was anderes, das klingt nach Drogen – ich schieß' mir eine Tablette Ecstasy ein, und dann kann ich fliegen. Auch das wollten wir nicht, haben wir nicht gemeint.

„Gives you wings" war ein Kompromiss. Aber auch das ist ein einschlagender Erfolg gewesen, nur leider schwingt nicht das mit, was wir im Deutschen haben.

„Belebt Geist und Körper" wird auch übersetzt, aber da haben wir eher klassische Übersetzungsprobleme mit der Transkription; sagt man jetzt „vitalizes", „revitalizes" oder „refreshes body and mind"? Und diese Dinge müssen wir übersetzen, haben wir auch übersetzt in über 90 Sprachen.

Was wir auch übersetzen, ist unsere Dosenkennzeichnung, in jedem Land eine eigene Dose, die in der Landessprache gemacht wird, weil uns das Produkt sehr wichtig ist. Wir sehen es als Luxusprodukt und nicht wie ein normales Lebensmittel, das dann fünf oder sechs Sprachen auf einer Dose oder auf einem Produkt hat.

Nun zu den Cartoons. Da möchte ich Ihnen auch noch ein paar Dinge zeigen, auch was die Übersetzungen anbelangt. Weil auch bei den Cartoons haben wir natürlich Konnotationsprobleme. Wie erklären Sie einem Japaner, was Rapunzel ist oder der Froschkönig? Es geht nicht. Ich habe Max und Moritz für Sie als Cartoon mitgebracht, auch den gibt es nur auf Deutsch: „Max und Moritz auf der Flucht trifft sie Müllermeisters Wucht. Als sie auf dem Boden lagen, ging es ihnen an den Kragen: schnell stopft er das Lumpenpack in den festen Jutesack. Doch die beiden aus der Hose die zaubern hurtig eine Dose – ein Red Bull für jeden einen. Und schon öffnen sie die Leinen. Von dem Elixier beflügelt, haben sie was ausgeklügelt. Max und Moritz, gar nicht dumm, fliegen um den Meister rum. Als er dann nach oben guckt, ihn die Mehlmaschine schluckt. Die Moral von der Geschicht': Flügel hat man oder nicht." Es ist so genial, wir haben es nicht übersetzt. Es würde auch keiner verstehen in Japan oder in Amerika. Sie können es sich aussuchen, wer ist für Froschkönig in Deutsch und Englisch, und wer ist für Rapunzel in Deutsch und Englisch, und wer ist für die Mafia. Mafia auf Deutsch?

Pronto.
He, Patrone, hier Luigi. Wir sind an die Hafen, Dock 13.
Und ist Capellari endlich bei die Fische?
Nicht wirklich, haben kleines Problem.
Ist der Zement an den Füßen noch nicht trocken?
Zement ist trocken, aber der Kerl geht nicht unter.
Was, wie das?
Hatte letzte Wunsch, wollte habe Red Bull.
Idiot!
Red Bull verleiht Flügel.

Jetzt das ganze auf Englisch:

Talk to me.
Hello, this is Joey. We are at the harbor, you know dock number 13.
And is Bruno asleep with the fishes or what?
Not really. We had a little situation down here.
What's the matter? The ciment at his feet is not dry yet?
Ciment is dry but he won't stay down.
What are you talking about?
His last wish, he wanted a Red Bull.
You are idiot!
Red Bull gives you wings!

Und dann haben wir noch juristisch-administrative Übersetzungen; das betrifft meine Abteilung. Ich habe dann meine Assistentin gebeten: „Geh schau einmal, was haben wir Übersetzungskosten?" Da haben wir 150.000 Euro Übersetzungskosten gehabt im Jahr, das ist eigentlich enorm. Nur in meiner Abteilung, nur in der Rechtsabteilung, das was wir da tagtäglich übersetzen, wenn da Gesellschafterbeschlüsse reinkommen. Ansonsten, wie gesagt, versuchen wir so wenig wie möglich zu übersetzen; deshalb ist auch die Konzernsprache Englisch.

Kapitel 5
Special lecture

Georges Lüdi

Sprachenlandschaft in der Schweiz

1. Der demolinguistische Hintergrund

Zusammen mit Deutschland, Österreich, Liechtenstein, Luxemburg und Belgien gehört die Schweiz zu den *deutschsprachigen Ländern*, d.h. Staaten, welche Deutsch als offizielle Sprache kennen. Mit 63,7% der Bevölkerung ist es deutlich die Mehrheitssprache. Aufgrund des sprachlichen Territorialprinzips verzeichnen aber auch Französisch, Italienisch und Rätoromanisch in ihren respektiven Sprachgebieten klare Mehrheiten. Das Sprachengesetz vom 5. Oktober 2007 verlangt im Übrigen von Bund und Kantonen, „das Rätoromanische und das Italienische als Landessprachen zu erhalten" – es wird davon ausgegangen, dass Deutsch und Französisch keinen besonderen Schutz brauchen – und „der herkömmlichen sprachlichen Zusammensetzung der Gebiete" Rechnung zu tragen.

	1950	1960	1970	1980	1990	2000
Deutsch	72,1	69,4	64,9	65,0	63,6	63,7
Französisch	20,3	18,9	18,1	18,4	19,2	20,4
Italienisch	5,9	9,5	11,9	9,8	7,6	6,5
Rätoromanisch	1,0	0,9	0,8	0,8	0,6	0,5
Nichtlandessprachen	0,7	1,4	4,3	6,0	8,9	9,0

Hauptsprachen, Entwicklung 1950–2000
Quelle: BFS, Eidg. Volkszählungen (vgl. Lüdi/Werlen et al. 2005)

Dass die Schweiz, wie die meisten mittel- und westeuropäischen Staaten, zu einem Einwanderungsland geworden ist, kann an der Zunahme der Nichtlandessprachen von 0,7% im Jahre 1950 auf 9,0% im Jahre 2000 abgelesen werden. Namentlich in den größeren Städten ist die Präsenz anderer Sprachen wie Türkisch, Serbisch und Kroatisch, Albanisch, Portugiesisch etc. auch optisch im Straßenbild sichtbar (zum Beispiel der semiotischen Sprachlandschaft Basel wie im Plakat einer Basler Partei; siehe Lüdi, im Druck).

Freilich droht der Schweiz von Seiten der Immigrationssprachen keine weitere „sprachliche Überfremdung". Zwischen 1990 und 2000 hat der Anteil der ausländischen Wohnbevölkerung, der eine Nichtlandessprache als Hauptsprache abgibt, von 43,3% auf 37,7% deutlich abgenommen;

angestiegen ist demgegenüber der Anteil der deutschsprachigen und der französischsprachigen Ausländerinnen und Ausländer (von 19,6% auf 29,4% bzw. von 13,3% auf 18,0%). Dies ist einerseits darauf zurückzuführen, dass, nicht zuletzt dank der Personenfreizügigkeit mit der Europäischen Union, die gleichsprachige Immigration zugenommen hat (z.B. Deutsche in der Deutschschweiz). Andererseits haben die Maßnahmen zur sprachlichen Integration der Fremdsprachigen offensichtlich gegriffen. Die in der Schweiz geborene ausländische Wohnbevölkerung gibt deutlich häufiger die Ortssprache als Hauptsprache an:

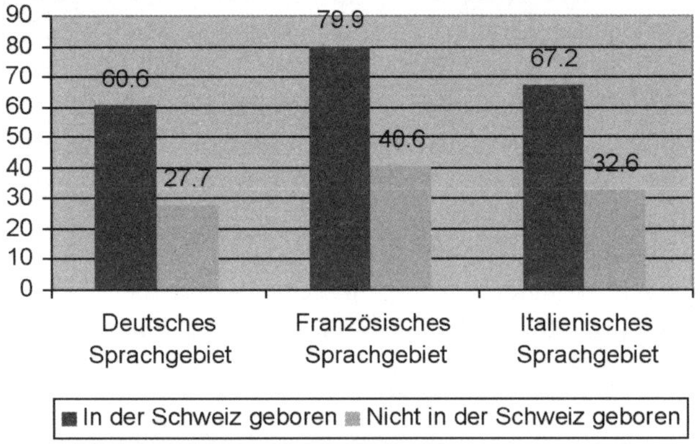

Abbildung 1: Ortssprache als Hauptsprache der ausländischen Wohnbevölkerung nach Geburtsort, 2000
Quelle: BFS, Eidg. Volkszählung 2000

Ein wichtiger Integrationsfaktor ist die Schule, inklusive der Deutschpflicht in Pausenhöfen. In Berlin-Wedding hatten sich Lehrkörper, Eltern und Schüler der Herbert-Hoover-Realschule 2005 auf eine Änderung der Hausordnung dahin verständigt, dass auf dem Schulgelände nur noch Deutsch gesprochen werden darf. Daraufhin wurde bundesweit über das Thema Deutschpflicht an Schulhöfen diskutiert. „Babylonische Pausenhöfe" wurden ein Politikum (Quelle: http://www.br-online.de/wissen-bildung/artikel/0601/27-deutschpflicht/index.xml; letztmals besucht am 2.1.08). Nicht so in der Schweiz. Zwar wird auch in der Region Basel seit Jahren in Jugendtreffs und Schulhöfen dafür gesorgt, dass die Jugendlichen untereinander möglichst viel deutsch sprechen, auch mit Verboten. Zum Beispiel im Jugendhaus Binningen, einer Vorortsgemeinde von Basel: „Seit sieben Jahren verlangen wir von den Jugendlichen, dass sie miteinander schweizerdeutsch reden", sagt Philipp Bollinger, Leiter Abteilung Schule, Bildung und Kultur bei der zuständigen Gemeindebehörde: „Wenn eine Gruppe türkisch spräche, eine zweite albanisch und die dritte schweizerdeutsch, würden sie sich nicht verstehen." Die Jugendhausleiterin Aranzazu Gamo sieht nur Vorteile in der Schweizerdeutsch-

Pflicht: „So ist die Gefahr weniger groß, dass sich Gruppen bilden mit Jugendlichen, die alle die gleiche Muttersprache haben, und sich andere ausgeschlossen oder gar provoziert fühlen.“ Scherereien könnten so vermieden werden. Zudem sei es wichtig, dass die fremdsprachigen Jugendlichen lernten, sich auf Deutsch gut auszudrücken: „Integrieren können sie sich nur, wenn sie die Landessprache beherrschen“, glaubt Aranzazu Gamo aus eigener Erfahrung zu wissen. Das Konzept hat die Binninger Behörden so überzeugt, dass sie jetzt auch auf den Pausenhöfen keine Fremdsprachen mehr hören möchten. „Umgangssprache ist Schweizerdeutsch „, sagt Bollinger. Anders in der Stadt Basel, wo Elsbeth Meier, stellvertretende Abteilungsleiterin Jugendtreffpunkte der Basler Freizeitaktion, nichts von Sprachverboten in den sieben BFA-Jugendtreffs hält. „Jugendliche sollen in ihrer Freizeit so reden dürfen, wie es ihnen wohl ist“, meint sie. Trotzdem achte man darauf, dass viel deutsch gesprochen wird – indem die Treff-Mitarbeitenden dafür sorgen, dass möglichst viele Sprachgruppen vertreten sind und nicht eine Nationalität einen Treff dominiert. „So ist die verbindende Sprache automatisch Deutsch, und auch die Mitarbeitenden sprechen deutsch mit ihnen.“ Freilich hat darüber in der Öffentlichkeit keine Debatte stattgefunden. Auch der Artikel in der *Basler Zeitung* vom 8. Juli 2006, aus dem die Zitate stammen, blieb ohne großes Echo. Die Verwendung von Deutsch in öffentlichen Begegnungsbereich wie auf den Pausenhöfen oder in Jugendtreffs wird von allen Seiten als Teil eines Integrationskonzepts wahrgenommen – und weitgehend akzeptiert. Diese Überzeugung basiert auf den drei Argumenten:

a) die Landessprache ist notwendig, damit sich Schweizer und Migranten, aber auch Migranten unterschiedlicher Nationalitäten untereinander verständigen können;
b) dank einer gemeinsamen Sprache können Ausgrenzungen, Provokationen und Gewalt vermieden werden;
c) die Landessprache wird namentlich im Gebrauch gelernt, und nur wer sie beherrscht, kann sich auch in Schule, Arbeitswelt und Gesellschaft integrieren. So ist es denn in der Deutschschweiz die Dominanz des Deutschen bei den zu Hause (89,5%), an der Arbeit (97,7%) und in der Schule (99,0%) gesprochenen Sprachen – inklusive der ausländischen Wohnbevölkerung! – überwältigend.[1]

2. Die Deutschschweizer Diglossie

Diese Zahlen verdecken freilich einen Teil der Wirklichkeit. Bezeichnenderweise war in der *Basler Zeitung* immer von Schweizerdeutsch, d. h. vom lokalen Dialekt die Rede, welcher von allen gesellschaftlichen Schichten im Alltag als Sprechsprache verwendet wird. Standarddeutsch wird in Schulhöfen und Jugendtreffs kaum verwendet, wohl aber im Klassenzimmer und im schriftlichen Ausdruck. Die Jugendlichen müssen also beide Sprachvarietäten erwerben (die sie häufig als zwei unterschiedliche Sprachen wahrnehmen und/oder im Gebrauch mischen). Dies gilt im Übrigen auch für Deutsche. In Dübendorf, einer Vorortsgemeinde von Zürich, empfahl die vorbereitende Bürgerrechtskommission 2007 den Einbürgerungsantrag einer deutschen Familie wegen mangelnder Sprachkenntnisse der Tochter zur Ablehnung. Obwohl die Oberstufenschülerin hier bereits den Kindergarten gesucht habe, spreche sie kein Schweizerdeutsch ... (Quelle: *20 Minuten* vom 8.11.2007). Die zuständige Behörde bürgerte die Familie dann doch noch ein, doch wirft diese Begebenheit ein Streiflicht auf die Erwartungen der Schweizer Bevölkerung gegenüber Ausländern.

Diese Erwartungen spiegeln sich auch im Sprachgebrauch, wie er in der Eidg. Volkszählung 2000 erfasst wurde. Es überrascht wenig, dass 75,2% aller Einwohner der Deutschschweiz in der Familie einsprachig deutsch sind; bei den Schweizer(inne)n sind dies gar 86,3%. Erstaunlicher ist, dass 82,5% der Schweizer(inne)n ausschließlich Schweizerdeutsch sprechen, während Ausländer(innen) ausgeglichener Deutsch und Schweizerdeutsch verwenden. Bei den Schweizer(inne)n ist der Dialekt mit anderen Worten ganz klar die primäre und zumeist einzige Sprache in der Familie. Bei den Ausländer(inne)n kommt er als sekundäre Sprache in der Familie zusätzlich zu anderen Sprachen hinzu.

	Schweizer		Ausländer		Total	
	absolut	in %	absolut	in %	absolut	in %
ausschliesslich Hochdeutsch	26 823	0.7	65 324	8.1	92 147	1.9
ausschliesslich Schweizerdeutsch	3 306 881	82.5	71 301	8.9	3 378 182	70.2
ausschliesslich Hochdeutsch und Schweizerdeutsch	123 419	3.1	22 494	2.8	145 913	3.0
Deutsch Total	3 457 123	86.3	159 119	19.8	3 616 242	75.2
Grundgesamtheit	4 006 576	100	804 301	100	4 810 877	100

Abbildung 2: Das Diasystem „Deutsch“ als Sprache in der Familie im deutschen Sprachgebiet, 2000 (exklusive Personen ohne Angabe)
Quelle: BFS, Eidg. Volkszählung 2000

Am 3. Januar 2007 hatte die Schweizer Gratiszeitung *20 Minuten* bereits einen Aufsatz publiziert mit dem Titel: „Deutsche haben es schwer in der Schweiz.“ Die Deutschen als schnellstwachsende Ausländergruppe in der Schweiz, so der Tenor, müssten einiges erleiden. Auf der Website der Zeitung waren die Kommentare (*Talkback*) außerordentlich zahlreich. Zwei Tage später hatten sich bereits 94 Leserinnen und Leser zu Worte gemeldet, oft ziemlich direkt, unter Verwendung zahlreicher Stereotypen, zum Verhältnis von Deutschen und Schweizern. Eines der angesprochenen Themen war der Dialekt[2], so etwa in folgenden Beiträgen:

Willkomen in der Schweiz ;-)
Ein Deutscher der im selben Haus wohnt, meinte im Sommer zu mir als ich ‚Grüezi' sagte: „... sprich Hochdeutsch ... Züridеutsch ist keine Sprache!! Was wollen solche Jdioten hier??
von: Andy Stone / am: 03.01.2007, 09:29[3]
Naja
Also ich bin wirklich kein Rassist, aber die Deutschen kann ich auch nicht leiden. Mir gehen die einfach irgendwie auf den Wecker. Und das mit den Arbeitsplätzen stimmt halt auch. Bei uns im Spital arbeiten sehr viele Deutsche. Mundart wird kaum noch verstanden und das finde ich echt tragisch.
von: Müller Daniel / am: 03.01.2007, 09:54
Ich kann die Schweizer verstehen
als Deutscher, der lange in Bern gelebt hat, kann ich die Schweizer bestens verstehen: Viele von uns finden die CH gehört zu D und haben kein Verständnis für den Dialekt, weigern sich den Dialekt verstehen zu wollen und wir stellen lieber Deutsche als Schweizer an. Selbstkritik ist uns fremd.
von: Olaf Petersen / am: 03.01.2007, 14:12

Unterschwellig ist hier ein Zuordnungskonflikt spürbar: für die Deutschen ist Zürichdeutsch keine Sprache, für die Zürcher aber schon. Emotional wird diese Frage an die Nationalität gebunden und mit gegenseitigen Ressentiments verknüpft. Weil die Deutschen lieber deutsch sprechen wollten und die Schweizer dies nicht könnten oder wollten, würden letztere am Arbeitsplatz diskriminiert. Die Frage nach dem Status von Schwyzerdütsch ist offensichtlich längst keine rein sprachwissenschaftliche mehr.

Blenden wir kurz zurück. Historisch verlief „die Entwicklung und Akzeptierung der neuhochdeutschen Schriftsprache (...) in allen deutschen Sprachregionen in vergleichbarer Weise" (Haas 1994, 216); der Prozess war in der Schweiz ebenso wie in den anderen Regionen um 1800 abgeschlossen. Allerdings hat die Schweiz die „Vermündlichung" der Schriftsprache nicht mitvollzogen; „sie hat den Schritt von der Schriftsprache zur Standardsprache nur unvollständig mitgemacht" (op. cit., 218).

„Seit dem spätern 18. Jahrhundert haben ausländische Reisende die Weigerung des ‚Mittelstands', sich jenes Standesmerkmals [sc. des mündlichen Hochdeutschen] zu bedienen, als auffälligen Anachronismus empfunden" (ibid.).

Auch heute noch ist der (Nicht-)Gebrauch des Dialekts kein Standesmerkmal. Damit entspricht die Schweizer Diglossie nicht dem klassischen Modell von Ferguson (1959).[4] Schwyzerdütsch ist sozial unmarkiert und wird zunehmend auch bei sehr offiziellen Gelegenheiten (z.B. in Parlamentssitzungen) und in den Medien verwendet. Kolde (1981) prägte für diesen Zustand den Begriff der „medialen Diglossie". Die grobe Funktionsverteilung sei jene zwischen Schriftlichkeit (Standarddeutsch) und Mündlichkeit (Dialekt). Diese klare Aufteilung wird jedoch zunehmend in Frage gestellt (Werlen 2004). Nicht nur wird, wie wir gleich sehen werden, am Arbeitsplatz zunehmend auch hochdeutsch gesprochen (wegen der Präsenz von Ausländerinnen und Ausländern?); umgekehrt erobert sich der Dialekt auch neue Gebiete der Schriftlichkeit wie Postkarten und private Notizen, Werbung, SMS-Kommunikation (Spycher 2004), Chat-Räume (Siebenhaar o.D.) und andere (für einen Überblick siehe Siebenhaar 1996).

Bei näherem Hinsehen wird die Opposition „mündlich" vs. „schriftlich" immer problematischer. Dies beruht allerdings wahrscheinlich auf einem Missverständnis bzw. auf einer Konfusion zwischen den Produktionsbedingungen unterschiedlicher Sprachäußerungen einerseits, dem – graphischen oder phonischen – Kanal dieser Äußerungen andererseits, wie dies Söll bereits 1974 (^{3}1985) anhand des Französischen gezeigt hatte. Eine überzeugende Darstellung der Beziehungen zwischen den Kommunikationsbedingungen, den Versprachlichungsstrategien und den Kommunikationskanälen haben Peter Koch und Wulf Österreicher (1990) erarbeitet. Schematisch stellten sie dies wie folgt dar:

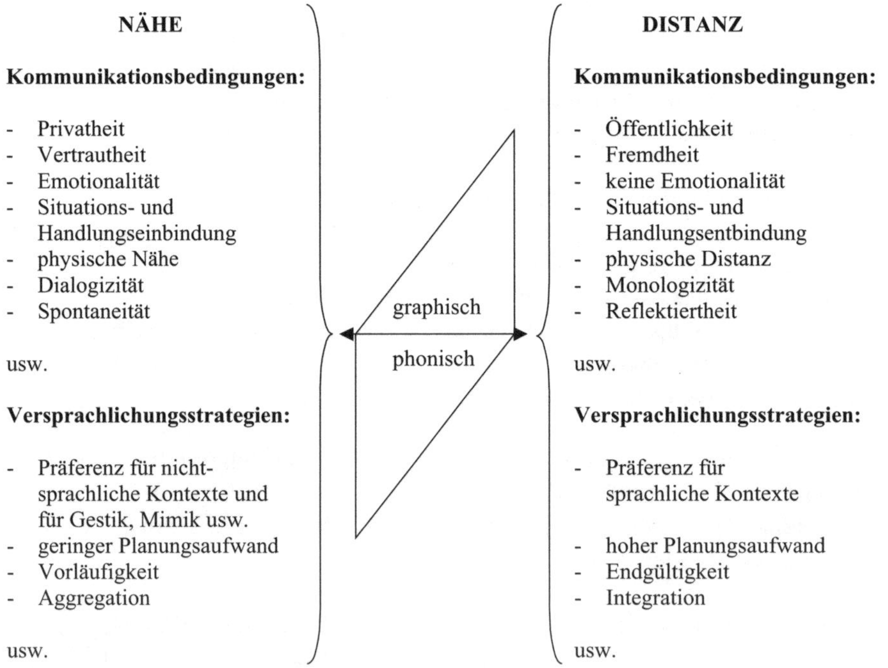

Abbildung 3: Das Nähe-/Distanz-Kontinuum und die konzeptionell-medialen Affinitäten nach Koch/Oesterreicher 1990

Dieses Schema bietet eine überzeugende Alternative zur „medialen Diglossie" oder, besser, erlaubt es, diesen Begriff präziser zu definieren. Demnach wäre Hochdeutsch in der Deutschschweiz die Distanzsprache, unter der Bedingung der „Fremdheit" (mit einer Affinität zur Schriftlichkeit), Schwyzerdütsch aber die Sprache der Nähe, der Vertrautheit etc. Emotionalität hat viel mit Zugehörigkeit zu tun. Tatsächlich hat Schwyzerdütsch auch, aber nicht nur, aus historischen Gründen ein sehr großes Identitätspotenzial, das z.B. von den Medien auch explizit zur Begründung für den Dialektgebrauch in der Werbung sowie bei Radio und Fernsehen angeführt wird – und das sich nicht zuletzt in Stammtischgesprächen äußert.

Seit einigen Jahren erforscht besonders Helen Christen die gesprochene deutsche Standardsprache „in ihrem schweizerischen Alltagsgesicht". Auf ihrer Webpage weist sie darauf hin, dass „anders als in den meisten der bisherigen deskriptiven Untersuchungen zur gesprochenen Standardsprache" in ihrer neuen Studie „authentische, nicht eigens für Forschungszwecke provozierte Sprachdaten untersucht [werden]". Konkret handelt es sich um einen Korpus von Aufzeichnungen des Polizeinotrufs. Auf dem Internet veröffentlichte erste Resultate deuten an, dass sich, wie es bei Zweisprachigen üblich ist, auch bei Dialektophonen neben eindeutig dem Dialekt bzw. der Standardsprache zuzuordnenden Situationen für einen „bilingualen Modus" (Grosjean 2001) geeignete Situationen ergeben. In der Tat würden aus der Perspektive des adressateninduzierten Standardgebrauchs

> „weder alle Polizisten und Polizistinnen mit sprachlich ‚Nicht-Einheimischen' Standardsprache sprechen, noch die einmal gewählte Sprachform in jedem Falle für ein ganzes Gespräch zwingend beibehalten. Allochthone GesprächspartnerInnen sind also zwar eine notwendige, aber nicht eine hinreichende Voraussetzung für einen Wechsel in die Standardsprache" (http://www.germanistik.unibe.ch/SAGG-Zeitschrift/4_07/christen.html).

Es handelt sich um die bei Zweisprachigen übliche „zweisprachige Rede", mit instabiler Sprachenwahl, einer Häufung von Code-switching usw. (vgl. den Überblick in Lüdi/Py 2003 und Lüdi 2005).

Nun ist das Bild von der Deutschschweizer Dialekt-Standard-Situation traditionell dichotomisch konzipiert. Im Gegensatz zu Deutschland, wo ein Kontinuum zwischen mehr dialektalen und mehr standardsprachlichen Äußerungen besteht, wird die Situation in der Schweiz als „Entweder-oder-Diglossie" bezeichnet; danach wären die Sprecher – auch bei Code-switchings – immer in der Lage, eine emische Zuweisung einer Äußerung zu einem der beiden Codes vorzunehmen (Christen 2007). Diese Vorstellung passt nun allerdings nicht mehr so richtig in neuere Konzeptionen von der zweisprachigen Kompetenz als kommunikativer

Ressource, besonders in informellen Kontexten (Lüdi 2004, 2006), in welchen die Akteure sämtliche Möglichkeiten ihres Varietätenraums voll ausnutzen. Und in der Tat beobachtet auch Christen in der exolingualen Situation nicht nur bei Allophonen, sondern auch bei den Schweizern „häufig ein Neben- und Ineinander von dialektalen, standardsprachlichen und xenolektalen Strukturen“ (loc.cit.). Angesichts der statistischen Zunahme des mündlichen Hochdeutschgebrauchs ergeben sich daraus interessante Forschungsperspektiven.

3. Standarddeutsch und Schwyzerdütsch am Arbeitsplatz und in der Schule

Zurück zur demolinguistischen Analyse. In der Arbeitswelt erreicht der Schweizerdeutschgebrauch sehr hohe 98%; Standarddeutsch sprechen immerhin 46,4%. Dies bedeutet freilich auch, dass über die Hälfte aller Erwerbstätigen nur Schwyzerdütsch, aber kein Standarddeutsch sprechen (jeweils allenfalls mit einer weiteren Sprache). Im Gegensatz zum Dialektgebrauch ist nun aber der Hochdeutschgebrauch sozial markiert bzw. diskriminierend. Die Sprecher des Standarddeutschen verteilen sich in der Tat sehr unterschiedlich auf die sozio-professionellen Kategorien.

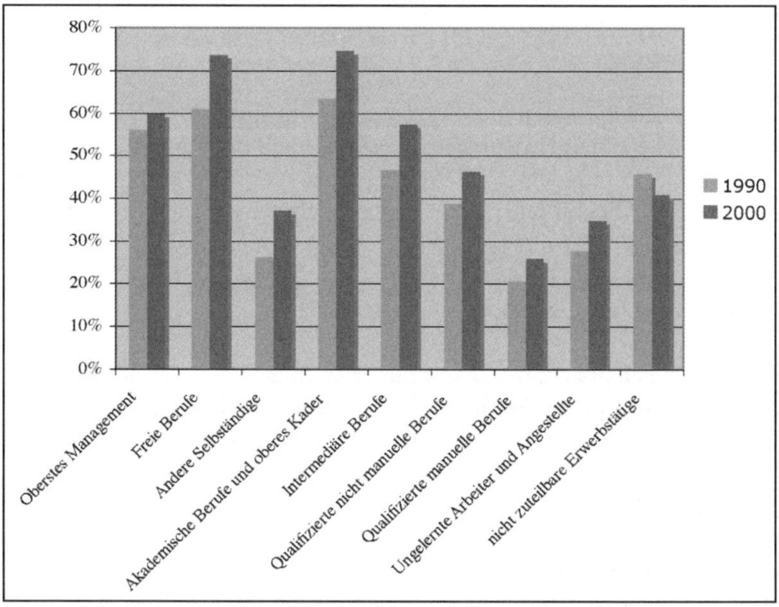

Abbildung 4: Anteil von Hochdeutsch an den bei der Arbeit gesprochenen Sprachen im deutschen Sprachgebiet in Prozent, nach sozio-professioneller Kategorie, 1990 und 2000

Quelle: Eidgenössische Volkszählungen, BFS

N 2000 = 2 397 309; 1990 = 2 278 228; Mehrfachnennungen möglich.

Zwar ist die Tendenz von 1990 zu 2000 generell steigend, verharrt aber namentlich bei den „Anderen Selbständigen" (z.B. Bauern und selbständige Handwerker), den „Ungelernten" (darunter viele Migranten) und den „Qualifizierten manuellen Berufen" (Arbeiter und Angestellte mit Lehrabschluss) bei tiefen 37,1%, 34,8% oder gar 25,9%, während die „Freien Berufe" 73,5% und die „Akademischen Berufe / Oberes Kader" gar 74,5% erreichen.

Mit der Verwendung des Standarddeutschen in der Schule ist es auch nicht hervorragend bestellt. Immer nach der Volkszählung (wobei allerdings die Tatsache zu berücksichtigen ist, dass es oft die Eltern sind, welche den Fragebogen ausfüllen) werden in der obligatorischen Schulzeit folgende Varietäten regelmäßig verwendet:

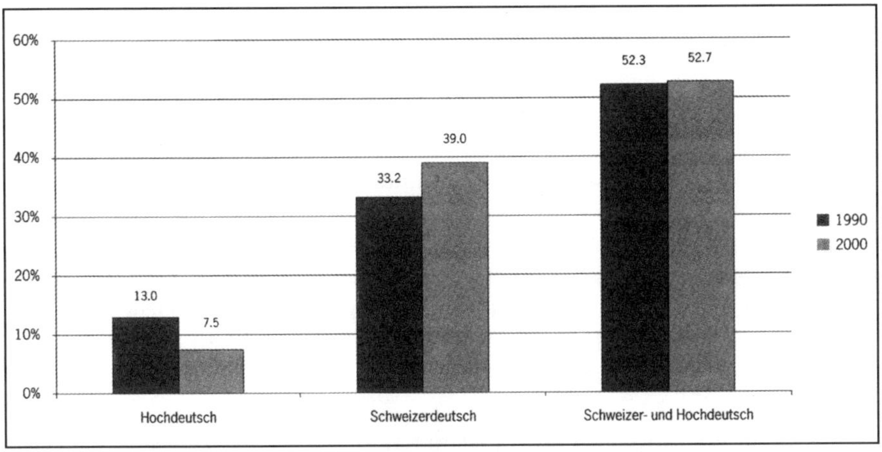

Abbildung 5: Anteil von Hochdeutsch und Schweizerdeutsch als Schulsprachen im deutschen Sprachgebiet für die obligatorische Schule in Prozent, 1990 und 2000
Quelle: Eidgenössische Volkszählungen, BFS
Grundgesamtheit: alle Personen mit der Nennung einer Schulsprache für die obligatorische Schule

Der Vergleich von 1990 und 2000 macht deutlich, dass der Dialektgebrauch in den Schulen stetig zunimmt. Etwas vergröbert kann man sagen: 4 von 10 Schüler(inne)n verwenden in der Schule kein Hochdeutsch, mit großen regionalen Unterschieden. Dies reduziert nach dem oben Gesagten die Chancen der Schulabgängerinnen und Schulabgänger auf dem Arbeitsmarkt.

Es erstaunt deshalb nicht, dass Bildungsverantwortliche – namentlich mit dem Hinweis auf die Chancengleichheit – vermehrte schulische Anstrengungen bei der Vermittlung der Standardvarietät fordern. Deutschkenntnisse seien Schlüsselqualifikationen; PISA 2000 und die Folgeuntersuchungen hätten ergeben, dass für die Sprachförderung aller Schülerinnen und Schüler vermehrte Anstrengungen nötig sind. Die konsequente Verwendung von Hochdeutsch als Unterrichtssprache in allen Fächern ist eine von mehreren sprachfördernden Maßnahmen. Seit dem 24. März 2004 lauten die Empfehlungen der EDK:

- „Die lokale Landessprache (Standardsprache) wird von Schulbeginn an (ab Kindergarten) konsequent gefördert. Die Förderung der Lokalsprache stellt ein wesentliches Ziel der ersten Schuljahre dar und bleibt während der gesamten Dauer der Ausbildung vorrangig.
- In der Deutschschweiz ist aufgrund der Dialektsituation die Förderung der Standardsprache besonders wichtig. Eine unterstützende Mitwirkung der Gesellschaft, insbesondere auch der Medien, ist notwendig." (EDK 2004)

Dazu schreibt Ester Ladner (2005):

> „In der Tat haben Vorschulkinder und Schulanfänger einen besonders leichten Zugang zu Hochdeutsch als selbstverständliche, parallel zum Dialekt verwendete Sprachform (...). Bereits vorhandene Erfahrungen, z.B. im Projekt ‚Hochdeutsch-Kindergarten' in Schlieren, beweisen, dass die Kinder die Lehrperson ohne weiteres verstehen, wenn sie Hochdeutsch spricht, auch wenn sie selbst sich anfangs noch im Dialekt ausdrücken. Sie beginnen nach einiger Zeit von alleine, ebenfalls Hochdeutsch zu sprechen. Bei einer späteren Einführung von Hochdeutsch als Unterrichtssprache erleben die Lehrpersonen einigen Widerstand, weil die Kinder sich umstellen müssen" (Ladner 2005, 3).

Eine breit angelegte Erhebung im Kanton Zürich habe ergeben, dass viele Schülerinnen und Schülern Dialekt und Standardsprache nicht sicher auseinanderhalten können. In einem Bericht der Pädagogischen Hochschule Zürich wird wie folgt zugunsten einer allgemeinen Verwendung der Hochsprache im Unterricht argumentiert:

- Mangelnde Vertrautheit mit mündlichem Hochdeutsch im Alltag führe zu Unsicherheiten.
- Die beste Sprachförderung bestehe in einer regelmäßigen und selbstverständlichen Verwendung von Hochdeutsch im Unterricht, wo es nicht Lerngegenstand, sondern Medium des persönlichen Ausdrucks und der Verständigung sei.
- Die Koppelung des Hochdeutschgebrauchs an bestimmte Fächer, Unterrichtsformen oder Lernsituationen sei problematisch, weil Hochdeutsch dabei einseitig mit Erfahrungen aus diesen Situationen assoziiert und auf eine kopflastige Sprache reduziert wird.
- Damit die Schülerinnen und Schüler eine breite Hochdeutschkompetenz entwickeln könnten, müssten sie im Unterricht der ganzen Vielfalt gesprochener Sprache begegnen. Der Bericht fährt fort:

„Die Kultur des gesprochenen ‚Schulhochdeutsch' ist deshalb gleich im doppelten Sinn problematisch. Erstens lernen die Schülerinnen und Schüler dabei nicht wirklich ein lebendiges gesprochenes Hochdeutsch. Sie erfahren ihre Kompetenzen in echten Gesprächsituationen dann zu Recht als mangelhaft. Und zweitens werden die Schülerinnen und Schüler im Hochdeutscherwerb, der für die Lese- und Schreibpraxis von fundamentaler Bedeutung ist, eher behindert als gefördert" (PHZH 2003, 10).

Inzwischen wurden in den meisten Deutschschweizer Kantonen die Lehrpläne angepasst und die Verwendung von (Hoch-)Deutsch als Unterrichtssprache in die erste Klasse der Primarschule vorverlegt. Einige Kantone gehen weiter und haben in den letzten Jahren Versuche mit Standarddeutsch im Kindergarten durchgeführt. Die Resultate jener Projekte, welche wissenschaftlich begleitet werden, sind ermutigend.

4. Bewegt sich die Schweiz in Richtung einer Triglossie mit Englisch als *High Variety*?

Die heftigsten Diskussionen der letzten Jahre im Bildungsraum Schweiz galten freilich nicht der Frage nach dem Standardgebrauch, sondern jener der Einstiegsfremdsprache. Während die EDK (Erziehungsdirektorenkonferenz, entspricht in etwa der Kultusministerkonferenz in Deutschland) 1975 noch eine zweite Landessprache ab der 5. Klasse der obligatorischen Schule vorsah, sehen die Beschlüsse von 2004 zwar eine Vorverlegung des Fremdsprachenunterrichts auf die 3. Klasse vor, überlassen es aber den Regionen, ob sie mit einer zweiten Landessprache oder mit Englisch beginnen wollen.

Bei den Diskussionen im Parlament zum bereits erwähnten „Bundesgesetz über die Landessprachen und die Verständigung. zwischen den Sprachgemeinschaften" vom 5. Oktober 2007 gab die Frage nach der Reihenfolge der Einführung der Fremdsprachen in der obligatorischen Schule am meisten zu reden. Wie die EDK folgte das Parlament dem Argument, in einem mehrsprachigen Land müsse eine zweite Landessprache aus staatspolitischen Gründen weiterhin zum Repertoire der früh gelernten Sprachen gehören. Richtziele für Kompetenzen in einer zweiten Landessprache und in Englisch am Schluss der obligatorischen Schulzeit werden im Rahmen eines Konkordats zwischen den Kantonen fixiert werden.[5] Entscheidend aber ist, dass diese Vorgaben in unterschiedlicher Reihenfolge angestrebt werden können: darüber, ob Englisch oder eine zweite Landessprache als Einstiegsfremdsprache gewählt wird, sollen sich die Kantone regional einigen können.[6]

Die Regelung, nach welcher alle Kantone gesetzlich verpflichtet sein werden, die Schülerinnen und Schüler mit angemessenen Kenntnissen in

Englisch und einer zweiten Landessprache ins Berufsleben zu entlassen[7], verfolgt explizit, über sprachpolitische Überlegungen hinaus, den Plan, die Sprachausbildung in den Schulen an den Bedürfnissen der Lebenswelt und im besonderen der Arbeitswelt auszurichten.

Bezüglich des Gebrauchs und der Kenntnis von Fremdsprachen steht die Schweiz dabei im gesamteuropäischen Kontext (Vergleich mit den Zahlen der Eurobarometer 2000 in einer noch unveröffentlichten Studie von Iwar Werlen) sehr gut da. Entsprechend vielsprachig ist auch die „semiotische Sprachlandschaft", d.h. die schriftliche Präsenz verschiedener Sprachen im öffentlichen Raum, besonders in den Städten (s. oben; vgl. z.B. Gorter ed. 2006). Wir sind der Frage am Beispiel der Stadt Basel nachgegangen (Lüdi, im Druck). Wie erwartet dominiert die deutsche Sprache klar, nicht nur weil fast alle öffentlichen Bezeichnungen einsprachig auf Deutsch erscheinen, sondern auch weil die meisten kommerziellen und privaten Anzeigen zumindest auch deutsche Elemente enthalten. Als zweithäufigste Sprache nach Deutsch hat Englisch oft eher eine symbolische Funktion und konnotiert Internationalität, z.B. in den Namen von Geschäften (*Voegeli Shoes, Route 66: Music & Dance Club, De Palma: Italian Designer Shoes, Cablecom*), während konkrete Informationen an die Kunden und Angaben über die Verkaufsartikel in den Auslagen auf Deutsch sind (vgl. das Plakat von *Cablecom)*. In anderen Fällen werden, in zwei- oder mehrsprachigen Beschilderungen, jeweils bestimmte Touristengruppen auf Englisch, Französisch oder, selten, auf Italienisch angesprochen, z.B. in den Bahnhöfen. In von zahlreichen Migranten frequentierten Einkaufsstraßen ist Englisch bezeichnenderweise weniger häufig als in der Innenstadt: die Funktion einer *lingua franca* unter und mit Migranten wird eindeutig von Deutsch erfüllt, während sich Ladengeschäfte und Private zuweilen (aber häufiger zweisprachig: Herkunftssprache und Deutsch als einsprachig in der Herkunftssprache) gezielt an bestimmte Immigrantengruppen wenden (für Details vgl. Lüdi, im Druck). Die sich abzeichnende Funktionsverteilung der unterschiedlichen Sprachen im öffentlichen Raum der Stadt weist eher auf Polyglossie denn auf Heteroglossie hin.

Abbildung 6

Im Rahmen der Volkszählungen wurde eine Vollerhebung des Sprachgebrauchs an der Arbeit vorgenommen, die es aufgrund der großen Datenmenge ermöglichte, auf Regionen und auf Berufsgruppen herunterzubrechen sowie die Sprachgebiete miteinander zu vergleichen. Die hauptsächlichsten Resultate waren:

a) Zwischen 1990 und 2000 war im Arbeitsbereich ein deutlicher Zuwachs des Englischen zu verzeichnen (zwischen 3,5 Prozentpunkten auf 8,7% im rätoromanischen Sprachgebiet und 7 Prozentpunkten auf 23,4% im deutschen Sprachgebiet), wohl aufgrund einer Verschiebung der Berufsbilder und -anforderungen und gleichzeitig aufgrund des Einstiegs einer „anglophileren“ Generation. Aber dieser Anstieg erfolgte nicht unbedingt auf Kosten der Landessprachen Deutsch und Französisch, deren Gebrauch stagnierte, sondern manifestierte sich in mehrsprachigeren Repertoires. Das Italienische als Nicht-Ortssprache hatte etwas gelitten, wohl aus demographischen Gründen. Andererseits war das italienische Sprachgebiet insofern am „einsprachigsten“, als hier die Ortssprache die höchsten Werte erzielte (Lüdi/Werlen et al. 2005, 45 und passim).
b) Wichtig erschien die Beobachtung, dass im Jahre 2000 die Sprachgewohnheiten – und, ein Stück weit daraus ableitbar, die Sprachbedürfnisse – nach sozio-professionellen Kategorien und Berufsklassen sehr unterschiedlich waren und dass die Kurven von Englisch und zweiter Landessprache nicht komplementär, sondern weitgehend parallel verliefen, im übrigen auch parallel zum Gebrauch von Hochdeutsch in der deutschsprachigen Schweiz. Für Französisch gab es zusätzlich ein West-Ost-Gefälle bei den Kantonen (welches sich 2006 auf der Ebene der guten Sprachkenntnisse wieder findet, indem bloß knapp 40% in der Ostschweiz gute Französischkenntnisse deklarieren gegenüber beinahe 50% im Westen der deutschen Schweiz).
c) Englisch war 2000 vor allem in den stadtgeprägten Kantonen der deutschsprachigen Schweiz sehr stark, mit Spitzenwerten in Basel-Stadt (35,9%), Zürich (34,2%) und Zug (33,1%). Werte von 9,8% (Uri) bis 11% (AI) in den Bergkantonen und in der Ostschweiz deuteten auf eine geringere Nachfrage hin (und wohl weniger auf geringere Kompetenzen). Mit Ausnahme von Genf (31,7%) wird Englisch in den nicht-deutschsprachigen Kantonen deutlich weniger gesprochen. Die Werte von Neuenburg (12,3%), Tessin (11,2%), Wallis (10,1%) und besonders Jura (5,0%) liegen im Bereich oder sogar unter den Werten der ländlichen Kantone der Deutschschweiz.

Eine Studie der Fachhochschule Nordwestschweiz in Solothurn zu Fremdsprachen in Schweizer Betrieben wies nach, dass der Fremdsprachengebrauch auch stark von der Betriebsgröße abhängt und dass namentlich Betriebe kleiner und mittlerer Größe häufiger auf die anderen Landessprachen zugreifen als auf Englisch (Andres et al. 2005, 35).

	Englisch	Deutsch	Französisch	Italienisch	Spanisch
Kleinstbetriebe (5–9 Mitarbeitende)	35,4%	47,9%	32,7%	17,5%	5,1%
Kleinbetriebe (10–49 Mitarbeitende)	33,1%	56,7%	41,0%	24,4%	7,4%
Mittlere Betriebe (50–249 Mitarbeitende)	53,9%	72,1%	61,5%	35,7%	14,6%
Grosse Betriebe (250 und mehr Mitarbeitende)	70,8%	62,5%	62,5%	45,5%	9,1%

Abbildung 7: Regelmäßige (wöchentlich oder häufiger) mündliche Verwendung von Fremdsprachen für betriebliche Zwecke nach Betriebsgrößen und Sprachen (in Prozent der Betriebe mit jeweiliger Mitarbeitendenzahl)
Quelle: Andres et al. 2005

Wenn man weiß, dass Sprachwertzuschreibungen, z.B. Antworten auf die Frage nach der nützlichsten Fremdsprache, zunächst einen Einfluss auf die privaten und öffentlichen Investitionen ins Fremdsprachenlernen haben und damit, indirekt, mittelfristig auf den Sprachgebrauch, dann werfen allerdings die Antworten bezüglich der Nützlichkeit von Englisch und der Landesprachen in den Regionen sprachpolitisch heikle Fragen auf (Daten aus dem erwähnten Sprachsurvey aus dem NFP 56 von Iwar Werlen):

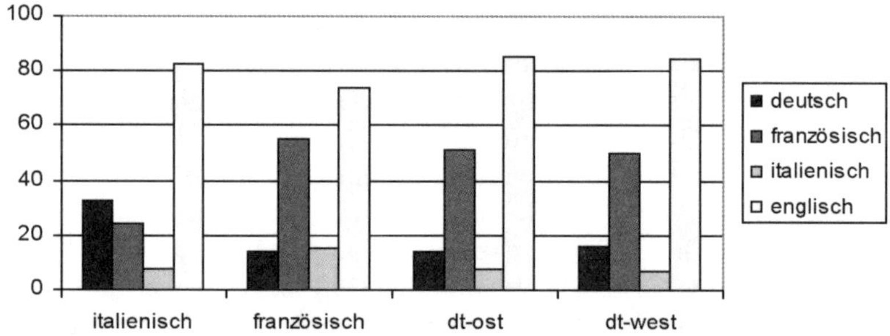

Abbildung 8: Evaluation der Nützlichkeit der einzelnen Sprachen als Fremdsprachen nach Regionen
Quelle: Sprachsurvey Werlen

Interessante Ergebnisse beginnen auch aus dem Basler Modul des europäischen Forschungsprojekts DYLAN anzufallen.[8] Untersucht werden Sprachstrategien („Sprachpolitik") und Sprachgebrauch in verschiedenen Betrieben, welche jeweils international, national oder regional tätig sind. Einen ersten Hinweis auf Strategien der Unternehmen geben die Sprachen, in welchen Job-Anzeigen auf den jeweiligen Webseiten publiziert werden. Hier ein Vergleich zwischen einem Basler Pharmakonzern (Pharma A) und einem schweizerischen Dienstleistungsunternehmen (Dienstleister A):

	Pharma A	Dienstleister A
Deutsch	14	104
Französisch	4	25
Italienisch	0	9
Englisch	185	0

Sprachen, in welchen die Job-Anzeigen auf der eigenen Internetseite ausgeschrieben werden, November 2007
Quelle: Homepage Pharma A und Dienstleister A

Typischerweise werden in den Anzeigen des Dienstleisters A symmetrische Sprachkenntnisse in Deutsch/Französisch bzw. Französisch/Deutsch verlangt, während die erforderlichen Sprachkenntnisse bei Pharma A asymmetrischer sind, wie mein Schüler Nathanael Sirdey (2007) ausgezählt hat:

Verlangte Sprachen	**In %**
Englisch	77
Deutsch	56
Ortssprache (gem. Arbeitsort)	2
Französisch	11
Spanisch	1
Allgemeine Formulierungen	13

Abbildung 9: Sprachen, welche in den Job-Anzeigen von Pharma A explizit verlangt werden, in Prozent, November 2007
Quelle: Sirdey 2007

Während die Verantwortlichen von Pharma A denn auch übereinstimmend Englisch als „corporate language“ bezeichnen (selbst das Servierpersonal in der Kantine muss Englisch können), heißt es auf der Webseite des Dienstleistungsunternehmens:

> „Der Dienstleister A ist ein mehrsprachiges Unternehmen und fördert die Mehrsprachigkeit am Arbeitsplatz. Er führt eine interne Sprachschule, einen internen Sprachdienst und bietet die Möglichkeit, in anderen Sprachregionen zu arbeiten.“

Entsprechend sind Gebäudeanschriften beim Dienstleister A meist in den Landessprachen, der lokalen oder gleich mehreren, während die Gebäude auf dem Fabrikgelände von Pharma A zunehmend ausschließlich auf Englisch beschriftet werden.

Umso erstaunlicher ist, dass der Sprachgebrauch im Alltag sich bei beiden Unternehmen viel weniger radikal unterscheidet. In einer Sitzung der Personalabteilung des Dienstleisters A wurde – weil eine der Sektionsleiterinnen englischer Muttersprache ist – auch viel Englisch gesprochen. Und bei Pharma A ist Englisch doch nicht so allgegenwärtig, wie folgender Ausschnitt aus einem Gespräch mit Mara, einer Labormitarbeiterin ungarischer Herkunft, illustriert:

> […] *Welche Sprachen brauchen Sie hier bei der Arbeit?*
> „Also Deutsch, ehm Englisch und hauptsächlich eh Französisch nicht so, aber Englisch wäre gut. *Sprechen Sie Französisch?* Nein. *Und wie ist's mit dem Englischen?* Äh: dort bin ich nicht gerade richtig begeistert. *Wieso nicht?* Ich will diese Sprache nicht lernen. Es macht mir wahnsinnig. Jetzt auch ich muss mich so fest zusammennehmen, ich kriege ein rrrrr-Wutanfall (*macht entsprechende Geräusche*), warum muss ich diese blöde Sprache lernen? Es kommt mir so vor wie damals im Russland, eh im russische Sprache. Ich weiß irgendwo im Kopf habe ich ein Knacks, oder psychisch vielleicht da in diese Richtung irgendwie gestört, weil ich habe schon x-Mal Englischkurs angefangen, und nachher jedes Mal habe ich ein Wutanfall gekriegt, muss ich diese Scheiße lernen, ich will das nicht und so, und dann früher oder später brech' ich ab. Ich habe noch kein einzige Kurs fertig gemacht. Ich habe Bücher zuhause, Kassette zuhause, Übungsheft zuhause, meine Tochter hat mir so englische Dings eh Buch gekauft mit Kurzgeschichte und mit Bilder, aber ich kann das nicht, es blibt (*??*) noch dort. Ich weiß es nicht. Ich will das auch nicht, oder doch ich mit dem Kopf weiß ich, ich brauche das, ich muss das, es ist so, aber wenn das soweit ist, dann schaff ich doch nicht. Und ich weiß auch, hab ich x-Mal gehört, Englisch ist [Pharma A]-Sprache, sehr schön, und ich finde für sehr viel Leute sehr bequem, und jo." […]
>
> *Wie machen Sie es, wenn jemand mit Ihnen englisch spricht, z.B. Jamal [sc. der Vorgesetzte des Labors], oder spricht er immer deutsch?*
> „Äh Jamal und ich, das geht noch sehr gut, weil er hat Deutschkurs besucht oder macht noch immer, und er ist ziemlich begabt im Sprache, und aso verstehen wir uns. Wenn es etwas sehr sehr Wichtiges geht, dann gehe ich zu Nina und sie kommt mit, weil sie ist mein Chefin, und sagt mir, wenn ich irgendetwas nicht verstehe oder es ist mir nicht klar, dann sagt mir. Und wenn sonst Computer oder wenn jemand so kommt und fangen Englisch redet, ich frage, ich sage ich spreche kein Englisch, dann macht große Augen und sage ich doch, tut mir leid, ich spreche doch kein Englisch." […]

In welcher Sprache bekommen Sie oder schreiben Sie selbst Informationen?

„Also ich schreibe deutsch, und wenn ich wenn wir Information kriegen, dass äh sicher 90% englisch, und ich finde das ist so bescheuert, weil das ist ein ein deutschsprachige äh Teil, und schreiben sie English, jo irgendwie, und ok, wenn das ist ein Bericht oder ein wissenschaftliche Arbeit oder ein Abschluss einer Arbeit, ok, dann das muss Englisch sein, das ist Ordnung. Aber für jeden Kritzkratz kriegen wir Englisch, und dann frag ich, jo dann sitz ich dort mit René, dann frag ich, bitte schau mal das an, das ist nur so viel wichtig oder nicht, und wenn nicht er sagt, nein das ist nicht so wichtig, nicht für uns, dann ist weg (*lacht*), und wenn sagt, das ist wichtig, dann frag ich hast du Zeit oder kannst du mir helfen das übersetzen oder so.“ [...]

In der Tat ist der Sprachgebrauch an Sitzungen in dieser Forschungsgruppe in der Regel zweisprachig, wobei einerseits deutschsprachige Mitarbeiterinnen zwischendurch englisch sprechen (Mara ist die Ausnahme), andererseits das Deutsche sehr präsent ist und für bestimmte Aufgaben (z.B. bei der Korrektur eines deutschsprachigen Berichts) oder gegenüber Mara (MS; adressateninduzierte Sprachwahl) selbst vom aus Nordafrika stammenden Gruppenleiter (JH) benutzt wird, wie folgender Ausschnitt illustriert:

```
JH.  [then it's very good] it's really
     really good because then mara
MS:  ((zuckt zusammen)) was müssen wir?
JH:  kein problem mara ha:: hat eh microkern xxx drei
     oder vier? (.) dann wir braucht nichts mehr
     gendata bis september oder oktober
```

Abbildung 10

Der Vorgesetzte wechselt hier zur Beruhigung seiner Untergegebenen in eine Sprache, die er nur sehr approximativ beherrscht. Es kann nicht überraschen, dann in derartigen Situationen sehr viele Formen der Sprachmischung zu beobachten sind. Gewisse Mitarbeiter nennen eine derartige Sprachenwahl gerne auch einmal „chaotisch“. Wir würden im Gegenteil von einer interaktiv konstruierten „Ordnung“ sprechen; gemeinsam mobilisieren die Mitarbeitenden *in situ* ihre mehrsprachigen Ressourcen weniger aufgrund normativer Vorstellungen, sondern auch und speziell im Hinblick auf den Kommunikationserfolg. Auf der Basis derartiger qualitativer Daten zum effektiven Sprachgebrauch kann das aus den Statistiken gewonnene Bild verfeinert bzw. korrigiert werden.

5. Bilanz

Die diesem Aufsatz zugrunde liegenden Forschungsarbeiten des Verfassers selbst und seiner Schweizer Kollegen gehen in den meisten Fällen weiter, ganz besonders auch aus der Erkenntnis heraus, dass sich die Sprachenlandschaft in der Schweiz sehr dynamisch weiter entwickelt und dass Momentaufnahmen zwangsweise nur ein sehr fragmentarisches Bild davon vermitteln können. Wenn man trotzdem versuchen will, Teilergebnisse zusammenzufassen, könnte man dies vielleicht wie folgt tun:

- Die Schweiz ist offiziell *vier*sprachig und will ihre herkömmliche sprachliche Zusammensetzung auch bewahren, namentlich durch Maßnahmen zur Unterstützung der bedrohten rätoromanischen (und der viel weniger bedrohten italienischen) Minderheit. Gleichzeitig ist die Schweiz in den letzten Jahrzehnten auch sehr viel *viel*sprachiger geworden. Freilich haben in den letzten Jahren eine zunehmende gleichsprachige Immigration und die gelungene Integration zahlreicher Anderssprachiger die großen Sprachgemeinschaften verstärkt und die Dominanz der Ortssprachen in ihren jeweiligen Sprachgebieten vergrößert.
- In der Deutschschweiz ist auch das Verhältnis zwischen Standardsprache und Dialekten dynamischer geworden. Schwyzerdütsch wird als „Sprache der Nähe" zunehmend auch geschrieben (allerdings ohne standardisierte Orthographie); es ist Träger starker Identitätsmarkierungen. Standarddeutsch wird zwar in den elektronischen Medien weniger gesprochen als früher, weil es als „Distanzsprache" empfunden wird. Gleichzeitig ist es aber für die Berufswelt immer wichtiger; entsprechende Maßnahmen zur Verstärkung der Verwendung der Standardsprache in der Schule beginnen zu greifen. Die zunehmende Verwendung von Deutsch von und mit Allophonen führt zu Formen der „mehrsprachigen Rede", inkl. zu einer gewissen Verwischung der Entweder-oder-Diglossie.
- Schweizer Arbeitnehmer sind vielsprachig. Der Gebrauch von Englisch hat, mit Unterschieden nach Regionen und Berufen, deutlich zugenommen. Diese Fortschritte gingen in der Regel nicht zulasten der Landessprachen, sondern weisen auf eine größere Mehrsprachigkeit der Arbeitsbevölkerung hin. Arbeitnehmer und Unternehmen nützen dabei in der Schweiz mehrsprachige Repertoires in vielfältiger Weise aus, nicht nur um ökonomische Ziele zu erreichen, sondern auch um symbolische, identitäre Werte zu mehren. Die Bandbreite geht dabei von den Landessprachen und deren Dialekten über Englisch bis zu den Sprachen der Immigration.

In diesem Zusammenhang muss auch der Begriff der „Sprachkompetenz" neu überdacht werden. Schon längst wurde eine enge Vorstellung von linguistischer Kompetenz durch neue Subkompetenzen erweitert (kommunikative Kompetenz = linguistische Kompetenz + sozio-linguistische Kompetenz + diskursive Kompetenz + strategische Kompetenz + sozio-kulturelle Kompetenz + soziale Kompetenz; vgl. Canale/Swain 1980, Council of Europe 2001). Im Rahmen des europäischen Referenzrahmens werden aktuell messbare Sprachkompetenzen und Ziele des Sprachenlernens und -unterrichts und Domänen in *Teilkompetenzen* aufgeschlüsselt. Jeder Lernende hat für jede seiner Sprachen ein spezifisches Kompetenzprofil nach Fertigkeiten (z.B. Hörverstehen oder Schreiben), Niveau und Bereichen (z.B. Informatikarbeitsplatz *oder* Freizeit/Ferien). Im Lichte neuerer Untersuchungen zur Mehrsprachigkeit[9], aber auch vor dem Hintergrund der Analyse mehrsprachiger Kommunikation kann man noch weiter gehen und eine kontextsensitive, soziale und übergreifende Definition der Kompetenz vorschlagen. Danach wäre die Sprachkompetenz nicht einfach in unseren Gehirnen gespeichert, für den jederzeiten Gebrauch vorbereitet: was jemand weiß (deklaratives oder explizites Wissen) bzw. kann (prozedurales bzw. implizites Wissen) hängt im Gegenteil von der Aktualisierungssituation ab. In der Tat wird die Sprachproduktion von der wahrnehmbaren sozialen Umgebung ebenso beeinflusst wie vom gespeicherten Wissen. Nach dieser Auffassung ist Sprachwissen immer auch geteiltes Wissen und gleichzeitig nicht isolierbar, sondern mit anderen Wissensvorräten vernetzt (vgl. Pekarek Doehler 2005). Traditionell wurden Sprachkompetenzen demgegenüber aus der Sicht eines autonomen sprechenden Subjekts verstanden, dekontextualisiert und von anderen Fähigkeiten isoliert; im Gehirn des Individuums abgelegt, sollten sie beliebig von einem Kontext auf den anderen übertragen werden können. Wenn dies nicht der Fall ist – und vieles spricht dafür –, hat das tiefgreifende Konsequenzen nicht nur für die Bildungssysteme, sondern auch für eine effiziente und faire Steuerung des Sprachgebrauchs in Politik und Wirtschaft. Die kommunikative Wirksamkeit im konkreten Kontext – d.h. letztlich, für die Firma entscheidend, der Erfolg der Sitzung – hängt davon ab, wie die Akteure gemeinsam die Gesamtheit ihrer sprachlicher Ressourcen mit einer optimalen Rendite einsetzen. Dessen sind sich die Beteiligten offensichtlich bewusst und wählen deshalb ihre Sprachen und die Verfahren zur Verständnissicherung dem Verlauf der Interaktion gemäß mit großer Flexibilität. Kurz gesagt ist die Sprachenwahl in mehrsprachigen Arbeitssitzungen mit Teilnehmern, die über unterschiedliche kommunikative Repertoires verfügen, keinesfalls mechanisch programmierbar, sondern entsteht aus der konkreten gemeinsamen Tätigkeit heraus, der Erfüllung gemeinsamer übergeordneter Ziele verpflichtet, in der Dynamik der Interaktion. Dies betrifft namentlich die Ko-Okkurrenz von Elementen aus verschiedenen Sprachen bzw. Varietäten. Dabei sind die Repertoires der Teilnehmenden nicht als stabile Menge von Varietäten zu verstehen, sondern werden durch die praktischen Aktivitäten selbst – hier: am Arbeitsplatz – immer neu konfiguriert und verändert. Diese Praktiken sind immer „sozial“, d.h. interaktiv und bezogen auf ein spezifisches Umfeld. Aufgrund der anwesenden Teilnehmer, des Themas, des Zwecks der Sitzungen usw. ändert sich dieses Umfeld von einem Arbeitstreffen zum andern.

Es ist davon auszugehen, dass unsere Überlegungen sich nicht auf die viersprachige Schweiz (Englisch ist ja keine Landessprache) beschränken, sondern exemplarisch auch auf andere europäische Sprachlandschaften übertragen lassen.

Anmerkungen

1 Bei der Hauptsprache gab es nur eine Auswahlmöglichkeit, Mehrsprachige mussten sich für eine ihrer Sprachen entscheiden. Bei den Umgangssprachen konnte man mehrere Sprachen ankreuzen und auch zwischen Deutsch und Schwyzerdütsch etc. differenzieren. Die Prozentzahlen beziehen sich auf jene Personen, welche die Frage beantwortet haben; die Summe ergibt mehr als 100%. Am mehrsprachigsten ist die Arbeitswelt mit total 157,8% für das deutsche Sprachgebiet (Details in Lüdi/Werlen et al. 2005).

2 Der Vollständigkeit halber sei hier festgehalten, dass es „Schwyzerdütsch" eigentlich gar nicht gibt; es handelt sich um einen Oberbegriff für sämtliche lokalen Schweizer Varietäten des Alemannischen. In Wirklichkeit spricht also niemand „Schwyzerdütsch", sondern Bäärndüütsch, Züridütsch, Baaseldiitsch usw. Dennoch funktioniert die Interkommunikation hervorragend: jede und jeder spricht ihren/seinen lokalen Dialekt, oft etwas abgeflacht, und alle verstehen sich gegenseitig; nur die Mundarten gewisser Alpentäler sind manchmal etwas widerspenstiger.

3 Die Beiträge werden hier ohne redaktionelle Eingriffe abgedruckt, also auch ohne orthographische Korrekturen.

4 Siehe auch Lüdi 1990 für weiterführende Überlegungen zu diesem Begriff.

5 Vgl. die „Interkantonale Vereinbarung über die Harmonisierung der obligatorischen Schule" vom 14. Juni 2007 (im folgenden IKV07).

6 Inzwischen haben alle Kantone die Sprachreihenfolge festgelegt. In der Französischen Schweiz und im Tessin wird dies Deutsch sein, in den Deutschschweizer Sprachgrenzkantonen VS, FR, BE, SO, BL und BS (die ersten drei offiziell zweisprachig) wird mit Französisch begonnen werden, in der übrigen Deutschschweiz mit Englisch. In den Kantonen Tessin und Graubünden bleibt eine zweite Landessprache Einstiegsfremdsprache.

7 Daneben soll während der obligatorischen Schule ein bedarfsgerechtes Angebot an fakultativem Unterricht in einer dritten Landessprache bestehen [IKV07 Artikel 4, Absatz 2] und sollen die Kantone für Schülerinnen und Schüler mit Migrationshintergrund die Kantone durch organisatorische Maßnahmen die von den Herkunftsländern und den verschiedenen Sprachgemeinschaften unter Beachtung der religiösen und politischen Neutralität durchgeführten Kurse in heimatlicher Sprache und Kultur unterstützen [Artikel 2, Absatz 4].

8 Vgl. http://www.dylan-project.org und Berthoud/Grin/Lüdi 2005.

9 Individuelle Mehrsprachigkeit entsteht nicht aus der Addition von mehreren Sprachen oder Varietäten, sondern aus deren Integration in ein Ganzes. Schon neurobiologisch lassen sie sich nur unvollständig trennen und sind schon gar nicht in unterschiedlichen Hirnregionen zu lokalisierten: Fabbro (2001) fasst diesen Befund wie folgt zusammen: „Different languages mostly share the same areas in the brain." Andere Forschergruppen haben nachzuweisen versucht, dass Mehrsprachige einen Inhibitionsmechanismus entwickeln, deren es ihnen erlaubt, jeweils ausschließlich die relevante Information zu wählen und „Distraktionen" aus anderen, zurzeit nicht verwendeten Sprachen zu unterdrücken (e.g. De Groot/Nas, 1991; Rodriguez-Fornells et al. 2002).

Literatur

Andres, Martin, et al. (2005): Fremdsprachen in Schweizer Betrieben. Solothurn, Fachhochschule Nordwestschweiz Solothurn.

Berthoud, Anne-Claude / Grin, François / Lüdi, Georges (2005): La gestion de la diversité linguistique dans des contextes professionnels et institutionnels.

Canale, Michael / Swain, Merril (1980): „Theoretical bases of communicative approaches to second-language teaching and testing", in: Applied Linguistics 1:1, 1–47.

Christen, Helen (2007): „Gesprochene Standardsprache im Deutschschweizer Alltag: Ein Projekt (auch) zur Sprachkompetenz in einem diglossischen Umfeld", in: Germanistik in der Schweiz. Online-Zeitschrift der SAGG, Heft 4. http://www.germanistik.unibe.ch/SAGG-Zeitschrift/4_07/christen.html

Council of Europe (2001): Common European Framework of Reference for Languages: Learning, teaching, assessment. Cambridge, Cambridge University Press.

De Groot, Annette / Nas, Gerard (1991): „Lexical representations of cognates and noncognates in compound bilinguals", in: Journal of Memory and Language 30, 90–123.

Fabbro, F. (2001): „The bilingual brain: cerebral representation of languages", in: Brain and Language 79, 211–222.

Ferguson, Charles A. (1959): „Diglossia", Word 15, 325–340 (deutsch in: „Diglossie", in: H. Steger (Hrsg.): Anwendungsbereiche der Soziolinguistik. Darmstadt 1982, 253-276).

Gorter, Durk (Hrsg. 2006): Linguistic Landscape: A New Approach to Multilingualism. International Journal of Multilingualism 3/1.

Grosjean, François (2001) „The bilingual's language modes", in J. L. Nicol (ed.), Language Processing in the Bilingual. Oxford: Blackwell, 1–25

Haas, Walter (1994): „Zur Rezeption der deutschen Hochsprache in der Schweiz", in: Lüdi, G. (Hrsg.): Sprachstandardisierung. Freiburg, Universitätsverlag, 193–227.

Koch, Peter / Oesterreicher, Wulf (1990): Gesprochene Sprache in der Romania: Französisch, Italienisch, Spanisch. Tübingen, Niemeyer.

Kolde, Gottfried (1981): Sprachkontakte in gemischtsprachigen Städten. Wiesbaden, Franz Steiner.

Ladner, Esther (2005): Bericht zu Standarddeutsch in den Schulen Basel-Stadt. Basel, Erziehungsdepartement, Ressort Schulen, Fachstelle Sprachen. http://www.edubs.ch/lehrpersonen/Fachstelle_Sprachen/bericht_und_anhaenge_standarddeutsch_juni05.pdf

Lüdi, Georges (1990): „Diglossie et polyglossie", in: Holtus, G. / Metzeltin, M. / Schmitt, Chr.: Lexikon der Romanistischen Linguistik. Tübingen, Niemeyer, t. V/1, 307–334.

Lüdi, Georges (2004f): „Pour une linguistique de la compétence du locuteur plurilingue“, in: Revue française de linguistique appliquée IX-2, 125–135.
Lüdi, Georges (2005): „Code-Switching/Sprachwechsel“, in: Ammon, U., et al. Sociolinguistics – Soziolinguistik. An International Handbook of the Science of Language and Society. 2nd completely revised and extended edition, vol. I. Berlin / New York, Walter de Gruyter, 341–350.
Lüdi, Georges (2006): „Sprachenvielfalt und Mehrsprachigkeit in Europa – Konsequenzen für Sprachpolitik und Sprachunterricht“, in: Neuland, Eva (Hrsg.): Variation im heutigen Deutsch: Perspektiven für den Sprachunterricht. Frankfurt am Main u.a., Peter Lang, 31–50.
Lüdi, Georges (2006a): „Multilingual repertoires and the consequences for linguistic theory“, in: Bührig, Kristin / ten Thije, Jan D. (eds.): Beyond Misunderstanding. Linguistic analyses of intercultural communication. Amsterdam, John Benjamins, 11–42.
Lüdi, Georges (2007): „Migration – Sprache – Sprachohnmacht“, in: Clalüna, Monika / Studer, Thomas (Hrsg.): Deutsch im Gespräch. Sprechen im DaF-/DaZ-Unterricht; Sprechen über DaF/DaZ in der Schweiz. Akten der Gesamtschweizerischen Tagung für Deutschlehrerinnen und Deutschlehrer, 22. und 23. September 2006 – Universität Bern. Sondernummer Rundbrief AkDaF (Arbeitskreis Deutsch als Fremdsprache in der Schweiz), 9–30 (http://www.goethe.de/mmo/priv/1718106-STANDARD.pdf).
Lüdi, Georges (2007): „Deutsch in der Deutschschweiz: eine Fremdsprache?“, in: Reder, Angelika (Hrsg.): Diskurse und Texte. Festschrift für Konrad Ehlich zum 65. Geburtstag. Tübingen, Stauffenburg, 616–627.
Lüdi, Georges (2007): „Basel: einsprachig und heteroglossisch“, in: LiLi 148,132–157.
Lüdi, Georges / Py, Bernard (2003): Etre bilingue. 3e éd. revue. Berne. Frankfurt am Main / New York, Lang.
Lüdi, Georges / Werlen, Iwar et al. (2005): Sprachenlandschaft in der Schweiz. Neuchâtel, Bundesamt für Statistik (Statistik der Schweiz. Eidg. Volkszählung 2000).
Pekarek Doehler, Simona (2005): „De la nature située des compétences en langue“, in: Bronckart, Jean-Paul / Bulea, Ecaterina / Puoliot, Michèle (eds.): Repenser l'enseignement des langues: comment identifier et exploiter les compétences?, Villeneuve d'Ascq, Presses universitaires du Septentrion, 41–68.
PHZH (2003): Hochdeutsch als Unterrichtssprache. Redaktion Bachmann, Thomas / Good, Bruno. Zürich, Bildungsdirektion, Volksschulamt und Pädagogische Hochschule Zürich, Departement Forschung und Entwicklung. http://vsa.zh.ch/file_uploads/bibliothek/k_229_Unterricht/k_272_Deutsch/1442_0_bid_hochdeutsch_a4.pdf

Rodriguez-Fornells, A. / Rotte, M. / Heinze, H.-J. / Nösselt, T. / Münte, Th. F. (2002): „Brain potential and functional MRI evidence for how to handle two languages with one brain", in: Nature 415, 1026–1029.
Siebenhaar, Beat (1996): Das Verhältnis von Mundarten und Standardsprache in der deutschsprachigen Schweiz. www.germanistik.unibe.ch/siebenhaar/pdf/Siebenhaar_Mda_Std_unv1996.pdf.
Siebenhaar, Beat (o.J.): „Das sprachliche Normenverständnis in mundartlichen Chaträumen in der Schweiz". www.germanistik.unibe.ch/siebenhaar/pdf/SiebenhaarChatGL.pdf.
Sirdey, Nathanael (2007): „Very good command of English is vital, basiç knowledge of German is desirable..." Exigences multilingues dans les offres d'emploi d'une entreprise internationale située à Bâle. Bâle, Institut d'Etudes françaises et francophones, manuscrit.
Söll, Ludwig (1985): Gesprochenes und geschriebenes Französisch. 3. überarb. Aufl., bearbeitet von Franz Josef Hausmann. Berlin, Erich Schmitt.
Spycher, Samuel (2004): „‚I schribdr de no ...' – Schweizerdeutsche Umgangsformen in der SMS-Kommunikation", Networx 36, 3–33. www.mediensprache.net/networx/networx-36.pdf.
Werlen, Iwar (2004): „Zur Sprachensituation der Schweiz mit besonderer Berücksichtigung der Diglossie in der Deutschschweiz", in: Bulletin VALS/ASLA 79, 2-30.

Kapitel 6
Ware Autor, Ware Text

Karlheinz Töchterle

Wa(h)re Sprache. Der politische Kontext

Ich muss vielleicht erklären, warum ich hier stehe. Ich habe im Sommer die Einladung bekommen, einen Referenten aus Innsbruck für diese Tagung zu nominieren, und da das im tiefsten Sommer war, war es mir nicht möglich, schnell jemanden zu erreichen. Und dann habe ich mich einfach selber genannt, erstens aus Wertschätzung für Alpbach und Dr. Busek, aber auch, weil ich glaube, dass ich zu diesem Thema etwas sehr Essentielles erzählen kann. Das sind zwar nicht sensationelle neue Forschungsergebnisse, aber es ist doch eine Fundierung in der Antike, die diesem Thema „Wa(h)re Sprache" (mit oder ohne „h") in überaus treffender Weise entspricht. Und deswegen wage ich es, vor Ihnen aufzutreten und Ihnen einige Gedanken und Aspekte vorzutragen.

Weil ich bisher leider nicht an der Tagung teilnehmen konnte, versuche ich einen Anschluss, den ich habe, nämlich den Anschluss an die gestrige abendliche Theateraufführung, die einige von Ihnen besucht haben, nämlich die „Troerinnen" des Euripides in der Bearbeitung von Sartre. Mit diesem Anschluss hoffe ich, eine gewisse Vernetzung doch zu erreichen. Dieses Stück ist 415 v. Chr. aufgeführt worden, und das war in einer Zeit, die eine Fülle von sehr spannenden Kontexten bietet, politische und kulturelle Kontexte, insbesondere den Vorabend der sizilischen Expedition der Athener, also des Eroberungsversuchs von Syrakus, der kläglich gescheitert ist. Man könnte es daher als ein Antikriegsstück sehen, eine Warnung vor diesem riskanten Unternehmen, die aber vor allem in einem ganz weiteren und wichtigeren Kontext steht, nämlich im Kontext der damaligen Sophistik. Diese Bewegung des 5. Jahrhunderts, die in enger Interferenz mit der Demokratisierung der athenischen Gesellschaft steht, hat die „Ware Wort" erstmals zu einer wirklichen Ware gemacht. Auch hier ist der politische Kontext zu bedenken.

Ich habe von Interferenz gesprochen – man kann nicht immer genau sagen, was anschiebt und was die Wirkung und die Ursache ist. Faktum ist, dass in dieser Demokratisierung des 5. Jahrhunderts in Athen klarerweise erstens eine hierarchisch streng strukturierte Gesellschaft aufgebrochen ist, es nun also tiefer stehenden Schichten möglich war, politische oder auch ökonomische Karriere zu machen, und dass damit ein Auflösen der alten Wertesysteme einherging. Insbesondere das Wertesystem der alten Adelsgesellschaft löst sich auf, wird in Frage gestellt. Es werden aber auch andere Wertesysteme in Frage gestellt, insbesondere das religiöse Wertesystem. Also schwindet der alte Götterglaube. Schon Aischylos warnt davor, bei Euripides ist er offensichtlich geschwunden, und ein ganz konkreter Effekt, ein dramatischer Effekt dieses Schwindens ist der berühmte *Deus ex machina*, den Euripides immer wieder einführt, den man gestern auch angedeutet gesehen hat, in der Bearbeitung von Sartre durch den Prolog- und Epilogsprecher Poseidon: Der Gott wirkt nicht mehr in die Welt ein, indem er immer präsent ist, sondern er wirkt höchstens ein, indem er am Anfang des Stückes Handlungsvoraussetzungen erklärt, und am Ende des Stückes, indem er eine Lösung herbeiführt, die in der Menschenwelt nicht herbeigeführt wird und die auch Gott nicht herbeiführt, indem er etwas Organisches gestaltet, sondern indem er einfach ein Machtwort spricht. Und *ex machina* heißt er, weil die *machina*, also Griechisch *mechané*, die Bühnenmaschine war, ein Kran, auf dem ein Gott auf die Bühne hinein gehoben wurde und dann eben seine Lösung verkündet hat.

Also ein sehr mechanisches, mechanistisches Gottesbild, keines, das integriert ist ins Leben, und das hat man ja gestern sehr schön an der Götterkritik der Hekabe (oder Hecuba) gehört, man hat aber auch ganz andere und für mich und für das Thema viel zentralere Einflüsse der Bewegung der Sophistik vernommen. Der deutlichste Einfluss, den wir gestern gesehen haben, war die Rede Agon zwischen Hecuba und Helena. In diesem Agon streiten die zwei, wer nun schuld ist am Trojanischen Krieg, und es gibt eine glänzende und im besten Sinn sophistische Verteidigung der Helena, warum sie nicht schuld sei. Sie erinnern sich: Sie sei nicht schuld, weil sie nichts dafür kann, dass die Göttin Aphrodite gerade sie zum Preis für Paris ausgesetzt hat, damit Aphrodite den Schönheitswettbewerb gewinnt. Die Bestechung hat funktioniert, Aphrodite hat ihn gewonnen, und deswegen musste Helena schlicht von Paris geraubt werden, sie ist also willenloses Werkzeug der Götter, sie geht sogar noch weiter und sagt, wenn Athene gewonnen hätte, dann hätte Paris auf das Versprechen der Athene hin ganz Griechenland erobert und dann wäre es den Griechen noch viel schlimmer ergangen. Das sagt sie nun nicht gegenüber Hekabe, sondern natürlich gegenüber ihrem Exmann Menelaos, dem König von Sparta, der auch anwesend ist. Insofern haben wir hier ein Glanzstück sophistischer Rhetorik vor uns und zudem in dieser Verteidigungsrede eine Ämulatio, also ein Wetteifern des Euripides mit einem Protagonisten der Sophistik und vor allem der sophistischen Rhetorik dieser Zeit, mit Gorgias.

Gorgias, ein Sizilier, der im Jahre 427 als Gesandter seiner Heimatstadt Leontinoi, die es heute noch als Lentini ein wenig nördlich von Syrakus gibt, nach Athen kam, um die Athener gegen Syrakus um Hilfe zu bitten. Wieder leuchtet etwas durch, das man im Kontext der Troerinnen auch hat, nämlich der Konflikt, der im Peloponnesischen Krieg ausbricht zwischen Athen und Sparta und der die Bündnissysteme aktiviert. In diesen Bündnissystemen gehört Syrakus als dorische Kolonie natürlich zu Sparta und ist einer der mächtigsten Verbündeten überhaupt; es ist neben Athen die mächtigste Stadt der griechischen Welt, und als Gesandter einer Nachbarstadt, die sich Chancen ausrechnet, dieser Abhängigkeit von Syrakus zu entgehen, kommt Gorgias nach Athen. Er bleibt dann in Griechenland, ist dort allerdings klarerweise nirgends Bürger, zieht herum als Fremder und tut das, was seine sophistischen Kollegen ebenfalls tun, er verkauft die Ware Wort, indem er seine Kunst, und zwar Kunst in sehr technischem Sinn, seine *téchne*, sein Wissen, sein Können, seine *téchne rhetoriké*, also seine Kunst des Redens, zum Verkauf anbietet. Und das passt natürlich hervorragend in diese neue, sich demokratisierende Gesellschaft, der athenischen, der griechischen *póleis* – dem Beispiel Athens folgen andere nach –, es passt hervorragend herein, es ist marktgerecht. Gorgias verkauft diese Ware, indem er Leuten, die aufsteigen wollen, die Karriere machen wollen, verspricht, mit dieser *téchne rhetoriké* würden sie es schaffen. Sie könnten damit eine wichtige Kompetenz erwerben, nämlich die, sich im Diskurs der damaligen politischen und ökonomischen Verhältnisse durchzusetzen. *Sophós* – das Adjektiv zu Sophistik – heißt ja nicht nur „weise", nicht in erster Linie, sondern es heißt vor allem, „tüchtig", „durchsetzungsstark". Also er verspricht mit anderen, die Adepten seiner Schule zu durchsetzungsfähigen Bürgern zu machen, die sich in der *pólis* kraft ihrer rhetorischen Kunst durchsetzen. Das ist in der europäischen Geschichte der erste fassbare Moment, wo die „Ware Wort" zum Verkauf angeboten wird, wo man mit Hilfe rhetorischer Unterweisung sich Karriere, sich auch ökonomischen Gewinn erhofft und diesen auch lukriert.

Es gibt einige literarische Belege für dieses Phänomen, in den Komödien des Zeitgenossen Aristophanes, der als Komödiendichter wie alle Komödiendichter, sage ich jetzt etwas unvorsichtig, ein konservativer Dichter war. Die Komödie bezieht in der Antike zumindest ihren Witz immer aus der Veränderung und nimmt dabei den konservativen Standpunkt ein und kritisiert oder belächelt Veränderung. Das tut auch Aristophanes, und die Sophistik nimmt er ganz besonders aufs Korn, übrigens auch seinen Dramatikerkollegen Euripides, aber das ist eine andere Geschichte. Wir sehen hier zum ersten Mal die Ware Wort auf Märkten angeboten, aber wir sehen auch, und damit entklammere ich das „h", wir sehen sehr bald, dass diese Ware Wort in einen sehr heftigen Widerstreit zur Wahrheit gerät. Warum?: dieser Gorgias und seine Kollegen, insbesondere Protagoras, erkennen sehr schnell, dass sie mit ihrer Ware, mit ihrem Verkaufsangebot letztlich etwas untergraben, was seit längerem in der griechischen Philosophie in Diskussion war, nämlich die Frage nach dem Sein, die Frage nach der Erkenntnismöglichkeit des Seins. Die wurde vor allem wieder in Unteritalien, in Elea bei den Eleaten gestellt, Parmenides ist hier der vielleicht wichtigste Vorläufer.

Diese Frage nach dem Sein und nach der Erkenntnismöglichkeit des Seins wurde in der Philosophie heftig diskutiert. Der „König Ödipus" des Sophokles, wahrscheinlich etwa um 427 zu datieren, ist ein wunderbares dramatisches Beispiel dafür, wie dieses Sein und die Wahrheit, und das, was ist und was nicht ist, was man sieht und was man nicht sieht, literarisch abgehandelt wird. Auch das ist ein anderes Thema. Ich will nur zeigen, wie sehr das in der Diskussion war und eben auch in die Poesie und die Dramatik, die damals eine sehr öffentliche Angelegenheit war, hinein gekommen ist.

Nun stößt die Ware Wort der Sophisten auf die Wahrheit der Philosophen, und sie prallen aufeinander, so sehr, dass die einen, die Sophisten, so weit kommen, zu behaupten, dass es keine Wahrheit gebe, und wenn es sie gäbe, dann könne man sie nicht erkennen, und wenn man sie erkennen könne, dann könne man sie nicht mitteilen. Das ist ein Schluss, den Gorgias selbst formuliert. Deshalb kann auch Gorgias in glänzender Rhetorik – uns ist dieser Text erhalten – ein Loblied auf Helena singen, auf das dann Euripides in den Troerinnen repliziert. Es geht nicht um Wahrheit, es geht um Argumentation, es geht darum, wie ich Dinge darstelle. Es gibt einen berühmten Satz der Sophisten: „Das schwächere Wort zum stärkeren machen." Es gibt einen berühmten Satz des Protagoras, den „Homo-Mensura-Satz", der Mensch sei das Maß aller Dinge, und zwar deswegen, und dieser Satz ist ein Satz, der wiederum sprachlich orientiert ist, deswegen, weil der Mensch im Diskurs die Dinge benennt, und nur das, was er benennt, was er in den Diskurs nimmt, das ist, das existiert; das andere existiere nicht, sei nicht relevant. Es ist wieder das Wort, die Sprache im Fokus der Behauptungen, und das stößt auf heftigen Widerspruch bei den Wahrheitsphilosophen, deren wichtigster Vertreter Platon wird, durch sein Sprachrohr Sokrates. Und Sie wissen sicher, dass Sokrates und Platon sich in schärfsten Gegensatz stellen zur Sophistik, auf der Wahrheit insistieren, auf der Existenz der Wahrheit und auf der Möglichkeit, sie zu erkennen. Wobei sie nun gerade auch eine Wort-, eine Text- oder Schriftkritik formulieren und eigentlich den Worten zu entgehen suchen. Derrida hat das wunderbar und in dicken Büchern problematisiert.

Letztlich ist die platonische Sprachkritik der Versuch, dem Mantel der Sprache zu entgehen und durch diesen Mantel, durch diesen Schleier zum Eigentlichen vorzustoßen. Letztlich ist seine Präferenz der Mathematik, der Zahl, ein Ergebnis dieses Versuches oder ein Weg dorthin, der Sprache zu entgehen. Letztlich, wie wir alle wissen, muss dieser Versuch scheitern, und er scheitert auch bei Platon und Sokrates, und ein Einbekennen des Scheiterns ist die Sokratische Ironie. In fast allen Dialogen, auch in den großen, vor allem in der Politeia, entgehen wir dieser Ironie nicht. Und wir bleiben letztlich irgendwo ratlos stehen. Das heißt, auch Platon kann der Ware Wort letztlich nicht entgehen, obwohl er es versucht, obwohl seine Philosophie ein riesengroßes Anschreiben gegen die Ware Wort ist.

Es gibt dann – und ich straffe jetzt sehr – Versöhnungsversuche zwischen diesen grundlegenden Gegensätzen, zwischen Philosophie und Rhetorik, sophistischer Rhetorik in dem Fall. Der erste Versöhnungsversuch ist der des Isokrates, eines Gorgias-Schülers, der den Begriff der *enkýklios paideia*, der Enzyklopädie, wie wir sie heute noch haben, prägt und argumentiert, ein Redner sei nur dann *sophós*, sei nur dann durchsetzungsstark, wenn er auch inhaltlich hochkompetent sei. Er betont also die Bedeutung, die Wichtigkeit, die Gleichwertigkeit des Inhalts und der umfassenden Bildung des Rhetors, damit dieser überzeugend argumentieren kann; das war ein erster Versöhnungsversuch.

Die weitere Geschichte der Rhetorik wird meistens in zwei Bergen und Tälern, also in zwei Wellen dargestellt. Der erste Höhepunkt der Rhetorik, so sagt man, sei im 5. und 4. Jahrhundert v. Chr., seien diese demokratischen Gesellschaften in Griechenland gewesen, insbesondere in Athen, dann sei die Rhetorik verfallen; sie sei verfallen, weil die hellenistischen Königreiche diese Möglichkeiten des politischen Diskurses nicht mehr geboten hätten. Ich bewege mich im Irrealis, wie Sie sehen, und zwar deswegen, weil dieses Wellendenken natürlich ein Schematismus ist, den wir aus der Antike geerbt haben, der zu hinterfragen und zu korrigieren ist, obwohl man ihn ständig liest. Es ist ein Schematismus, den wir zum ersten Mal ganz deutlich im 1. Jahrhundert n. Chr. bei Tacitus fassen im „Dialogus de oratoribus", in dem er ganz klar sagt, dass einer Rhetorik nur ungeordnete Staaten bedürften, also Staaten, in denen es drunter und drüber geht wie Athen. Dass zum Beispiel Sparta, das ein wohlgeordneter Staat gewesen sei, nie eine glänzende Rhetorik hervor gebracht habe. Auch das war natürlich ironisch formuliert und kann als Seitenhieb auf die Zeit, in der Tacitus selber schreibt, gesehen werden. Er schreibt in der römischen Kaiserzeit, die nun ebenfalls – so die Darstellung – diskursfeindlich gewesen sei, wo auch durch die monokratische Struktur der Rede der Boden und das Leben entzogen worden sei.

So ist das natürlich nicht – das ist viel zu schematisch, viel zu undifferenziert. Das kann hier nicht weiter ausgeführt werden. Das Wellental, um in diesem Schema zu bleiben, das falsch ist, wäre nach dem Hellenismus dann wieder überwunden worden in diesem schematischen Denken in der Rhetorik der römischen Republik, wo eben der Diskurs wieder möglich war, zwar nicht in einer demokratischen, aber zumindest in einer aristokratischen – somit einer einigermaßen pluralistischen – Gesellschaft. Sie wissen, dass man sich auch dort (ähnlich wie in Athen im 5. Jahrhundert) als Newcomer, *homo novus*, durchsetzen konnte.

Cicero ist das Paradebeispiel eines *homo novus*, der sich politisch kraft seiner Rede durchsetzt, der dann auch einen Versöhnungsversuch startet, denn Cicero ist nicht nur Rhetoriker, Redner, er ist nicht nur Rhetoriktheoretiker, er ist auch Philosoph. Und er ist nach Isokrates wahrscheinlich der nächste wichtige Sprecher eines Versöhnungsversuches zwischen der Ware Sprache und der Wahrheit, indem er die Verbindung von Philosophie und Rhetorik so ähnlich wie Isokrates propagiert.

Dann folgte in der Kaiserzeit ein erneuter Abstieg, wenn man in diesem Verfallsschema verharrt, das ein Schema bleiben muss und dem die tatsächlichen Phänomene klar widersprechen. Denn nun beginnt die Ware Wort, die Ware Sprache erneut in ungeahntem Ausmaß zu blühen, in tatsächlich ungeahntem und für uns nahezu unverständlichem Ausmaß.

Wie geht das? Auch hier ist das sehr voraussetzungsreich und kann von mir nur ganz knapp skizziert werden. Es hängt zusammen mit einer Bewegung, die man Attizismus nennt und die im ausgehenden ersten Jahrhundert vor Christus beginnt. Der Attizismus ist eigentlich eine Romantik, es ist eine Rückbesinnung auf die große Zeit Athens. Und weil in der Antike das Wort, die Sprache, die Rhetorik eine Schlüsseldisziplin war, weil die abendländische Kultur bis vor kurzem möglicherweise primär eine Textkultur war, fokussieren sich solche Neuerungsbewegungen an der Sprache. Der Attizismus wird so genannt, weil er sich am reinen Attisch des 5. und 4. Jahrhunderts vor Christus orientiert. Inzwischen hatte sich natürlich das Griechische gewaltig entwickelt. Es war zur Koiné geworden. Wenn Sie griechische Texte lesen (ich weiß, dass einige unter Ihnen sitzen, die solche Texte zu Hause haben), wenn Sie das Neue Testament im Original lesen, dann lesen Sie die Koiné, also eine Umgangssprache, die sich vom attischen Griechisch des 5./4. Jahrhunderts zeitlich entfernt hat, natürlich entfernt hat aus vielen, vielen Gründen. Und nun empfindet man das als Degeneration und bezieht sich wieder auf diese alte, nicht mehr gesprochene, nicht mehr geschriebene Sprache. Und daraus entsteht die Bewegung des Attizismus. Und dieser Attizismus ist der Nährboden einer neuen aufblühenden Rhetorik, die man als zweite Sophistik bezeichnet und die dann so ab Nero – manche lassen sie erst mit Hadrian beginnen – zu blühen beginnt. Diese zweite Sophistik hat als zentrales Signum die Rhetorik, und zwar eine Rhetorik, die uns so eigenartig weltfremd scheint, was sie nicht ist, dass wir mit großem Unverständnis und früher auch mit großer Ablehnung ihr gegenüberstanden. Das taten übrigens auch schon zeitgenössische Kritiker, zum Beispiel der erwähnte Tacitus, weil sie sich primär auf Themen konzentriert und fast ausschließlich nur Themen zulässt, politische Themen, juristische Themen, die in der Mythologie oder mindestens vor 323 vor Christus aktuell waren, also vor dem Tod Alexanders, vor dem beginnenden Hellenismus, also in der großen Zeit Athens, bevor es durch die mazedonische Fremdherrschaft politisch entmachtet wurde, also eine scheinbar völlig weltfremde Rhetorik, die aber eine derartige gesellschaftliche Bedeutung erhält, dass wir es kaum für möglich halten.

Ich nenne nur ein paar Symptome für diese gesellschaftliche Bedeutung. Ein Symptom: erstmals gibt es Lehrstühle für Rhetorik, die von Kaisern eingerichtet und finanziert werden. Es gibt also Universitätsprofessoren für Rhetorik. Die Rhetorik wird zur zentralen Ausbildungsinstitution. Bestes Beispiel dafür ist die „Institutio oratoria", ein Zentralwerk des Quintilian, der übrigens auch einer der ersten besoldeten Rhetorikprofessoren war. Und sie bleibt das – eigentlich bis ins 18. Jahrhundert bleibt sie zentrale Ausbildungsinstanz. Und wir merken es heute noch im Kanon, den Sie auch angesprochen haben, indem zum Beispiel in der Schule immer noch die Sprachfächer als Hauptfächer gelten. Ich könnte das argumentieren; diese Tatsache hat ihre Wurzel in der Rhetorik und ihrer Dominanz in der abendländischen Geistes- und Schulgeschichte. Der Grund dafür wird in der Kaiserzeit, in der zweiten Sophistik gelegt.

Ein anderes Symptom: es gibt den sogenannten „Konzertredner" in dieser Zeit. Die bedeutendsten Sophisten dieser Zeit reisen herum, halten glänzende Reden, das sind gesellschaftliche, kulturelle Ereignisse ersten Ranges. Es werden ihnen Statuen errichtet, es werden ihnen Geldpreise bezahlt, sie werden angestellt von Städten.

Die Philosophie bleibt ein Gegner, materialisiert sehr schön zum Beispiel in dem Konflikt, den Kaiser Marc Aurel auszuhalten hatte, der einen sehr berühmten Vertreter der zweiten Sophistik, Fronto, zum Rhetoriklehrer hatte, er und sein späterer Mitkaiser Lucius Verus, und der sich dann von der Rhetorik ab- und der Philosophie zuwendet und dafür von Fronto sehr kritisiert wird, während der andere Schüler, Lucius Verus, von Fronto unglaublich gelobt wird, weil er der Rhetorik treu bleibt. Wenn Sie in Wien das Parther-Monument in der Hofburg besichtigen, das den Parther-Sieg des Lucius Verus plastisch feiert, dann kann ich hier eine Anekdote anschließen, die wiederum sehr treffend die ungeheure Bedeutung und die ungeheure Wertschätzung der Ware Wort in dieser Zeit beleuchtet. Fronto hat Lucius Verus nicht dafür gelobt, dass er die Parther geschlagen hat, sondern dass er den Parther-Sieg in so wunderbarer Weise rhetorisch dargestellt hat. Darin sah er seine eigentliche Leistung und nicht im Schlachtensieg.

Sie sehen wiederum den Gegensatz und den Kontrast zur Philosophie, und Sie sehen wiederum, wie sehr Rhetorik immer Gefahr läuft, zur Hülle, zum schönen Schein zu werden. Und das hat ihr im 18. Jahrhundert in der europäischen Geschichte das Genick gebrochen, sage ich jetzt einmal ein wenig drastisch, indem in der Geniezeit und auch in der Zeit des deutschen Idealismus und vor allem in Deutschland die Rhetorik in Misskredit geriet und bis heute darum kämpft, diesen Misskredit zu beseitigen. In romanischen Ländern ist es ein bisschen anders, auch in England, dort ist es ähnlicher, aber am schlimmsten ergangen ist es ihr sicher im deutschen Kulturraum. Sie gilt bis heute als die unwahre Seite des Wortes, und von diesem Vorwurf muss sie sich erst wieder zu befreien suchen. Sie tut es teilweise, aber sie tut es teilweise auf Feldern, die nicht so behaglich sind, wenn sie zur reinen Zweckhaftigkeit herabsinkt, in Rhetorikseminaren, sie tut es aber auch am wissenschaftlichen Feld. Wir haben vor zwei Jahren in Innsbruck einen großen Kongress gehabt über die Geschichte der Rhetorik auf der Basis ihrer antiken Rezeption.

Ich habe damit versucht, ein Schlaglicht auf das Thema zu werfen. Ich bin mir bewusst, dass ich Ihnen möglicherweise ganz andere Dinge geliefert habe als die, die Sie in den letzten zweieinhalb Tagen diskutiert haben. Ich bitte um Verständnis und ich bitte um Verzeihung, dass ich hier einfach so hereinschneie und Ihnen einige Fundierungen aus der Antike anbiete. Ich hoffe aber doch, dass Sie damit ein bisschen etwas anfangen können.

Nachschrift des mündlichen Vortrags durch Mag. Regina Aichner

Konstanze Fliedl

Elend und Erbarmen

Die Ware Autor

1. Die Mörderstory

Unersetzliches Material zur Gegenwartsliteratur kann man sich in Wien an der Dokumentationsstelle für neuere österreichische Literatur verschaffen. Wie das Innsbrucker Zeitungsarchiv, dessen Sammeltätigkeit sich noch weiter, nämlich auf den gesamten deutschsprachigen Raum erstreckt, ist sie eine wunderbare Fundstätte für Rezensionen und Interviews. Seit einem Jahrzehnt werden Zeitungsbeiträge gescannt; bis dahin mussten sie von Hand aus den Journalen ausgeschnitten, aufgeklebt und in den Mappen einer Hängeregistratur archiviert werden. Diese Umschläge nun demonstrierten ganz augenscheinlich das Ausmaß der Popularität eines Autors: Ob man zu einem Schriftsteller ein dünnes Mäppchen oder aber eine ganze Reihe praller Konvolute erhielt, belegte materialiter den Grad seiner Rezeption. Durch Mappenvergleich war der meistbesprochene österreichische Schriftsteller der frühen neunziger Jahre also mühelos zu ermitteln. Auf seinen Namen kommt man heute nicht mehr sofort: Es war nicht Thomas Bernhard und nicht Peter Handke, nicht Ingeborg Bachmann und nicht Elfriede Jelinek. Der Autor mit den dicksten Mappen war ohne jeden Zweifel ein 1950 geborener Steirer als Judenburg, von dem der Katalog der Österreichischen Nationalbibliothek gerade mal ein halbes Dutzend Werke nennt. Für dieses Defizit an Texten kommt seine Lebensgeschichte auf: Sohn einer Prostituierten und eines US-Soldaten, war der Vierundzwanzigjährige wegen Mordes zu „lebenslänglich" verurteilt worden. Nach sechzehn Jahren hatte man ihn vorzeitig entlassen. Aber 1992 wurde er nochmals angeklagt, diesmal als neunfacher Serienmörder. Die Polizei fand ihn in Miami, das Gericht verurteilte ihn 1994, er erhängte sich in seiner Zelle. Die Rede ist von Jack Unterweger: Seine Vita übertrifft jeden Thriller, seine Taten – wenn er sie denn begangen hat – sind Stoff für den unwahrscheinlichsten Krimi. Seine Biographie hat seinen Werken hundertmal den Rang abgelaufen. Was sich hier an unsäglich blutrünstigen Berichten in den Mappen der seriösen Dokumentationsstelle gesammelt hat, beweist, daß das krude Leben dem Boulevard die besten Geschichten schreibt: Keines seiner Bücher hat sich je so verkauft wie das, was als mörderische *reality* des Autors kolportiert wurde.

2. Autorenbilder

Denn zur Logik der Mediengesellschaft gehört es, sich nicht nur der Waren, sondern auch ihrer Urheber zu versichern, sie zu *labeln* und zu *sellern*. Der gierigen Öffentlichkeit wird eine Lebensgeschichte angeboten, die nun selbst als *story* produziert worden ist. Wie der Fall Unterweger zeigt, kann die mediale Verwertung durch sinistre Elemente der betreffenden Vita enorm gesteigert werden. Auch die Berichte zu Harold Brodkeys Aidserkrankung oder die Debatten um Christa Wolfs Stasi-Tätigkeit, um zwei weitere einschlägige Beispiele der neunziger Jahre zu nennen, haben die literarische Diskussion ihrer Werke weit übertroffen. Ein gemeinsamer Hit-Faktor besteht dabei ohne Zweifel im Rätselcharakter der betreffenden *plots*: Das Geheimnis des Mordes oder der Krankheit oder des Verrats, also die Frage von Täter-, Mittäter- oder Opferschaft, ist jeweils nicht restlos geklärt. Paradoxerweise existiert gerade hier ein fiktionaler Spielraum, der wiederum die Literarizität der Berichterstattung ausmacht. Nicht die nackte Faktizität, erst die Spekulation erhöht den Marktwert der Autorenvita; die Fiktionalität, die sie herstellen, trifft die Autoren via Medien als ein unerbittlicher Bumerang.

Unter dem Zeitdruck des medial durchorganisierten literarischen Marktes muss aber schließlich noch das Narrativ der schriftstellerischen Vita verkürzt, komprimiert, zuletzt buchstäblich auf einen „Augenblick" zusammengepresst werden: Erzählte Biographie wird zum visuellen „image", dessen Wiedererkennbarkeit aus dem Autor den Promi macht. Elemente aus Werk oder Vita werden daher zu möglichst kulinarischen optischen Motiven umredigiert. Aus Christoph Ransmayrs Büchern beispielsweise, der *Letzten Welt* (1988) und *Morbus Kitahara* (1995) und den biographischen Fakten seiner Weltreisen und Wanderungen, destillierte die Presse einen gemeinsamen Topos, die Bild-Legende vom Einsamen in der Steinwüste. Ein Autorenfoto der FAZ vom Oktober 1995 zeigte ihn denn auch mutterseelenallein an einer unabsehbaren Felsenküste, allerdings: an einem Schreibtisch sitzend. Sollte diese Aufnahme „authentisch" sein, so hätten zumindest der Fotograf und die beiden Möbelpacker, die nötig gewesen wären, das Requisit ins Unwegsame zu transportieren, die heilige Einsamkeit des Autors gestört. Im wahrscheinlicheren Fall der Fotomontage wird offensichtlich, dass das Bild des Autors nur als manipulierender Eingriff, nur als inszenatorisches Arrangement des Sujets zu haben ist: Eine Abbildung des poetisch Vereinzelten ist immer schon „gestellt".

Von der Manipulation zur Travestie oder Fälschung ist es dabei nicht weit. Unter Umständen kann der Boulevard von der pathetischen Propaganda für einen Autor zur feindseligen Polemik gegen einen anderen übergehen. Bemerkenswert daran ist, dass auch die Denunziation nicht völlig „frei erfunden" ist, sondern immer noch bestimmte Versatzstücke aus Werk oder Leben mitführt, um den Wiedererkennungseffekt zu bedienen; vom „Logo“ eines Schriftstellers wird aber quasi das Negativ geliefert, seine Narrationen werden ins Gegenteil verkehrt, seine Figuren ausgetauscht. Elfriede Jelinek beispielsweise wurde lange, und nicht nur von der *yellow press*, als aggressive Domina oder als politisch und sonst wie perverser Vamp dargestellt und abgebildet. Die Zeitungen verbreiteten gleichsam das Phantombild einer Männermörderin. Der Umstand, dass Jelineks Texte von der Gewalt gegen den *weiblichen* Körper und also von Frauenmorden erzählen, wurde dabei ebenso simpel wie skrupellos umgedreht.

Dass Autoren solcher medialen Inszenierung zuarbeiten, sogar dann noch, wenn sie sich wehren oder ganz verweigern, gehört zur Logik der Selbstvermarktung im Betrieb. In einer verblüffenden Balance von Eitelkeit und Selbstironie hat etwa Robert Menasse ein vor einigen Jahren in der „Zeit“ erschienenes Autorenporträt – der Literaturstar im Kreise weiblicher Fans – in seinem letzten Roman, *Don Juan de la Mancha* (2007), aufgegriffen: Das Fotomotiv wurde mit Beziehung auf den klassischen Verführerstoff einfach narrativiert – und, mit einiger Anstrengung, auch quichotesk entstellt. Das visuelle Selbst-„Zitat“ im Anhang des Buchs – ein authentisches Jugendfoto des Autors im Kreise von Mitstudentinnen – wurde in den Nachlieferungen allerdings wieder weggelassen. Wenn also auch die Autoren selbst mitunter dabei sind, Werke auf *images* einzudampfen und Verkaufshilfen ihrer selbst herzustellen, so ist diese Komplizenschaft mit dem Markt der selbstkalkulierte Preis für das Ausmaß an Öffentlichkeit. Wie bei aller Prominenz gibt es keine Unschuld am eigenen Elend.

3. Leserwünsche

Nun zielen die besagten kommerziellen Strategien ja nicht einfach ins Leere, sondern antworten auf einen ganz konkreten Publikumswunsch, den man das „biographische Bedürfnis“ nennen könnte. Erwiesenermaßen wollen Leser und Leserinnen den kennen, der ihnen da, der ihnen das schreibt. Dazu besuchen sie seine Lesungen, sie befragen ihn oder senden ihm Briefe. Man will, dass er einsteht für das, was im Buch steht. Die „message“ der Texte soll rückgebunden, authentifiziert und beglaubigt werden durch ihren Sender, soll mit dessen Intention zusammenfallen, die ideale Lektüre wäre der Dialog mit einem im doppelten Sinn Bekannten. Dieses sogenannte naive Bedürfnis ist keineswegs ridikül – obwohl es selbstverständlich scheitern muss. Erst einmal ist die Haftung des Autors für sein Werk glücklicherweise eine beschränkte. Wollte man nur jene gelten lassen, die menschlich-moralisch oder staatsbürgerlich-politisch an das heranreichen, was ihre Bücher uns in Aussicht stellen, so wäre die Literaturgeschichte leergeräumt, man müsste bei Benn und Brecht zu streichen beginnen und fände kein Ende. Dass, zweitens, die

Deutung eines Werkes der Absicht eines Schriftstellers zu entsprechen hätte, haben William K. Wimsatt und Monroe C. Beardsley schon vor mehr als einem halben Jahrhundert als „intentional fallacy“ entlarvt. Und drittens steht theoretisch inzwischen doch außer Frage, dass Diskurse dem sprechenden Subjekt vorausliegen und der Original-Autor als schöpferischer Ursprung seiner Rede längst gestorben ist. Aber die Tendenz der Leser, sich des Verfassers von Gelesenem zu bemächtigen, ist viel zu drängend, um lächerlich zu sein.

Auf der einen Seite wird mit dem Autor nach wie vor ein Vertreter der Intelligenzija, eine geistige Autorität gesucht, was wiederum auf den massiven Prestigeverlust von kirchlichen, politischen oder publizistischen Diskursen zurückdeutet. Dieses Vakuum soll nun der Autor als ultimative Instanz von Welt- und Geschichtsdeutung füllen, sich der Orientierungslosigkeit der Leser erbarmen. Wie dramatisch so etwas danebengehen kann, haben unter anderem Handkes Serbientexte bewiesen. Auf der anderen Seite ist der Autor auch durchaus Objekt emotionaler Strebungen. In einer komplizierten Übertragung, in einem ständigen *shifting* werden literarische Gefühle als eigene Emotionen empfunden und auf ihren Produzenten rückprojiziert – der Dichter wird geliebt. Diese „natürliche“ Publikumsreaktion lässt sich aber wieder durch kommerzielle Strategien ausbeuten, die für den Rezipienten nur die Rolle als Fan oder Junkie vorsehen. Der Autor wird Surrogat, Triebziel anderweitig unbefriedigter Begierden; man setzt sich in seinen Besitz, verleibt ihn sich ein. Sein Warencharakter wird zum Extrem getrieben: Im durchökonomisierten Literaturbetrieb bleibt er als Fetisch übrig.

4. Ein Beispiel

Diesen ziemlich unheimlichen *personal interest* hat der seinerseits mythenumwitterte US-amerikanische Schriftsteller Stephen King nochmals zum literarischen Motiv gemacht. King, eben sechzig geworden, ist wohl im Augenblick der kommerziell erfolgreichste Autor der Welt; die literarische Qualität seiner Bücher – mit *Carrie* (1974) und *The Shining* (1977) begann seine Karriere – ist aber immer noch umstritten. Im Roman *Misery* (1987) tritt als sein *alter ego* der Schriftsteller Paul Sheldon auf. Sheldon ist der Verfasser einer ominösen Liebesromanserie, von der er sich aber bereits befreit glaubt: Er hat die kitschige Heldin Misery im letzten Buch sterben lassen und in der Zwischenzeit sein erstes seriöses Werk abgeschlossen. Da erleidet er, im Schneesturm überlandfahrend, einen Autounfall. Als solchermaßen beschädigte Ware wird er von der seltsamen Kleinstädterin Annie in ihr Haus gebracht. Es dauert nicht lange, bis Paul merkt, dass er nicht gesundgepflegt, sondern gefangengehalten und an den Rollstuhl gefesselt wird. Annie, sein *number one fan,* ist Junkie der Misery-Serie und verlangt das Fortleben der geliebten Heldin. Als ihren

Leibeigenen zwingt sie Paul zum Autodafé seines einzigen „guten“ Manuskripts und zur Produktion einer weiteren Kitschromanze. Annie verdinglicht ihren Lieblingsautor also nicht nur zur – gestohlenen – Ware, sondern vielmehr zum Produktionsmittel: Nach ihm erwirbt sie Papier und Schreibmaschine. Beides wird zur Metonymie seines lädierten Körpers:

Auf dem Papier verschmieren die Buchstaben, und die gebraucht gekaufte Typenhebelmaschine verliert eine Letter nach der anderen. Die von Paul erpresste, quasi doppelt fiktive Schnulze ist nun, als Buch im Buch, kapitelweise in den Roman eingeschoben, wobei die Einbuße bestimmter Buchstaben auch graphisch, als Wortlücke, wiedergegeben wird. Der mangelhafte Text wird dem Leser also „buchstäblich“ vor Augen geführt, seine Optik entspricht dem ästhetischen Defizit und dem physischen und intellektuellen Manko des Autors.

```
                    CHAPTER 32

     'Oh blessed Jesus,' Ia  moa ed, a d made a
co vulsive moveme t forward. Geoffrey grasped his
frie d's arm. The steady beat of the drums pulsed i
his head like somethi g heard i  a killi g delirium.
Bees dro ed arou d them, but  o e paused; they simply
flew past a d i to the cleari g as if draw  by a mag et
- which, Geoffrey  hough  sickly,  hey
```

Abbildung 1: Textausschnitt aus Stephen Kings „Misery“, London 1987, S. 251.

Der entstehende triviale Markenroman ist also (selbst-)ironische Spiegelung, die *mise an abîme* von (Kings) Romanproduktion überhaupt: Der Auto ist Leibeigener seines Publikums, degradiert zum Produktionsmittel, von derselben kaputten Gegenständlichkeit wie sein Werkzeug und sein kommodifizierter Roman.

Schließlich führt die außer Rand und Band geratene Annie um ein Haar den Totaldefekt herbei; Paul kommt eben noch mit dem Leben davon. Die letzte ironische Volte des Romans besteht darin, dass die in der Gefangenschaft entstandene *Misery*-Fortsetzung nach Pauls Rettung in einer Million Exemplaren aufgelegt und ohne Zweifel zum Weltbestseller gemacht wird – wobei der Verleger aber eigentlich hinter einem „nonfiction account“ von Pauls Erlebnissen her ist, einem „authentischen Bericht“, der sich noch weit besser verkaufen würde. Wieder wäre die Schriftstellerbio dem Werk überlegen – wenn nicht eben dieser Bericht, nämlich Kings *Misery*, sich gerade in den Händen des Lesers befände, der das Buch gleich zuschlagen wird.

5. Erbarmen mit dem Autor

King hat Selbstreflexion und -kritik also in einigermaßen satirische Schleifen gelegt. „Misery“ heißt Sheldons schwülstig-sentimentale Heldin; nach diesem Idol hat die spießig-teuflische Annie ihre Sau benannt, und auf diese Weise wird „misery“, der Jammer, die Qualen, zum doppelt sprechenden Namen. Allerdings leitet sich der reale Name „Misery“ wiederum davon ab, für dieses Elend ein Herz zu haben, lateinisch „misericordia“, das Mitgefühl, das Mitleid. Der Titel des Buches, die Titelfigur des Buchs im Buch und die tierische Namensträgerin spielen also ein ironisches Pingpong mit dieser Doppelbedeutung und der Möglichkeit, das fiktive Elend nochmals im Erbarmen der Fiktion aufzuheben: Eine erbärmliche Literatur wird in der sarkastischen Selbstreflexion zur glänzenden Satire. Die Figur der Ironie, könnte man sagen, erbarmt sich des Autors: Mit seinen poetologischen, satirischen Volten entzieht Stephen King sein Buch dem *trash* und sich selbst dem possessiven Publikum.

Auch wenn daher, unter den Bedingungen des Betriebs, kein Autor sich seines Warencharakters wird gänzlich entledigen können, so ist er doch in der Lage, seine Gegenständlichkeit kenntlich und zur Zielscheibe des Witzes zu machen, sie reflektierend zu ironisieren und ihr so immer noch einmal voraus zu sein. Möglicherweise ließe sich eine „wahre“ Literatur gerade an dieser Fähigkeit erkennen.

Literatur

Stephen King: Misery. London: Hodder and Stoughton 1987 [dt.: „Sie“. Roman. Aus dem Englischen v. Joachim Körber. Berlin 205 (= Ullstein Taschenbuch 26313)].

Misery (1990). R: Rob Reiner; B: William Goldman nach dem Roman von Stephen King; D: James Caan, Kathy Bates.

Martin Kolozs

Von der Effizienz des Schreibens oder: Die multiple Schriftstellerpersönlichkeit

Schon die Konjunktion im Titel zeigt, dass sich, meiner Meinung nach, die Tätigkeit des Schriftstellers von seiner Person nur ansatzweise unterscheiden lässt, schließt dieses *oder* ja weder das eine noch das andere vollständig aus, sondern macht den Lohn des Schreibens, wie immer er auch geartet sein mag, unverzichtbar für den Autor, und gelingt es demselben doch erst durch wirksames Schreiben erkleckliche Gewinne zu machen. Dies scheint in einer Zeit, in der marktwirtschaftliche Interessen unser aller Leben bestimmen und lenken, keine überraschende Einsicht zu sein, sondern stellt vielmehr ein alltägliches Faktum dar, nachdem wir handeln und sogar unsere Zukunft ausrichten.

Die ständige Frage nach dem Nutzen, dem Vorteil allen Tuns also, wie der laufende Versuch, sich den Anforderungen, die sich jeweils daraus ergeben, zu stellen, ist im modernen Zeitalter sowohl vorherrschendes *Weltbild* als auch gleichermaßen Ursache und Ziel unseres Handelns.

Der amerikanische Bankier John Piermont Morgan sagte in einem ähnlichen Zusammenhang: „Erfolgreich ist der Mensch, wenn er bei hundert Entscheidungen einundfünfzig Mal das Richtige trifft." Und verschweigt infolge auch nicht, dass der Mensch, der erfolgreich sein will, sich wenigstens einhundert Mal in eine Entscheidungssituation bringen muss, damit er zumindest die Aussicht auf eine einundfünfzigprozentige Erfolgschance hat.

Nichtsdestotrotz hat sich dieses Kalkül innerhalb der modernen Literatur, so wie ich sie sehe, vor allem in der breiten Masse jener Schriftsteller und Schriftstellerinnen, die nicht auf den Bestsellerlisten rangieren, sondern ihren Unterhalt durch den Verkauf kleiner Auflagen in wenig bekannten Verlagen bestreiten, nicht etablieren können, ja es wird von diesen, aus falsch verstandenem *Idealismus,* häufig sogar abgelehnt.

Dieses mir nicht zur Gänze nachvollziehbare Phänomen möchte ich hiermit zum Thema machen und zur Diskussion stellen, nach welchen Vorgaben ein Autor seine Arbeit verrichten sollte, um einerseits seine Ideale weiter aufrechterhalten zu können und um andererseits dennoch in den allumfassenden *Wettbewerb,* wie er auch in der Kulturszene bestritten wird, einzutreten.

In einem Brief an Franz Grillparzer schrieb Adalbert Stifter:

> „Wenn es wahr ist, was ich seit einiger Zeit zu sehen glaube, dass auch die alte österreichische Kunst, statt die höchsten Kräfte des Menschen in holder Schönheit emporzuheben, zur Unterhaltungsdirne werden will, die sich an alle untergeordneten und oft wilden Triebe wendet, nur nicht an die höchste menschliche Kraft, so müssen die, welche Großes und Gutes aus der älteren Dichtkunst gezogen haben, zusammentreten und die hochhalten, welche jene edlere Kunst brachten."

Ich weiß, dass es an Majestätsbeleidigung grenzen mag, hierauf eine Kritik anzubringen, aber wie die Zeit, aus welcher dieses Zitat stammt, ist auch, meiner Ansicht nach, ihre Aussage bieder, und sie wäre, nach heutigem Dafürhalten, kein guter Ratschlag an die zeitgenössische Schriftstellergeneration.

Und trotzdem wird in großer Zahl das Sinnbild des armen, ganz der holden Kunst ergebenen Poeten, wie wir ihn auch als Spitzwegfigur kennen, heute noch als *Idealtyp* des schreibenden Menschen hergezeigt, und es gilt als verpönt, zu behaupten, das Schriftstellertum wäre ein *Handwerk* wie jedes andere auch, welches produziert und bei genügend Meisterschaft mehr als nur einen Markt, nämlich über den engen Kreis intimer Kenner des sogenannten Kanons der in den Klassenzimmern proklamierten Weltliteratur hinaus, bedienen kann.

Ich gehe sogar so weit, zu fordern, dass man den Spiegel der Eitelkeit, in dem viele Autoren und Autorinnen sich mit lorbeerbekränzten Häuptern schon betrachten mögen, zerschlagen werden muss, ist er doch in Wirklichkeit blind vor Realität.

Georg Friedrich Lichtenberg, der sehr wohl davon überzeugt war, dass das Gegenwärtige, von dem Vergangenen geschwängert, das Künftige gebiert, hat zu dieser *kritiklosen Selbsterkenntnis* Folgendes geschrieben:

> „Mir ist es immer vorgekommen, als wenn man den Wert des Neuen gegen die Alten auf einer sehr falschen Waage wäge und den letzteren Vorzüge einräumte, die sie nicht verdienen. Die Alten schrieben zu einer Zeit, da die große Kunst, schlecht zu schreiben, noch nicht erfunden war, sondern bloß schreiben hieß gut schreiben."

Ich meine, dass man in diesem Sinne den *Literaturbegriff* oder, besser, das noch vorherrschende Verständnis der *Literaturschaffung* aufbrechen sollte, damit neben den Meistern, deren allbekannte Namen bereits die Bücherwände zieren, auch die Lehrlinge in Erscheinung treten, die allerdings zum Gelernten Neues dazuerfinden sollen und dürfen und mit diesen neu geschaffenen Möglichkeiten mehr machen als ihre Vorbilder, nicht um diese zu stürzen, sondern einfach darum, weil es ihnen unsere

Gegenwart ermöglicht, weil an sie die künstlerische Aufgabe gestellt ist, nicht Epigonen zu sein, sondern ihren eigenen, vornehmlich ihrer Zeit verpflichteten Stil zu finden, und stets eingedenk der Worte von Ludwig Börne: „Wir leben immer für die Zukunft: Ewiges Stimmen, und nie beginnt das Konzert."

An dieser Stelle erscheint es mir sinnvoll, die oft gehörten Gegenargumente zu diesem Entwurf anzuführen. Die Schlagworte, mit denen ich sie benennen will, heißen *Beliebigkeit* und *Popularität.* Ein geflügeltes Wort alter Zeiten besagt: „Wer zu viele Eisen im Feuer hat, dem werden einige kalt." Damit ist gemeint, dass es vernünftiger wäre, sich auf dieses oder jenes zu beschränken, sich aber keinesfalls auf beides zu stürzen, weil, so die weitgehende Meinung, zu einem derer eine natürliche Affinität, sozusagen ein größeres Talent besteht, und würde man mit dem weniger Eigenen mit diesem sich Verwandten gleichziehen wollen, stöße man damit nur nicht an die Grenzen seines gegebenen Ausdruckvermögens, sondern käme dadurch auch in den Verdacht, keinerlei konkrete Ambitionen zu haben, sondern beliebig als Arbeit anzunehmen, wonach gerade Bedarf, im Sinne einer breiten, vielleicht auch unreflektierten *Akzeptanz* und *Rezeption,* besteht.

Ich für meinen Teil halte diese Ansicht für schlichtweg falsch und arrogant denjenigen gegenüber, die für sich erkannt haben, dass die Literatur so vielfältig wie die Sprache selbst ist und es nicht angeht, sich als Autor, als Autorin selbst zu beschränken, weil man ja auch aus dem gleichen Antrieb heraus im Schreiben Synonyme verwendet, um sich nicht wiederholen zu müssen.

Es ist also viel mehr so, dass, nach meinem Verständnis, die Autorengemeinschaft vor keinem literarischen Genre zurückschrecken muss, nur weil es allgemein hin nicht als *Literatur,* sondern in manchen pseudointellektuellen Kreisen herablassend als *Belletristik* benannt wird.

Nicht selten werden, zum Beispiel, Kriminalromane und Fantasy-Stoffe als letzteres gesehen, und naserümpfend wird davon abgeraten, selbiges zu schreiben, sollte man als ernstzunehmender Literat gelten wollen.

Daran anschließend hat sich die Warnung, populär zu sein, formuliert.

> „Auf große Popularität kann nur derjenige rechnen, der seinen Zeitgenossen Gemeinplätze in wohltönenden Worten zum Besten gibt. Das Publikum liebt jene Schriftsteller am meisten, in deren Werken es seine eigene Weisheit anstaunen kann",

schrieb etwa Josef Baron Eötvös, und der Autor Alfred Polgar stimmte in gleicher Unnachgiebigkeit mit ihm überein: „Eine mit Schlagworten geohrfeigte Zeit produziert eine geschwollene Literatur."

Ich frage nun: Welche begründete Angst steht hinter solchen Aussagen? Warum gilt es nicht nur als literarisch minder, auf die *vox populi* zu hören, sondern auch mit gleicher Stimme zu antworten, wenn doch gerade dann, im Echo, der heilsame, sprich wirksame Dialog, wenn auch in der Form eines Quasi-Selbstgespräches, beginnen kann? Wo anders sollte der Autor, die Autorin, stehen als der Gesellschaft gegenüber? Denn so lange die Schriftsteller unter den Menschen leben und schreiben, haben sie die Aufgabe, sich an jene zu richten, in einer diesen verständlichen Sprache und Ausdrucksform. Tut sie dies nicht, bleiben sie stumm für die Masse und ungehört; sie können nichts bewirken, so schön sie auch schreiben mögen.

Dieser Meinungswechsel über die *Schriftsprache* ist nur die erste Forderung, die ich an die zeitgenössischen Autoren und Autorinnen stellen möchte.

Die zweite hängt mit der Konsequenz zusammen, die sich direkt daraus ergibt, dass der schreibende Mensch nämlich nicht weiter in einer ihm eigenen *Kunstsprache* Texte verfasst und sich dadurch von seinen Schriftstellerkollegen unterscheidet, sondern wegen des *gemeinsamen Vokabulars* darauf verwiesen ist, sein Talent nicht nur im Schreiben, welches ich hauptsächlich als Geschichtenerfinden oder -auffinden verstehe, sondern auch im marktwirtschaftlichen Wettbewerb unter Beweis zu stellen.

Das soll heißen, ich sehe die Arbeit des Schriftstellers von heute nicht ausschließlich in der *Textschaffung,* sondern im gleichen Maße in der *Textverbreitung.* Diese geschieht, wie es in unserer modernen Welt allgemein üblich ist, durch Werbung und jede andere Art der Öffentlichkeit.

Der Autor, die Autorin ist somit über das letzte geschriebene Wort hinaus für das *Produkt Buch* verantwortlich und kann nicht untätig, oder nur gering motiviert, selbst zu werben, darauf warten, dass sich der Erfolg von alleine einstellt. Der Grund nämlich, warum manche Schriftsteller und Schriftstellerinnen auf der Leiter des Erfolgs nicht so recht vorankommen, ist darin zu suchen, dass sie glauben, sie stünden auf einer Rolltreppe. Aber mit der Veröffentlichung eines Buches ist nur der halbe Weg gegangen; die Strecke bis ins Ziel führt über die Hindernisse der Marktwirtschaft.

Zusammenfassend möchte ich ad eins den französischen Aufklärer Voltaire zitieren: „Jede Art zu schreiben ist erlaubt, nur nicht die langweilige." Und ad zwei sagen: Man wird nicht über Nacht berühmt, wenn man tagsüber nicht gearbeitet hat.

Kapitel 7
Wa(h)re Sprache

Round Table

Mit Rudolf Bretschneider / Rüdiger Görner / Martin Reisigl / Alfred Noe / Klaus Stadler / Katarina Rohringer Vešović / Konstanze Fliedl / Georges Lüdi / Martin Kolozs / Karlheinz Töchterle

Moderation: Erhard Busek

Erhard Busek:
Wir sind jetzt sozusagen gleichgewichtiger in dem Sinn, als das Podium stark zugenommen hat, aber das Publikum hat abgenommen – daher lässt sich meiner Meinung nach eine sehr gute Gesprächsatmosphäre erzeugen. Ich wiederhole noch einmal, was ich schon zum Schluss des ersten Teils gesagt habe: Wir haben die gute Erfahrung gemacht, in dieser Schlussrunde statt irgendwelcher Zusammenfassungen unsere bisherige Arbeit quasi Revue passieren zu lassen – aber nicht im Sinne des Rückblickes – was bisher gesagt wurde –, sondern des Analysebestandteils, was fehlte. Was sollte man noch einmal unterstreichen, welche Dinge wollte man im Kern noch einmal herausarbeiten? Das ist wesentlich eine Frage der Phantasie der Betroffenen, und ich glaube, der Vorsitzende ist am allerwenigsten in der Lage, hier Wesentliches zu bieten. Ich glaube aber, dass wir diesen Pfad schon beschritten haben im ersten Podium. Wir legen uns die Latte also ziemlich hoch, und daher meine Frage, ob hier jemand von Ihnen als Eisbrecher auftritt, um provozierende Bemerkungen zu machen. Bitte sehr, Herr Noe, Sie haben mir das schon angedroht, und dafür danke ich Ihnen.

Alfred Noe:
Ich darf mich vielleicht zu allgemeinen Fragen äußern und nicht so sehr zur Übersetzung, zu der ich gestern gesprochen habe; ich darf anmerken, dass ich den in vielen Wortmeldungen immer wieder angedeuteten Kulturpessimismus nicht teile. Ich denke, es gibt, wie das Herr Töchterle auch gesagt hat, Fragen, die zwangsläufig zum Literaturbetrieb dazugehören und deren Manifestation sich vielleicht nach den Bedingungen verändert. Aber das Grundproblem bleibt das gleiche. Ich darf als Beispiel hinzufügen, was Sie in Bezug auf Ware Wort gesagt haben und was bei der Diskussion herausgekommen ist: der Autor, der sich vermarkten muss, ist eine entscheidende Frage. Bei Cervantes in Don Quichote finden Sie letzten Endes alle diese Fragen schon, wo er sich lustig macht über die Erfolgsautoren, die Ritterromane, die in der Bibliothek von Don Quichote zu finden sind, die weggeschmissen gehören, und wo eine Art Kanon errichtet wird; wie die Bibliothek sortiert wird nach literaturge-

schichtlichen Gesichtspunkten, wo er sich selber lustig macht über sich als Autor. Alles das ist dort bereits zu finden und wird von einem glänzenden Autor als Problemstellung für eine innovative Art von Literatur verwendet. Literatur ist ja Gott sei Dank eine der am wenigsten an materielle Bedingungen gebundene Künste und insofern relativ rasch an neue Bedingungen anpassungsfähig, noch besser als Bildhauerei oder Malerei, die ja noch viel mehr reiche Käufer brauchen als Literatur. Deshalb gebe ich Ihnen recht, was die elektronischen Medien betrifft: wo man bereits vor zehn Jahren die Lektüre totgesagt hat. Heute stellen sich die Kleinen um Mitternacht an, um den neuesten Harry Potter möglichst rasch zu bekommen. Ich glaube, das sind Phänomene, die immer wieder auftauchen und Gott sei Dank auch überwunden werden, zum Teil auch dann überwunden werden, wenn man der traditionellen Produktion skeptisch gegenübersteht. Ich habe da auch in einigen Beiträgen immer wieder Antiamerikanismus herausgehört, dass die amerikanische Literatur als Negativbeispiel dargestellt wird, als der voll durchkommerzialisierte Literaturbetrieb. Ich möchte dem entgegenhalten, dass ich mir einen Autor wie Richard Powers in der französischsprachigen Literatur wünschen würde, so etwas haben wir dort seit Jahrzehnten nicht mehr gelesen, jemanden von einer derartigen Profundität, von einer derartigen Innovation, was die stilistischen Mittel betrifft, hervorgebracht von einem Literaturbetrieb, der von uns als durchkommerzialisiert eingestuft wird. Wenn dann solche Leute herauskommen, dann kommerzialisieren wir bitte schnell noch mehr, weil dann kriegen wir ausgezeichnete Leute.

Erhard Busek:
Danke für das Votum gegen den gepflegten Pessimismus.

Klaus Stadler:
Ich möchte mich da gerne direkt anschließen. Nachdem der Herr Hansen nicht mehr da ist und der Herr Wieser auch nicht mehr, bin ich ja außer Ihnen, der aber einen kleinen Verlag vertritt, ein bisschen der Verlagsmensch in der Runde. Und es ist immer mal wieder ein wenig ein Bild – auch bei Ihnen – herausgekommen: Der Kommerz beherrscht die Szene, wir bekommen nur mehr Bestseller, es geht nur noch um Trivialliteratur, und wir haben mit historischen Rückgriffen nun deutlich genug zu tun gehabt. Es ist einfach zu sagen: das hat es immer schon gegeben, die Courts-Mahler hat es ja auch gegeben, und diese Bastei-Groschenhefte hat es auch gegeben. Man kann jetzt mal simpel sagen: wenn die Leute statt der Bastei-Groschenhefte von mir aus Gaby Hauptmann lesen und – wie heißt die andere Dame, die Blonde aus Frankfurt, die so ähnlich triviale Romane schreibt? –, dann ist es vielleicht noch ein wenig besser, als den 95. Bastei-Arztroman zu lesen. Diese Erfahrung hat es immer gegeben. Und ich würde mich wehren, weil ich einmal in der Woche auch bei Programmkonferenzen in einem Verlag sitze, der natürlich auch wie

Suhrkamp, Hanser und alle die hohen Verlage, die Sie gestern aufgezählt haben, dabei Piper vergessen. Natürlich diskutieren wir sehr ernsthaft über anspruchsvolle Literatur – wir diskutieren nicht Lyrik, aber außer Ingeborg Bachmann gibt's ja bei Piper nichts mehr an Lyrik, oder Morgenstern, den gab's früher. Wir diskutieren sehr ernsthaft über Romane und Erzählungen von jungen Autoren, von denen wir ganz genau wissen, dass sie keine Bestseller schreiben werden, und Bestseller heißt heutzutage schon – wenn man sich die Zahlen anschaut, die man inzwischen über Media Control in Erfahrung bringen kann –, dass Auflagen, die über 10.000 Exemplare gehen, durchaus auch schon einmal auf einer Bestsellerliste landen, wo es dann aber eher um Zahlen zwischen 3000 bis 6000 geht. Darüber wird heute ernsthaft diskutiert. Dasselbe gilt übrigens auch für das Sachbuch, und es geht bei diesen Überlegungen in einem Verlag, der durchaus auf diesen Listen sehr gut vertreten ist, keinesfalls um die große Zahlenerwartung. Ich habe gestern versucht zu sagen, wie viele Fälle wir hatten, und ich nehme noch einmal mein Lieblingsbeispiel: Herrn Watzlawik mit seinem kleinen Büchlein; es war ein 63-Seiten-Manuskript. Er kriegte eine Seite in der Vorschau. Er bekam kein Werbeetat, weil man sagte: „Schauen wir mal, was passiert." Und es ist sehr viel passiert. All das spielt noch eine Rolle in Verlagen, ebenso wird auch versucht, Autoren auf Lesereisen zu schicken, natürlich auch Autoren von Sachbüchern. Immer wird wieder gefragt: „Wollen Sie gern, möchten Sie vielleicht?" Und dann kommt das noch größere Problem: Herr Reichert hat es angedeutet: Es gibt immer weniger normale, kleinere oder mittlere Buchhandlungen, die bereit sind, solche Veranstaltungsreihen aufzuziehen. Ich komme aus einem kleinen Ort am Rande von München, da gibt es immerhin eine literarische Gesellschaft, die – glaube ich – 50 Jahre alt ist. Die machen solche Veranstaltungen, die können das aber nur, weil die Gemeinde etwas zuschießt. Der örtliche Buchhändler wird mit Sicherheit nichts dazu tun, wie etwa 500 Euro Honorar für den Autor zur Verfügung zu stellen. Es wird immer schwieriger, und wenn die Autoren es gerne möchten, dann beginnt wirklich der Kampf, dass man Buchhändler findet, die dann sagen: „Kann der Verlag vielleicht die Reisekosten übernehmen?" Aber irgendwann ist der Etat ausgeschöpft, und ich wehre mich immer gegen das Bild, dass das ja nicht so gesagt wurde. Aber es ist nicht wegzudiskutieren, dass die Diskussion immer ein wenig in die Richtung geht: „Da sind nur noch Haie, die Bestseller machen wollen, um das große Geld zu verdienen." Dazu sind die Diskussionen um Bücher in dem Verlag, den ich kenne, und ich kenne ihn schon ziemlich lange, zu ernsthaft; das sollte man nicht unterschätzen.

Erhard Busek:
Danke. Nur eine Nebenbemerkung: Watzlawik ist inzwischen Namensgeber für einen Preis, der Arme.

Klaus Reichert:
Ich möchte vorerst etwas zum amerikanischen Verlagswesen sagen. Es ist natürlich schön, dass gewisse große Autoren wie Powers oder Updike in großen Verlagen erscheinen und auch in alle Sprachen übersetzt werden. Aber vergessen Sie bitte nicht, dass seit es einen amerikanischen Buchmarkt gibt, schwierige Literatur nur in kleinen Verlagen erscheinen konnte, und dass selbst Autoren, die auf dem Markt eingeführt waren, auf einmal verschwunden sind. Es gab im 19. Jahrhundert einen Autor, der hat so Seeromane geschrieben und stand im Verdacht, dass er bei irgendeiner Havarie Menschenfleisch gegessen haben soll. Und dieser Mann, der mit drei Romanen sehr berühmt geworden ist, der legt dann einen vierten Roman vor, unter dem Titel „Moby Dick", der durchfällt. Und dann schreibt er noch einen zweiten Roman, „Pierre", der schon völlig ignoriert wird. Darauf hin schreibt er nur noch ganz lange epische Gedichte, die er quasi im Selbstverlag herausbringen muss. Er ist ein toter Autor… Ein anderes Beispiel aus England. Ein sehr bekannter Roman-Autor, Thomas Hardy, schreibt 1892 seinen letzten Roman, der bei der Presse absolut durchfällt. Für den Rest seines langen Lebens schreibt er nur noch Gedichte, etwa 1000 Gedichte, die kein Mensch drucken will. Beim amerikanischen Markt ist aber noch ein anderer Gesichtspunkt wesentlich: Die großen Dichter, die nach dem Krieg in Amerika wichtig geworden waren, zum Teil im Krieg – ich nenne etwa William Carlos Williams, Allen Ginsberg, Charles Olson, Robert Creeley, John Ashbery –, die sind alle in winzigsten Verlagen erschienen, und der einzige, der eine Chance gehabt hätte, von einem großen Verlag genommen zu werden, weil er weltberühmt war, nämlich Allen Ginsberg, der sagte: „Ich lehne das ab, ich bleibe bei den kleinen quadratischen City Lights Books" in San Francisco. Er hat nie bei einem großen Verlag etwas publiziert. Und Kaugummis, Waffensysteme, und so kriegen wir schön langsam das amerikanische Verlagssystem. Zum Beispiel in Gestalt von Agenten. Früher haben die Autoren ihre Manuskripte den Lektoren, den Verlagen gegeben, heute läuft das über Agenten, die die Preise und Vorschüsse ins Astronomische hochdrehen. Zum Beispiel hat ein Amerikaner auf Französisch einen SS-Roman geschrieben, der wurde über Wochen in den Vorschüssen hochgeschaukelt, bis er vom Berlin-Verlag schließlich um 470.000 Euro Vorschuss gekauft wurde. Was heißt das für den Verlag? Der muss alles auf diesen Roman konzentrieren, er muss es sich versagen, Lyrik zu machen. Lyrik, auch wenn sie gut ist, verkauft sich notorisch nicht. Essayistik verkauft sich nicht in Deutschland – anders als in England zum Beispiel. Das sind Dinge, die die Literatur – nicht nur die Distribution, sondern auch die Produktion – verändern. Sie haben gestern von einem Autor erzählt, dessen Roman erst im Jahr 2012 erscheint, aber der auf einer Seite eine Skizze gemacht hat und ein paar Tipps bekommen hat: da muss noch eine Liebesgeschichte rein und da muss ein bisschen Crime rein, dann können wir das gut verkaufen. So

werden Literaturtexte heute vielfach gemacht. Wenn man etwas anderes macht, was nicht rasch verkaufbar ist, dann hat man keine Chancen. Aber ich will noch ein ganz anderes Beispiel erzählen. Wir sprechen immer von den Ländern und den politischen Systemen, die wir kennen. Es gab eine Zeit, da gab es noch den Eisernen Vorhang, und das Buch hatte in den Ostblockländern einen ganz anderen Stellenwert als bei uns. Wenn ein Buch erschienen ist, meistens in relativ kleinen Auflagen, dann war das sofort weg. Also von einem literarischen Autor, Lyriker oder von einem Prosaisten, was auch immer. Seit den 50er Jahren gibt es bei uns etwas, das nannte man konkrete Poesie. Dichter wie Jandl haben als konkrete Poeten in Kleinstverlagen angefangen und entsprechende Kleinstauflagen bekommen. Es gab verschiedene andere, die auch konkrete Poesie gemacht haben. Ich war im Jahr 1965 in Prag, da hat ein Dichter und Übersetzer eine Anthologie konkreter Poesie gemacht. Das war etwas, das es im Osten überhaupt nicht gab. Startauflage 10.000 Exemplare, an einem Nachmittag ausverkauft. Da war ein ganz anderes Bedürfnis an experimenteller Literatur in dem Maße, wie sie dort nicht gefördert und auch nicht publiziert wurde. Und dann kam etwas und wurde sofort absorbiert. Diese Bedingungen müssen wir mit bedenken, wenn wir über den Markt reden.

Alfred Noe:
Darf ich zu der Liste etwas sagen, weil sie mir doch recht einseitig selektiv scheint. Ich sage Ihnen drei Namen: Proust, Joyce, Tomaso di Lampedusa. Alle genauso abgelehnt von einem traditionellen Betrieb und nicht unter den Bedingungen von Melville. Alle genauso von Verlagen nicht aufgenommen.

Klaus Reichert:
Sie können auch Beckett hinzufügen.

Alfred Noe:
Aber das hat nichts mit Amerika zu tun, weil Sie das amerikanische System so abtun, das finden Sie überall.

Klaus Reichert:
Darf ich zu Joyce noch etwas sagen: weil „Ulysses" sicher eines der schwierigsten Bücher des 20. Jahrhunderts ist und Joyce gilt ja als Eigenbrötler und Monolith. Er war aber einer der besten Werbestrategen für sein eigenes Werk, den ich kenne. Er hat die Rezensionen ausgewertet, hat die besonders guten Sätze ausgeschnipselt und auf Papier geklebt. Das hat er dann seiner Buchhändlerin gegeben und gesagt, das muss jetzt an die Buchhandlungen geschickt werden in aller Welt. Das war in Tat ein ganz besonderes strategisches Format.

Georges Lüdi:
Ich möchte ein Thema kurz anschneiden, das meines Erachtens heute ein bisschen zu kurz gekommen ist. Wir sind hier im deutschsprachigen Raum, es ist irgendwie selbstverständlich, dass Literatur auf Deutsch publiziert wird. Wenn von amerikanischen Autoren die Rede ist, wird entweder vom Übergreifen des amerikanischen Verlagswesens gesprochen, oder es wird von Übersetzungen gesprochen. Mir fehlt eigentlich in dieser ganzen Diskussion um den Literaturbetrieb, um die wahre Sprache, jetzt die Frage: welches ist denn die wahre Sprache? Ich komme aus einem mehrsprachigen Land. Wenn Herr Görner ein Zentrum für Schweizer Literatur in London organisieren will, dann müsste er eigentlich ein Zentrum für Literatur in vier Sprachen organisieren. Die innerschweizerischen Übersetzungen werden zwar gemacht, funktionieren aber nicht sehr gut, meistens nur dank erheblicher Subventionen des Staates oder der Pro Helvetia-Stiftung. Aber das Spannende ist, dass man die Bücher jeweils in ihrer Originalsprache liest. Meine Frau ist in einem Lesezirkel in Basel; das sind zwölf Damen zwischen 40 und 80, und die wählen jeweils zwei Bücher pro Monat aus – also 24 Bücher im Jahr. Und von diesen 24 Büchern müssen zwingend sechs, also ein Viertel, nicht auf Deutsch sein. Und es lesen alle Englisch, alle Französisch, nicht alle Italienisch, Italienisch kommt nur in Schaltjahren vor. Aber die Idee, dass im Grund genommen eigentlich der Zugang zur Literatur entscheidend ist und dieser nicht nur über die eigene Sprache läuft, sondern auch über die Sprache des Nachbarn; dass der Literaturbetrieb nicht einfach abgeschottet wird und nicht nur die Übersetzerinnen und Übersetzer gleichsam als Vermittler auftauchen, sondern dass die Menschen selber über das Lesen sich ein Bild machen von dem, was im Nachbarland geschieht, das bedeutet natürlich – wenn wir die ganzen Fragen der Strategien der Buchhändler, die Werbestrategien haben –, dass das enorm viel komplizierter ist. Denn ein Buchhändler oder ein Verlag wird allenfalls in die Werbung einer Übersetzung eines französischen Romans in der Schweiz investieren. Mit Ausnahme ganz weniger amerikanischer Titel wird kaum Werbung für ein amerikanisches oder ein französisches oder ein italienisches Buch gemacht. Da funktionieren plötzlich andere Netzwerke. Es wird viel gelesen, man kommt zu den Büchern, man kriegt es übrigens über den Buchhandel, wenn man es bestellt, aber es läuft am offiziellen Buchvertriebssystem vorbei. Da stelle ich mir natürlich die Frage nach dem Wert der einzelnen Sprachen in unserem Sprachwertsystem. Und für die deutsche oder die deutschsprachige Literatur stellt sich mir die weitere Frage: Warum wird in Frankreich, ihn Deutschland, in Italien englischsprachige Literatur aufgenommen und gelesen, auch in der Originalsprache gelesen? Ich rede jetzt nicht von Holland oder Schweden, da ist es eher normal – aber weshalb wird deutschsprachige Literatur außerhalb der Grenzen kaum wahrgenommen? Es sei denn einmal in einer Übersetzung. Das heißt, es stellt sich die Frage der europäischen Sprachwertsysteme. Ich

sagte gestern, dass ich in einem europäischen Forschungsprojekt arbeite, in dem es um die Art und Weise geht, wie Europa mit seiner sprachlichen Vielfalt umgeht, und wir beobachten immer wieder, dass die Deutschen nicht so recht zu ihrer Sprache stehen. 100 Millionen Deutschsprachige, die scheinen zu genügen, aber darüber hinaus sprechen wir englisch. Und das stört, und ich weiß jetzt nicht, ob der Literaturbetrieb gerade der beste Ort ist, um das Thema zu konkretisieren. Aber wer liest außerhalb des deutschen Sprachraums deutschsprachige Bücher und was wird gemacht von Deutschland, von Österreich, von der Schweiz von den Verlagen, um dies zu ändern? Inwiefern hat die deutschsprachige Literatur einen Folklorewert für die Deutschsprachigen oder inwiefern hat sie den Anspruch, weit über die Grenzen des deutschen Spracheraums hinaus Wirkung zu erzielen, und zwar nicht nur in Übersetzungen, sondern auch in der Originalversion?

Das war der Beitrag des Sprachwissenschaftlers an diesem Runden Tisch.

Erhard Busek:
Wenn Sie erlauben, will ich drei Bemerkungen dazu machen, weil ich in unterschiedlichen Kapazitäten davon berührt bin: Mein Eindruck als ein Angehöriger der Nachkriegsgeneration ist, dass sozusagen die Zurücknahme der deutschen Sprache – und das spielt in einem kleineren Land wie Österreich noch eine größere Rolle – doch auch aus den Ergebnissen des Zweiten Weltkriegs resultiert. Und zwar, dass man nicht darauf hinweisen wollte, hinsichtlich der ganzen Beurteilung der Rolle des Großdeutschen Reiches... das spielt im Nachhang immer noch eine Rolle, wird vor allem von der deutschen Bundesregierung überkompensiert, indem Zwang darauf gelegt wird, es muss deutsch geredet werden, was zum Teil auch obskure Situationen erzeugt. Ich kann das im europäischen Kontext durchaus feststellen.

Bemerkung Nummer zwei hinsichtlich der Übersetzungen: Ich habe eine Aufgabe, die mit Südosteuropa zu tun hat. Das ist ein Nebenschauplatz, aber meiner Meinung nach ein recht bedeutender, eben der Bereich der Literatur. Ich habe hier beobachtet, kann das allerdings nur für den deutschsprachigen Bereich sagen, dass nach dem Nobelpreis für Ivo Andrić die Übersetzungen aus Südosteuropa ins Deutsche aufgehört haben. Das heißt, wir haben lange Zeit ein Loch in der Kenntnis der Literatur in Südosteuropa. Wobei ich dazu sage, und das ist der Grund, warum ich dazu komme: Wenn man es rechtzeitig gelesen hätte, hätte man vorausahnen können, was dann dort passiert ist.

Eine weitere Bemerkung: Die Fischer-Stiftung bemüht sich gerade, Übersetzungen in Richtung Südosteuropa zustande zu bringen; ich bin hier mitbefasst. Ein bisschen schwieriger ist es, deutsche Verlage zu motivieren, Übersetzungen aus den Sprachen etwa aus Südosteuropa ins Deutsche selber zu ermöglichen, was auch wichtig wäre, denn gerade aufgrund der Kriegsereignisse und dessen, was dort passiert ist, ist die Literatur irrsinnig spannend, weil sie erst recht wieder Auskunft gibt, wie Sie das auch sehr deutlich an der bildenden Kunst sehen können. Wenn Sie mich fragen: die bildende Kunst, die Südosteuropa produziert hat, ist spannender als das, was streckenweise in anderen Teilen Europas der Fall ist. Ich begegne der Arroganz selbst der Künstler in „Westeuropa", die sagen: „Die sind ja noch nicht richtig modern" und so weiter, was bitte ein Fehler ist; wenn Sie das sehen, gibt das ungeheuer Auskunft. Verzeihen Sie, meine Tätigkeit hat mich da ein bisschen davongetragen. Frau Rohringer Vešović passt da vielleicht ein bisschen dazu.

Katarina Rohringer Vešović:
Danke für diese Worte über die Wichtigkeit der Übersetzungen aus slawischen Sprachen ins Deutsche: Ich wollte eigentlich eher anknüpfen daran, was Herr Reichert und Herr Lüdi so in die Diskussion hinein gebracht haben. Aber Herr Professor, erlauben Sie mir nur eine Nebenbemerkung: was mich etwas befremdet, ist, wenn ich höre, dass jemandem, der der Meinung ist, dass der amerikanische Buchmarkt kommerziell ist, Antiamerikanismus vorgeworfen wird. Weil ich glaube, das steht außer Zweifel, Antiamerikanismus ist ein politischer Terminus, der in den letzten Jahren entstanden ist, um die Kritiker der amerikanischen Außenpolitik zum Schweigen zu bringen. Wenn man sagt, dass andere Sachen im Bereich Kultur in den USA nicht so lobenswert sind, weil man dann gleich so abgestempelt wird, das finde ich ein bisschen problematisch.

Alfred Noe:
Das meinte ich nicht so, Antiamerikanismus ist für mich ein jahrzehntelanges Phänomen in Österreich.

Erhard Busek:
Aber Sie haben nicht ganz Unrecht, die Diskussion altes und neues Europa steht unter dem Kontext, denn sie sagt, sie hat schon eine Rolle.

Katarina Rohringer Vešović:
Herr Lüdi, Sie haben dann angesprochen, dass es sehr wichtig wäre, dass man auch im deutschsprachigen Raum etwas tut, so dass die in Deutsch geschriebenen Bücher auch im Ausland gelesen werden. Haben Sie Übersetzungen gemeint? Nicht im Original, denn man kann nicht verlangen, dass jemand Deutsch kann...

Georges Lüdi:
Beides, ich meinte, dass übersetzt wird, um die deutsche Literatur außerhalb des deutschen Sprachraums bekannt zu machen, aber ich habe auch gemeint, dass man mehr macht, damit außerhalb des deutschen Sprachraums Deutsch gelernt wird. Ich habe sehr viele Menschen meines Al-

ters getroffen in England, in Frankreich, in Amerika, die hervorragend Deutsch können, und ich sehe bei den Jungen ein Fehlen dieser Sprachkenntnisse. Die sind gar nicht mehr in der Lage, Bücher im Original zu lesen, und auch da müsste man wohl etwas tun.

Katarina Rohringer Vešović:
Es wurde anlässlich der Frankfurter Buchmesse die Zahl von 27 Übersetzungen genannt aus dem Deutschen ins Englische, und es ist auch bekannt, dass auf dem amerikanischen Buchmarkt und auch in Großbritannien fast 80 oder 90 Prozent aller Bücher die Bücher sind, die als Muttersprache in Englisch geschrieben sind, also sehr wenige übersetzt sind. Und weil wir gestern ein bisschen darüber gesprochen haben, dass eine der Funktionen der Bücher der Austausch der Ideen ist: Herr Reichert hat dann die Frage gestellt, wie es mit unserer Gesellschaft beschaffen ist, in der man nur Donna Leon liest – nichts gegen Donna Leon, das ist sehr spannend –, aber dann stellt sich wirklich die Frage, ob diese Gesellschaften nicht in sich geschlossen sind und nicht offen für neue theoretische Werke auch im Bereich der Soziologie, Psychologie, Politologie usw. Ich glaube, das würde auch diesen Gesellschaften sehr gut tun, auch Bücher in anderen Sprachen zu lesen. Und nun noch ein letztes Wort für ein ich glaube gutes Beispiel. Jetzt war ich bei der Buchmesse in Belgrad, und da hat Lojze Wieser einen Preis bekommen, der in diesem Jahr seitens des Ministeriums für Bildung gegründet wurde. Dieser Preis trägt den Namen von Dositej Obradović. Das ist unser berühmter großer Aufklärer, der auch sehr viel gereist ist in Mitteleuropa und auch noch weiter. Die Kurzfassung: die Idee über diesem Preis ist, dass man die Verlage würdigt, die aus diesen kleinen Sprachen, in diesem Fall aus dem Serbischen, veröffentlichen. Außerdem ist der Preis so gemacht, dass etwa Herr Lojze Wieser das Recht hat, selbst drei Bücher zu wählen, die in Serbisch geschrieben wurden in den letzten Jahren oder auch vor 20 Jahren, und dass die dann finanziert werden vom Ministerium und dass die dann ins Deutsche übersetzt werden. Dazu ist auch eine Studienreise geplant in die Vojvodina, sozusagen auf dem Spuren von Dositej Obradović.

Erhard Busek:
Danke vielmals für den Hinweis. Man muss natürlich dazu sagen – und darin liegt die ganze Problematik –, dass Lojze Wieser den Preis gekriegt hat, ist an der österreichischen Medienlandschaft spurlos vorübergegangen. Das ist schon einmal eine der ganz wesentlichen Charakteristika. Es ist beschämend, muss ich schon sagen. Weil ich hier aus guter Kenntnis des Lojze Wieser auch weiß, dass er beachtliche Summen dafür bezahlt hat, dass er diese Funktion mit seinem Verlag ausgeübt hat. Das heißt, der nahende Bankrott war immer sein Partner. Er ging einen sehr riskanten Weg, und die Anerkennung dafür hat es wirklich nicht gegeben. Ich sage das nicht in Richtung auf Sie, sondern als ein eigentlich beschämendes

Element, denn unter den politische Implikationen, die die Region selber hat, hat er eine ungeheuer wichtige Aufgabe ausgeübt. Wieser hätte eigentlich schon längst einen österreichischen Preis kriegen sollen. Anstatt dessen kriegt er nur Steuervorschreibungen.

Rüdiger Görner:
Zwei ganz kurze technische Bemerkungen, gerade auch anknüpfend an das Thema, dass in diesem Jahr 27 Bücher aus dem Deutschen ins Englische übersetzt wurden. Das ist leider zutreffend. Es gibt aber eine ganz interessante, zwar klein angelegte, aber doch bemerkenswerte Initiative, die mir sehr bezeichnend erscheint. Ein kleinerer deutscher Verlag, der Wehrhahn-Verlag, ist inzwischen dabei, deutsche Literatur ins Englische zu übersetzen – und sie beginnen mit Romantik. Also ein deutscher Verlag verlegt romantische Literatur in englischer Übersetzung und sucht englische Partner, um das dann zu vertreiben. Das ist eine ganz neue Sache, die mir ganz bezeichnend erscheint. Man fing an mit einer Achim-von-Arnim-Novelle; nun kann man sich darüber unterhalten, ob das ein guter Anfang war oder nicht. Sei's drum, es ist als Faktum buchenswert. Das zweite, was den britischen Markt angeht, er ist tatsächlich immens komplex problematisch, wie auch immer. Eines ist aus deutscher Sicht allerdings nicht uninteressant. Es gibt seit geraumer Zeit in Großbritannien eine Zeitschrift, die da heißt „New Books in German", und „New Books in German" ist inzwischen der wichtigste Verteiler geworden – das ist auch in Richtung der Verlagsvertreter gesagt – für deutschsprachige Bücher, auch von kleinen Verlagen, die für britische Verlage von Interesse sind. Britische Verlage, das zeigen jüngste Erhebungen, scheinen sich zu zwei Dritteln inzwischen durch dieses kleine, aber doch sehr effektive Magazin über deutschsprachige Neuerscheinungen zu informieren. Das nur als zwei kleine Fußnoten zu diesem wahrhaftig problematischen Thema. Eine zweite kleine Fußnote ist vielleicht: Wenn wir in Britannien Germanistenkongresse abhalten, dann gilt als eisernes Gesetz, dass man selbstverständlich auf Englisch spricht, nicht auf Deutsch. Das ist die eine Sache, eine nur rein technische Bemerkung. Das andere – und ich denke, das ist etwas, das wir nicht ganz aus dem Blick verlieren dürfen. Deutsch war bekanntlich als Wissenschaftssprache in den angelsächsischen Ländern die dominante Sprache im 19. Jahrhundert. Das ist zumindest ein kulturelles Faktum, das mit einer gewissen Wellenbewegung zu tun hat, denn Deutsch ist nicht mehr die primäre Wissenschaftssprache. Aber es gibt ja tatsächlich auch Versuche, diesen Verlust der Wissenschaftssprache Deutsch zu kompensieren. Und da tut sich zum Beispiel erstaunlicherweise bei den Biologen einiges. Es gab eine Biologentagung in London, gar nicht so lange ist es her, und da wurde tatsächlich versucht – was die Germanisten beschämt hat –, eine solche Tagung zur Hälfte auf Deutsch abzuhalten. Auch das ist ein vielleicht etwas exotisches Zeichen, aber doch ein ganz interessantes Zeichen. Das andere ist, und das knüpft an das an, was Dr. Busek vorhin gesagt hat: das Problem Zweiter Weltkrieg

und danach. Man sollte nicht unterschätzen, dass ein Großteil von Emigranten, und zwar durchaus auch prominente Emigranten, aus mehr als verständlichen Gründen gerade nach 45 darauf bestanden, nicht mehr deutsch zu sprechen. Das hatte unmittelbare Auswirkungen auf die Wissenschaftskultur, auch auf den Literaturbetrieb. Was sicher nicht nur für Großbritannien zutraf, sondern natürlich auch auf die Vereinigten Staaten. Auch das nur als ein Datum. Ich habe das selbst noch in dieser Weise erlebt, also eine gewisse Gespaltenheit in den Emigrantenzirkeln, soweit ich sie noch erleben konnte und durfte. 1980/81 konnte man tatsächlich davon ausgehen, dass zwei Drittel ganz bewusst kein Deutsch sprachen. Das andere Drittel aber sprach emphatisch deutsch. Das ist eine Beobachtung, die nicht ganz unerheblich ist in dem Kontext. Letzter Punkt, und das bringt mich dahin zurück zu dem, was Herr Töchterle heute Vormittag ausgeführt hat, was mich tatsächlich auf das Wesentliche der ganzen Thematik zurückführt: Wir haben begonnen auch mit Verweisen auf Nietzsche und mit der Spannung zwischen dem Rhetorischen und dem Wahrheitsbedürfnis. Ich denke, dass ein exemplarischer Fall namens Nietzsche uns immens viel zu sagen hat. Kollege Borchmeyer hat das ja auch in vielfältiger Weise ausgeführt und angedeutet. Aber es scheint mir, dass dieser Konflikt zwischen einem Wahrheitsanspruch einerseits, der durch Sprache vermittelt werden könnte, und der rhetorischen Überformung der Arbeit mit dem Sprachmaterial selbst in Nietzsche so dramatisch kollidierte und dass er das mit sich selbst nicht abmachen konnte. Er scheint mir ein spätes Beispiel zu sein, typischerweise natürlich: ein klassischer Philologe, der nicht mehr zurande kam mit diesem Konflikt zwischen der wahren Sprache und der Ware Sprache. Das ist nun jemand, der, wann immer er rhetorisch auftreten musste, interessanterweise in Basel, da brillierte er nicht unbedingt. Reden war nicht seine Stärke. Aber wann immer er die Rhetorik philosophisch internalisieren konnte, dann wird die Sache explosiv. Das ist meiner Meinung nach als Fallbeispiel tatsächlich auch ein Extrembeispiel, das aber diese von Herrn Töchterle ausgeführten Überlegungen dramatisch zuspitzt und eben für die Moderne zuspitzt. Denn welcher Schriftsteller hat nicht von dem Problem Nietzsche gelernt?

Und das Letzte aus meiner Sicht, diese Aufgeregtheit über die Kommerzialisierung einerseits und die Nichtkommerzialisierung andererseits: Schriftsteller, die es vermochten, sich zu vermarkten, oder solche, die es ablehnten. Ich denke, man muss einfach damit leben, dass wir die beiden Hälften haben. Es regt mich dieses Thema nur begrenzt auf. Wenn man auf der anderen Seite einen Blick auf die Künste wirft, müsste man, glaube ich – und das wäre ein Versuch einer kleinen Erweiterung unseres Ansatzes –, vergleichend heranziehen, wie es denn ausschaut in der Musik, in der bildenden Kunst. Da sind die Parameter zugegebenermaßen anders; da haben wir es nicht primär mit nationalen Artikulationsformen zu tun wie in der Sprache, zumindest begrenzter, aber ich denke, es gibt da interessante Entgrenzungsphänomene, die uns ein Stück weiterbringen könnten. Das hat mit Ihrer Frage zu tun: Warum sind es denn immer die Literaten, auf die man schaut? Es mag ja sein, dass man im Vergleich mit anderen Künsten einiges zuwege bringt.

Konstanze Fliedl:
Nach der Wende sind die Zahlen der Deutschlernenden in Holland beispielsweise dramatisch eingebrochen. Inzwischen brechen sie in den Vereinigten Staaten dramatisch ein, weil man dort mit einer Sprache, die man lernt, auf Kontinenten sich verständigen will und deshalb Spanisch oder Chinesisch lernt und nicht mehr Deutsch. Und selbst wenn man Portugiesisch lernt, hat man 200 Millionen Sprecher – also doppelt so viel wie deutschsprachige. Ich glaube, das orientiert sich an diesen Sachen. Ich finde das aber nicht so besorgniserregend; viel besorgniserregender finde ich, dass ein dermaßen asymmetrisches Gefälle zwischen Westeuropa und Osteuropa besteht. Wenn man in osteuropäische Länder oder nach Russland oder die Ukraine geht, besteht eine derartige Kenntnis unserer Literatur und auch der westeuropäischen und US-amerikanischen Literatur, der wir überhaupt nichts entgegenzusetzen haben; das ist wirklich total beschämend. Und da läuft das überhaupt nicht kommerziell. Ich kenne viele Kollegen in Sankt Petersburg oder auch in der Ukraine, die ohne irgendeinen Groschen Geld übersetzen. Die österreichischen Autoren, die in Russland vertrieben werden, die sind alle übersetzt worden, ohne dass sie außer gelegentliche Förderungen durch das Außenministerium überhaupt irgendeinen Groschen bekommen haben. Man muss auch sagen, dass hier von keinem Marktphänomen die Rede ist, sondern wenn die das nicht aus Liebe machen, würde es einfach nicht geschehen.

Klaus Stadler:
Die Honorare für die Verlage bewegen sich auch zum Teil im 500-Euro-Bereich.

Konstanze Fliedl:
Und zur Kommerzialisierung würde ich gerne sagen: Ich fühle mich ein bisschen missverstanden. Ich bin dafür, dass es Verlage gibt, und als Literaturwissenschafterin kann ich sagen, wenn man in Marbach zum Beispiel die Verlagskorrespondenzen von Autoren – die sind ja dort in Vorlässen deponiert –, wenn man sich die anschaut, dann gibt es eine regelmäßige Klage, nämlich dass die Verlage zu wenig verkaufen; darüber beschweren sich alle Autoren. Also dagegen, dass Verlage Bücher verkaufen wollen, ist prinzipiell überhaupt nichts zu sagen.

Erhard Busek:
Wenn Sie mir gestatten: Das Verschwinden von Europa in den USA hat vielgestaltige Gründe. Zum einen ganz sicher, dass die Immigrantengeneration ausstirbt. Das ist ein ganz bitterer Verlust, das merke ich im univer-

sitären Bereich, ich bin Gastprofessor an einer amerikanischen Universität; das geht seinem Ende entgegen. Was aber noch viel stärker ist: Das Verhalten der Europäer geht den Amerikanern auf die Nerven. Das ist eine politische Konsequenz, daher nimmt auch das Verständnis ab und die Ablehnung mit Sicherheit zu. Es ist aber auch umgekehrt so, dass die Präsenz der Europäer nicht unbedingt gegeben ist; das gilt nicht nur für den deutschsprachigen Raum, sondern es nehmen radikal auch die Engländer ab. Das ist eine Abwendung der Amerikaner; wir werden in dem Sinn nicht mehr als wichtig angesehen. Das liegt ein bisschen natürlich auch an der Überzeugung, die sich nach 1989 eingeschlichen hat, dass sie die einzige Supermacht sind, die es überhaupt gibt. Dafür zahlen sie eine Rechnung, die ganz beachtlich ist in der Zukunft, das ist absehbar, wird auch von denen begriffen, die die Dinge übersehen; nur Gegensteuerung gibt es in dieser Richtung noch keine. Während umgekehrt das, was Sie gesagt haben, deutsche Übersetzungen im sogenannten osteuropäischen Raum, beginnen ... Ich habe erlebt, dass etwa die Kulturinstitute Österreichs eine ungeheure Rolle gespielt haben mit keinem Geld. Sie haben sogar heute vielleicht mehr Geld, spielen aber eine geringere Rolle, weil die Sehnsucht in dem Ausmaß nicht mehr existiert. Was auch bei uns in Österreich in der Auslandspolitik nicht realisiert wird, oder sozusagen die Möglichkeiten nicht bestehen, es umzusetzen mit Ausnahme der Österreich-Bibliotheken, die zumindest als eine optische Präsenz relativ breit gestreut sind. Wieweit sie strategisch wirksam sind, ist eine zweite Sache. Es gibt allerdings sehr unterschiedliche Verhaltensweisen. 50 Prozent der Ungarn lernen Deutsch als Fremdsprache das ist eine wahnsinnig hohe Zahl. Da ist aber Ungarn eine Ausnahme, muss man sagen; das hat verschiedene Gründe. Wir haben aber alle miteinander nicht verstanden, eine Schulpolitik zu machen in dem Sinn, dass Schulen gegründet wurden von unseren Ländern hier. Ich habe mich da wahnsinnig bemüht. Die Österreicher haben beispielsweise nur eine in Prag und in Budapest zustande gebracht, die in Budapest ist ein Konstrukt mit einem Orden, mit den Schulbrüdern, damit wir überhaupt die Möglichkeit haben, was ich für einen kardinalen Fehler halte. Hier wäre sicher mehr möglich gewesen. Auch Deutschland hat auf dem Sektor nicht allzu viel gemacht. Zum Beispiel eine Schmerzensprovinz, nämlich Kosovo. Da ist es jetzt den Jesuiten gelungen, in Prizren ein Loyola-Gymnasium aufzuziehen. Das wäre wahnsinnig wichtig angesichts der Bedeutung der Präsenz der Kosovo-Albaner im deutschen Sprachraum inklusive der Schweiz. Mir sagt die Schweizer Außenministerin immer, der Kosovo ist ein Schweizer Problem. Ich habe sie das erste Mal, als sie das gesagt hat, gefragt warum. Ja, offiziell haben wir 100.000 Kosovo-Albaner, es sind aber in Wirklichkeit illegal 200.000 Kosovo-Albaner. Das sind Phänomene, die in der kulturellen Dimension überhaupt nicht bearbeitet werden. Herr „Nicht"-Professor?

Klaus Stadler:
Ich sage jetzt was Böses: Ich hab das Gefühl, in Österreich wird man irgendwann Professor, in Deutschland ist das nicht so, aber es kann ja noch werden.

Erhard Busek:
Eine ganz normale Alterserscheinung. Ich kann Ihnen aber sagen, das Zurückweisen ist noch mühevoller als das Bekommen.

Klaus Stadler:
Ich weiß gar nicht, ob ich alles auf die Reihe kriege, was ich notiert habe, aber da ich ein wenig aus der Praxis komme, kann ich es praktisch probieren. Ganz kurz, Herr Reichert, zu dem Agenten-Wesen oder Agenten-Unwesen: Das ist eine schillernde Geschichte. Das ist in Deutschland seit ungefähr zehn bis fünfzehn Jahren so, dass nicht nur deutsche Autoren, und zwar sowohl Belletristik- oder Literaturautoren als auch Sachbuchautoren, über Agenten laufen, natürlich in der manchmal vordergründigen Hoffnung, dass höhere Honorare herausgeschunden werden. Die Argumentation der Agenten lautet – so stellt sich zumindest für mich so dar –, dass sie ja auch den Autoren helfen würden, Projekte zu entwickeln, ein schönes Exposé zu schreiben, und so weiter. Die ist zumindest sehr problematisch; ich habe da einen Fall, an den ich mich sehr gut erinnere, über den ich mich im Nachhinein auch ärgere. Wir haben gerade im deutschen Fernsehen jetzt den Contergan-Film gehabt, und Sie kennen alle den Sänger Thomas Quasthoff, der in Deutschland und international inzwischen eine Berühmtheit ist. Von dem kam über eine Agentur das Proposal, oder wie sagt man auf Deutsch, das Arbeitspapier für eine Art Autobiographie. Das kam auch zu uns, und die Qualität dieses Arbeitspapiers bewegte sich auf dem Niveau der bunten Illustrierten. Daraufhin haben wir diskutiert und gesagt, auf dem Niveau wollen wir das nicht; das ist ein ernsthafter Sänger in der Klassikszene, der wirklich etwas zu sagen und zu singen hat, es gibt wunderbare Schubert- und sonstige Aufnahmen; wir haben das zurückgewiesen an die Agentur und sagten: „Nicht so, ein anderes gerne, aber nicht so, nicht dieses Niveau, das ist billigste Kolportagegeschichte." Irgendwann ist dieses Buch in einem Partnerverlag von uns erschienen, nämlich bei Ullstein, und es ist einer der wenigen Erfolge in dem Bereich geworden. Ob die Agentur danach noch was nachgebessert hat, weiß ich nicht. Aber es ist eine Entwicklung, die problematisch ist für die Verlage. Aber nicht immer. Es gibt auch Agenten, mit denen man ordentlich zusammenarbeiten kann, auch mit amerikanischen oder mit Schweizer Agenten. In Zürich gibt es drei alteingesessene Agenturen, die den deutschen Markt aus Amerika betreuen. Und da gibt es sehr vernünftige Gespräche über Vorauszahlungen, wo man auch sagen kann: „Leute, bitte lasst uns realistisch bleiben, wir wollen uns nicht gegenseitig ruinieren." Das ist eine schillernde

Geschichte, aber sie führt nicht nur zur Qualitätsminderung. Was passiert mit unseren Büchern im Ausland? Sie auf Deutsch zu verkaufen, ist eine Frage, ob es den Handel dafür gibt. In Deutschland gibt es eine Buchhandlung, Petersen, die englischsprachige Bücher nach Deutschland importiert; dort kann man bestellen, über Amazon kann man das auch, und das gilt natürlich im Ausland auch für deutschsprachige Bücher. Schwieriger wird es mit den Lizenzverkäufen, was ja heißt: unsere Bücher gehen nach Amerika, nach England, nach Frankreich, in die osteuropäischen Länder. Passiert das wirklich? Die Erfahrung ist, wir leisten uns eine kleine eigene Abteilung, und der Mensch, der das betreut, sitzt in Frankfurt die ganzen fünf Tage in einem Kämmerchen auf dem Stand so abgeschottet, dass er wirklich ruhig arbeiten kann, und hat alle halbe Stunden jemand anderen von einem ausländischen Verlag, von einer anderen Agentur; was übrig bleibt, ist minimal. Amerika ist zunehmend chauvinistisch – ich kann nur ein paar Titel sagen, wir haben das gestern besprochen. Brigitte Hamann, die Wiener Historikerin, ist ins Englische oder ins Amerikanische übersetzt worden. Meist ist es so, dass ein amerikanischer Verlag den Vertrag macht und dann eine Unterlizenz nach England vergibt, um die Übersetzungskosten ein bisschen zu reduzieren. Mehrere Naturwissenschaftler aus meinem Umkreis, die populär schreiben, sind übersetzt worden, aber da haben die Amerikaner selber genug, da brauchen sie ja keine Deutschen, obwohl ja einige deutsche Nobelpreisträger mittlerweile dort arbeiten. Sten Nadolny mit der „Entdeckung der Langsamkeit“ ist natürlich übersetzt worden, aber es hat halt gedauert. Und natürlich Trivialliteratur wie Gaby Hauptmanns „Suche impotenten Mann fürs Leben“, ein Trivialroman mit einem wunderbaren Titel, muss man zugeben, ist übersetzt worden. England ist schwierig, Frankreich ist nach meiner Erfahrung ziemlich chauvinistisch. Dass die Franzosen deutschsprachige Bücher, sei es Literatur oder Sachbuch, übersetzen, ist ein Wunder, wenn es denn passiert. Viel interessanter sind die Japaner, die Koreaner, auch Osteuropa, aber da sind wir an einem Punkt: die zahlen fast alle fast gar nichts, das heißt, man muss dem Autor sagen: „Freu dich, du wirst ins Russische übersetzt, aber ein paar hundert Euro gibt es, mehr ist es nicht.“ Das ist ein ganz, ganz mühsames Geschäft seit mehreren Jahren, und die normalen Verlage versuchen das alle und betreiben einen Aufwand, und es gibt wenig Förderprogramme für Übersetzungen. Es gibt in Skandinavien, wenn Sie aus dem Skandinavischen übersetzen, oder auch aus Holland, in Deutschland eher Geld, um ein Buch von dort nach hier zu übersetzen als umgekehrt. Da sind Deutschland und Österreich – die Schweiz weiß ich nicht – aber nicht sehr gut.

Ich weiß nicht, ob ich das bei Ihnen richtig verstanden habe: die Frage, warum wird ein Sachbuch, das aktuell ist, dann mit erheblichen Aufwand ins Deutsche übersetzt, habe ich das richtig verstanden?

Martin Kolozs:
Nein, Entschuldigung, das war nur so eine allgemein unterstellte Kritik, darin ging es nur darum, zu sagen, auf der einen Seite wird immer gesagt, man möchte wegkommen von den marktwirtschaftlichen Überlegungen, sprich „Ich mache ein Buch, weil es mir Geld einbringt", oder „Ich mache ein Buch, weil es einen Markt hat". Aber dann sehr wohl, wenn man zum Beispiel Sachbücher nimmt oder auch literarische Bücher, die sich dann mit aktuellen Themen auseinandersetzen, wie sie in anderen Ländern stattfinden, warum dann hier sehr wohl von Leuten, die eigentlich diesen Literaturbetrieb im wirtschaftlichen Sinn kritisieren, gesagt wird, dieses Buch müsst ihr nehmen und übersetzen. Sobald sie aber an einen heimischen Verlag herantreten, müssen Sie marktwirtschaftlich argumentieren. Die Argumentation muss dann lauten: „Dieses Thema ist aktuell, ist brandheiß und wird sich auch im Inland gut verkaufen." Und das ist eher die Frage gewesen, warum in unserem Denken immer die Trennung gemacht wird zwischen marktwirtschaftlicher Trivialliteratur oder entsprechender Unterhaltungsliteratur. Aber sobald es irgendwie politisch oder von mir aus historisch motiviert ist, werden solche Regelwerke sehr wohl bedient. Und da frage ich mich: Warum gibt es diese Unterscheidung? Natürlich ist es wichtig, zu wissen, was in anderen Ländern vorgeht, um „Kriegsschauplätze" zu kennen und zu wissen, was hätte man dagegen tun könnte, um Zukünftiges zu verhindern. Trotzdem ist es eine marktwirtschaftliche Überlegung, die da einfließt, nämlich: kein Verlag wird ein Buch machen, wenn er genau weiß, dass er es nicht verkaufen kann. Das heißt, er wird es dann machen, wenn es aktuell ist und brandheiß. Und da frage ich mich, warum man sagt: „Ja, dann verkaufen wir das Buch halt über diesen Aufhänger", und bei Unterhaltungsliteratur sagt man: „Bloß nicht, bloß kein Aufhänger, der marktwirtschaftlich motiviert ist." – Das war jetzt eher der Versuch einer Kritik.

Erhard Busek:
Ich darf vielleicht ein bisschen Sachinformation einfließen lassen. Das ist natürlich nur eine Ecke Europas, aber eine, die uns in den letzten Jahren relativ viel Sorgen bereitet hat, nämlich Südosteuropa. Wir haben die Aufgabe, Reconciliation, Versöhnung zu machen. Da merken Sie schon das Zu-kurz-Greifen Europas selber; es gibt ja keine Kompetenz der europäischen Institutionen auf dem Sektor Bildung, Wissenschaft und Kultur. Jacques Delors hat das mit der Aufforderung, Europa eine Seele geben, an sich begriffen, nur hat sich das im Vertragswerk bislang nicht niedergeschlagen. Da wir das in Südosteuropa aber erreichen sollen, was an sich eine ziemlich aussichtslose Angelegenheit ist, spielt natürlich die Frage der Übersetzung, also der Kenntnis voneinander, eine große Rolle. Da gibt es jetzt intensive Bemühungen: ich habe S. Fischer schon genannt. Pro Helvetia hat da eine Zeit lang etwas gemacht, und auch durch die österreichische Auslandskultur, eventuell mit einer Übersetzungsstelle in

Sarajevo, will aktiv werden. Wir sind da erst am Beginn, die erste Stiftung möchte einen Übersetzerpreis stiften. Mir wäre natürlich lieber, dass vor dem Preis Geld da ist, damit man überhaupt was machen kann, dann kann man die Preise dazu entsprechend vergeben, aber hier gibt es aus der politischen Notsituation heraus eine stärkere Bewusstseinslage.

Klaus Reichert:
Ich möchte dort anknüpfen, was Frau Professor Fliedl gesagt hat: dass in Osteuropa tatsächlich ein großes Interesse an der deutschen Kultur und an der Sprache vorhanden ist. Das sind funktionierende germanistische Netzwerke. Wir machen aus dem Grund so eine Frühjahrstagung in der Deutschen Akademie für Sprache und Dichtung in Lemberg. Am Ende des Monats fahre ich dorthin, um mit Kajetan Kovič zu verhandeln, der hat uns das Programm zusammengestellt, dann folgt das Goethe-Institut in Kiew und so weiter. Ich glaube, wir sind auch in anderen Ländern durch diese Talsohle der Verringerung des Deutschen hinweg. Vor ein paar Jahren, wenn ich mit amerikanischen Philosophen gesprochen habe, die sich auf deutsche Philosophie spezialisiert haben, war die Sprache Englisch. Die haben, was völlig unvorstellbar ist, Hegel auf Englisch gelesen. Seit ein paar Jahren ändert sich das aber: Da gibt es seit ein paar Jahren den Wissenschaftsbericht in Berlin; da hielt ein Philosoph aus Chicago auf Deutsch einen Vortrag über den Freiheitsbegriff bei Hegel. Das wäre vor zehn Jahren noch undenkbar gewesen. Kunstgeschichte ähnlich; ich erinnere mich – es war vor zehn Jahren – an eine amerikanische Kunsthistorikerin, die ich auf eine interessante Publikation hingewiesen habe und die mir sagte: „Deutsch lese ich nicht, German is a dying language." Auch das dreht sich wieder. Es gibt inzwischen Kunsthistoriker in Amerika, die nicht nur des Deutschen mächtig sind, sondern die auch deutsch schreiben. Da sind wir ein bisschen raus aus der Talsohle, wobei es übrigens auch parallel zu beklagen gab, dass die Altphilologie in Deutschland so stark geschrumpft ist. Und in dem Moment, wo wir die Altphilologie in Deutschland abgeschafft haben und auch die entsprechenden Lehrstühle, wurde in Petersburg eine Bibliothek der Klassiker mit einem humanistischen Gymnasium gegründet, und die können sich nicht retten vor Schülern, die da drauf möchten. Also dort besteht ein großes Interesse am Erlernen des Lateinischen und Griechischen. Und wir haben das noch nicht ganz begriffen. Das fängt bei uns langsam wieder an. Der einzige Gräzistik-Lehrstuhl in Frankfurt sollte gestrichen werden. Ich kann mir da manches rausnehmen als Präsident, habe das großartig an die große Glocke gehängt in Deutschland und gesagt, was das für eine Schande ist, den Lehrstuhl von Karl Reinhardt und Harald Patzer und so weiter abzuschaffen. Mein Universitätspräsident hat mich dann gerügt: Wie können Sie so was in der Öffentlichkeit sagen, das ist doch noch gar nicht beschlossen. Ich weiß, das ist beschlossen. Das Ende war, sie war gerettet, die Stelle. Und langsam wird auch wieder Lateinisch zugelassen als erste

Sprache, wofür ich gekämpft habe. Vor ein paar Jahren war das auch noch anders. Der Philosoph Mittelstraß hat mir einmal erzählt, dass er vor ein paar Jahren in Konstanz ein Platon-Seminar angekündigt hat und sich 60 Leute angemeldet hatten: und er fragte: „Wer kann denn Griechisch von Ihnen, meine Damen und Herren?" Es meldete sich einer, und das war ein Koreaner ... Manchmal überwintern Kulturen auch in anderen Ländern, aber man sollte nicht aufgeben, das kommt dann wieder zurück. Ich weiß nicht, wie da Ihre Erfahrungen sind. Aber zum Beispiel ist der Grazer Latinistik-Lehrstuhl seit Jahren unbesetzt. Das ist ja auch eine Schande. Und dann sagt man dem Gräzistiker: „Sie können ja Latein mitmachen!"

Karlheinz Töchterle:
Wenn es eine Schweizerin ist?

Klaus Reichert:
Ich weiß, wir kennen sie, sonst wüsste ich das nicht.

Karlheinz Töchterle:
Aber die Zahlen der Latein- und Griechischschüler in Deutschland nehmen jetzt erfreulicherweise kontinuierlich zu. Ich hoffe, wir machen den Deutschen vieles nach, vielleicht auch dieses.

Erhard Busek:
Ja, das ist nach dem alten Prinzip: Wenn es in Deutschland regnet, können wir den Schirm aufspannen.

Georges Lüdi:
Ich weiß nicht, ob die Zulassung der Studierenden immer ein genügendes Indiz, für die Universitätsbehörde ist, auch entsprechende Maßnahmen zu treffen. Die Zahl der Studierenden – ich komme jetzt auf die Frage der Sprachkompetenz, der Sprachvermittlung zu sprechen, denn die Zahl der Studierenden in den modernen Philologien nimmt europaweit drastisch ab sowohl in Frankreich als auch in der Schweiz, in Italien und Deutschland. Die Studierenden sind nicht mehr im gleichen Maße an Fremdsprachenphilologien interessiert. Die Frage ist daher: Sind sie nicht an den Sprachen interessiert oder sind sie nicht mehr an gewissen Formen der Sprachvermittlung interessiert? Oder aber reagieren sie auf den Markt, nämlich auf die Reduktion der Sprachstunden an den Schulen, an den Gymnasien, ich weiß es nicht. In jedem Fall können wir wohl nicht davon ausgehen, dass aufgrund eines Eigeninteresses der Studierenden in nicht deutschsprachigen Ländern und mit Mitteln der dortigen Behörden eine Investition in den Erwerb des Deutschen getätigt wird. Ich betrachte einen Lehrstuhl für Germanistik in London als eine Investition ins Deutsche, in die Vermittlung der deutschen Kultur. Da stellt sich jetzt die

Frage, und ich möchte mich vielleicht an Herrn Kolosz wenden: Weshalb soll Deutschland, sollen die Schweiz und Österreich in die Vermittlung der deutschen Sprache investieren, in die Übersetzung von deutschen Büchern investieren? Ich meine, das ist eine entscheidende Aufgabe, auch eine öffentliche Aufgabe, gleichsam für die eigene Sprache und Kultur in der Außenwelt einzutreten. Das ist teuer. Die Engländer sparen – ich habe die Zahl nicht ganz im Kopf – etwa 20 Milliarden Pfund im Jahr, weil sie fast keine Fremdsprachen mehr an den öffentlichen Schulen unterrichten. Wir müssen aber nicht nur Fremdsprachen unterrichten, sondern wir müssen uns noch mehr darum bemühen, dass unsere Sprachen im Ausland unterrichtet werden. Es ist schon klar: es besteht eine Asymmetrie namentlich auch mit den Vereinigten Staaten, aber ich meine, man unterschätzt die Bedeutung der Sprache auch im Kommerz, auch was die kommerziellen Bedingungen betrifft.

Ich möchte gern zwei Anekdoten dazu erzählen. Die erste: Es gibt eine hervorragende Dissertation der Wirtschaftsuniversität Wien, da hat der Dissertant das Verhalten von österreichischen Exportfirmen untersucht, deren wesentliche Konkurrenz in den USA lag, und gefragt, warum die einen erfolgreich und warum die anderen weniger erfolgreich sind, und er hat festgestellt, dass es ein wesentlicher Teil des Erfolges war, dass die Österreicher sich auf die Sprachen der Kunden eingelassen haben und die Amerikaner nicht. Das heißt, die Amerikaner, das war der lateinamerikanische Markt, das war der italienische Markt, und die Amerikaner haben einfach gesagt, wir machen es auf Englisch, und die Österreicher haben gesagt, nein, wir machen es auf Spanisch respektive auf Italienisch. Das heißt, unsere Leute sollen die Landessprache sprechen, wir übersetzen. Das geht ein bisschen gegen Red Bull. Wir übersetzen alle Anleitungen, Anweisungen, die technischen Beschreibungen von uns aus gesehen, ins Spanische, und sie haben damit glaube ich 40 Prozent oder 50 Prozent des lateinamerikanischen Marktes erobert gegen nordamerikanische Konkurrenz. Das hat nun mit Deutsch in erster Linie nichts zu tun, aber das hat etwas zu tun mit einer Haltung, dass die Philologien auch in Deutschland zurückgehen, das hat mit der Haltung zu tun: „Na ja, machen wir es auf Englisch, es können eh alle Englisch, und dann brauchen wir die anderen Sprachen nicht mehr.“ Die Deutschen können in der Regel weniger gut Englisch als die Amerikaner, und wenn es die Amerikaner nicht schaffen mit Englisch, dann ist es relativ unwahrscheinlich, dass die Deutschen es schaffen mit etwas schlechterem Englisch. Hingegen hätten die Deutschen oder die Schweizer oder Österreicher es den Amerikanern voraus, die Mehrsprachigkeit und die sprachliche Vielfalt zu erkennen. Das heißt, Investitionen in multiple Richtung, das heißt Investitionen in Übersetzung aus dem Deutschen, das heißt Übersetzung ins Deutsche, das heißt Investitionen in Fremdsprachenerwerb innerhalb des deutschen Sprachraums, andere Sprachen (auch für Immigranten Deutsch), Investitionen in den Deutscherwerb außerhalb des deutschen Sprachraums. Für mich ist hier ein wesentlicher Markt vorhanden, der unterschätzt wird.

Erhard Busek:
Danke vielmals; ein bisschen darf ich hier dazu sagen: Der Erfolg der österreichischen Firmen, zumindest in Ost- und Südeuropa, besteht darin, dass wir uns auf die Mentalität dort einlassen; das ist ein wesentliche Faktor, das kann ich aus einiger Marktkenntnis sagen.

Rudolf Bretschneider:
Es wurde am Anfang gesagt, man möge auf etwaige weiße oder blinde Flecken hinweisen, die übrig geblieben sind nach diesen eineinhalb Tagen. Ich habe zwar aufgrund der Nutzung der Österreichischen Bahn den gestrigen Vormittag verspätet hier erreicht. Was mir zum Teil wohltuend aufgefallen ist: es hat in der Diskussion – aber so ganz sollte es auch nicht ausgeblendet werden – die Rolle der öffentlichen Hand in diesem Betrieb weitgehend gefehlt. Jetzt wurde bei Lüdi angesprochen, welche Funktionen allenfalls ein Staat in der Organisation des Transports der eigenen Sprache in die benachbarten Länder hinein hat, zumindest in Österreich. In der Schweiz wird das ganz anders sein und in Deutschland auch. Aus eigener Kraft Hilfe suchend nach oben zu blicken und von dort Initiativen zu erwarten von Ministerien, die Stipendien ausschütten, Subventionen geben, Garantiekäufe für Bücher tätigen, ist ein allgemeiner Reflex. Die Frage ist: Welche Rolle spielt das, ist das gut, oder ist das schlecht, beziehungsweise in welchen Fällen ist das gut oder schlecht? Was weitgehend ausgeblendet blieb, ist die Frage des Vertriebs, und auch nur in der negativen Form Die Buchhandlungen werden zentralisiert, stehen für Lesungen nicht zur Verfügung, und das Internet kam nur einmal vor, obwohl es in Teilen des Buchhandels eine ganz gewaltige Rolle spielt, spätestens im Antiquariat, wo dann die alten Bücher rezykliert werden und über Internet umgewälzt werden, was am Markt wahrscheinlich als Fehlen auffällt. Diese Entwicklung wird, wenn meine Einschätzungen stimmen, massiv weitergehen und die Landschaft im Warenbereich Buch noch stärker verändern, als sie es vermutlich schon verändert ist, vornehmlich durch die Konzentrationswirkungen im Handel, die es gegeben hat und die dann die Sache oft auf wenige Titel konzentrieren. Ich habe das leider lange Jahre nicht verfolgt – einmal Mitte der neunziger Jahre –, nämlich welche Sprachen von wem in ost- und mitteleuropäischen Ländern einigermaßen gut beherrscht oder gesprochen werden. Das Letzte, woran ich mich erinnern kann, war in Ungarn auffällig, dass es eher die ältere Generation gewesen ist. Wenn nunmehr gesagt wird, dass auch in Ungarn Deutsch wieder einen höheren Stellenwert bekommt, vor allem in den Schulen, dann muss sich etwas geändert haben. In Polen war es damals eher die jüngere Generation, die an Deutsch interessiert gewesen war, die ältere wahrscheinlich aus politischen Gründen nicht. Was ich höre, der ich

viel in den Ländern zu tun habe, ist dass Russisch stark wieder kommt, eine Sprache, die zwar damals vor 20–30 Jahren viele gelernt haben, aber von vielen aus politischen Gründen nicht benutzt werden wollte, während heute aus wirtschaftlichen Gründen für viele der russische Markt und der ukrainische Markt sehr interessant geworden sind, so dass eine Rückbesinnung auf eine ökonomische Verständigungssprache, die noch dazu gleiche Wurzeln hat wie Altkirchenslawisch im Fall von Bulgarisch, wahrscheinlich stark wiederkommt. Die Frage ist, und das würde schon an die Politik gehen, inwieweit man nationale Anstrengungen unternimmt, um Deutsch, Österreichisch – mit Schwyzerdütsch wird es ein wenig schwierig werden, auch in Lemberg – zu exportieren. Ein kleines Beispiel am Rande, das ich zufällig von der Österreich-Kooperation weiß, ist, dass die Österreich-Kooperation, eine der vielen Gründungen des Erhard Busek – ich weiß nicht vor wie viel Jahren – veranlasst hat, eine Übersetzung von Paul Celan ins Ukrainische durchzuführen, weil er in seiner ursprünglichen Heimat nicht bekannt gewesen ist und nicht rezipiert war. Und das hat dazu geführt, dass gewisse Texte Celans heute in den ukrainischen Schulbüchern stehen und unter Umständen das Interesse an diesem Mann und an dieser Literatur hervorrufen. Und der Aufwand dafür, der materielle Aufwand dafür, soll minimal gewesen sein, selbst für österreichische Standards.

Konstanze Fliedl:
Ich möchte das Problem eigentlich noch einmal umdrehen. Die Tatsache, dass sich Schriftsteller mitunter prostituieren müssen, ist auf dem literarischen Markt wirklich ein minimales Problem, wenn man es mit der Tatsache vergleicht, dass Europa in unser aller Bewusstsein wahrscheinlich als Markt funktioniert und dass Europa keine kreative und offensive Kulturpolitik hat oder auch nur Überlegungen zu Kulturkonzepten, die Gesamteuropa betreffen existieren. Nur ein Beispiel: der Preis der Toepfer-Stiftung, der für Mittel- und Osteuropa durch lange Jahre vergeben worden ist, der ist jetzt kassiert worden. Er hat tatsächlich sehr viele kulturelle Aktivitäten angeregt, hat Übersetzungen angeregt, und zu unserem ganz großen Bedauern ist auch das Kuratoriumsmitglied eingezogen worden. Die Notwendigkeit, irgendeinen Ersatz dafür zu schaffen, ist außerordentlich groß.

Erhard Busek:
Sie haben die Schattenseiten der europäischen Integration angesprochen (ich habe damit zu tun): dass auch die österreichische Regierung festgestellt hat, dass alle die Länder, die vor 1989 Orte der Bemühungen gewesen sind, plötzlich keine mehr sind, denn sie sind ohnehin EU-Mitglied oder werden es bald sein. Was überhaupt nicht heißt, dass das Zusammenwachsen geschehen ist. Das ist einer der großen Irrtümer; das Gegenteil ist richtiger, die Aggressionen steigen. Das ist eine der ganz

gefährlichen Entwicklungen, und das Ganze nur als eine Nebenbemerkung, weil ich da emotional besetzt bin.

Klaus Reichert:
Ich wollte da nur noch einmal in diese Kerbe hauen. Die Politik der Goethe-Institute ist ganz katastrophal geworden. Wir können uns aus Europa zurückziehen, da ist ja alles in Ordnung, die Länder kennen einander, usw. Wir gehen jetzt nach China, da haben wir noch neues Gelände.

Erhard Busek:
Ja, 1,2 Milliarden sind es, das ist auch immer das Argument.

Klaus Reichert:
Natürlich. Ich habe das erlebt in Kopenhagen, dem einzigen Goethe-Institut dort, das außerordentlich gut funktioniert. Es hat die größte germanistische und deutschsprachige Literaturbibliothek, größer als die Universitäten dort, und sie sollte halbiert werden. Wir brauchen uns doch in Dänemark nicht mehr besonders bemühen; man weiß aber, wie schwierig seit dem Krieg die Annäherung an Dänemark gewesen ist. Wenn man das einfach wegreißt, bricht alles zusammen. Die Dänen interessieren sich wieder ganz verstärkt für Deutsch und studieren das wieder. Aber die deutsche Goethe-Institutspolitik ist desaströs, das wollte ich nur kurz anmerken.

Martin Kolozs:
Ich wollte eigentlich nur darauf ansprechen; ich wollte nie – das war überhaupt nicht mein Ansinnen – sagen, warum sollte man die deutsche Sprache oder die deutsche Kultur im Ausland fördern, davon spreche ich gar nicht. Ich bin sehr wohl auch davon überzeugt, dass es wichtig ist, das nach außen auch zu tragen und nicht nur im eigenen Markt zu fördern. Meine Frage lautete viel mehr: Liegt es tatsächlich, wenn wir jetzt bei dem Produkt Buch bleiben, in der Verantwortung der Verlage beziehungsweise können die das überhaupt erfüllen, weil sie ja auf dem heimischen Markt schon sehr schwer zu kämpfen haben und sich da schon durchsetzen müssen? Haben die überhaupt die Möglichkeit, das Buch nach draußen zu bekommen?

Klaus Stadler:
Und die „books on demand"-Geschichte natürlich auch. Das darf man auch nicht vergessen, weil das immer wichtiger wird für die Kleinauflagenbücher und wissenschaftliche Bücher, die ein Verlag sich nicht mehr leisten kann. Nur eine Bemerkung zum ZVAB. Das einzige, was mich daran stört, sind die großen Tüten, die auf der Buchmesse verteilt werden, weil darin die Leute die geklauten Bücher verstecken können.

Georges Lüdi:
Darf ich Herrn Kolosz noch ganz kurz antworten. Wenn es so rübergekommen wäre, dass ich mich jetzt einseitig fürs Deutsche einsetze, dann wäre es natürlich schlimm. Ich bin ja selber nicht mal deutschsprachig. Von daher ging es mir selbstverständlich nicht um die eine Sprache Deutsch, sondern um die Sprachen, um die vielen Sprachen Europas. So wollte ich das rüberbringen. Und ein Beispiel dafür, wenn Sie schon jetzt vom Goethe-Institut sprechen, sind die Zusammenarbeitsverträge zwischen den Goethe-Instituten, der *Alliance Française* und dem *Istituto Dante Alighieri* an verschiedenen Orten, indem sie sagen, wir legen unsere Mittel zusammen, wir bauen gemeinsam ein Institut, in dem wir jeweils unsere Sprachen anbieten, nicht in Konkurrenz, sondern komplementär zueinander: In die Richtung würde ich jetzt gehen.

Erhard Busek:
Es ist kein Trost; das British Council hat in Wien zugesperrt. Die Stelle ist nur mehr da für Südosteuropa, weil die Flugverbindungen günstig sind, aber es hat in dem Sinn keine kulturelle Funktion mehr. Vielleicht ist es das, was Sie zum Schluss genannt haben: dass europäische Einrichtungen in Vielfalt geschaffen werden, eine Chance haben. Ich bin seit kurzem optimistisch, denn Österreich und Ungarn haben gemeinsam eine Botschaft in Montenegro errichtet. Es kommt alles wieder. Man glaubt es nicht, es sind Treppenwitze der Geschichte.

Rüdiger Görner:
Ich würde auch sagen, dass das philiströse Gebaren der Goethe-Institute – und ich möchte das sehr unterstreichen, was Herr Reichert gesagt hat – nur noch übertroffen wird vom British Council. Aber was die englische Situation angeht, will noch gerne eine kleine Fußnote zu Herrn Lüdis Beitrag geben. Das Problem ist ja, dass es aus der britischen Sicht nicht nur wahre oder Ware Sprache gibt, sondern auch die wahre oder Ware Bildung. Und Bildung ist im britischen Kontext tatsächlich eine Ware ganz und gar ohne „h“. Und man muss unterscheiden zwischen dem Fremdsprachenangebot in den öffentlichen Schulen, die durch die curriculare Strukturreform, die genau so desaströs war wie das, was das British Council tut, dazu geführt hat, dass – und das begründet diese 20 Milliarden Einsparung – am Ende des Sekundarstoffbereichs I an den staatlichen Schulen der Fremdsprachenunterricht ausgesetzt wird. Das hat unmittelbar katastrophale Konsequenzen natürlich für alle Language Departments. Was davon nicht betroffen ist, sind die privaten Schulen. Das heißt, wer heute eine durchaus auch hochkarätige Ausbildung im schulischen Bereich in Fremdsprachen möchte, der geht auf die Privatschulen. Das hat insofern unmittelbare Probleme für die Hochschullandschaft in Britannien, dass wir einerseits von der Regierung die Vorgabe haben, uns zu öffnen gegenüber den sozial schwachen Bildungsschichten, aber auf der anderen Seite den eindeutigen

Auftrag haben, Eliten zu fördern, wobei das englische System überhaupt keine Probleme mit dem Begriff Elite hat. Das führt zu einem Zielkonflikt in jedem Language Department, wobei das Wesentliche hierbei auch ist, dass mehr und mehr Sprachunterricht als Elitenförderung definiert wird. In Britannien ist das eine Realität, mit der wir umgehen müssen, und das haben wir nun seit einiger Zeit auch eingeübt. Was, und ich freue mich auch, dass der Adressat jetzt so nahe sitzt, was die Österreich-Kooperation angeht: Wenn – und das ist, glaube ich, eine entscheidende Problematik nicht nur in Britannien – bei der bemerkenswert operierenden Österreich-Kooperation in Britannien eine Verlagerung stattfände, raus aus Westeuropa, in andere Richtungen, wäre das für den Großteil der German Departments katastrophal. Es gibt eine Selbstkorrektur in diese Richtung beim DAAD: Es gibt leider Gottes keine Selbstkorrektur in dieser Hinsicht beim Goethe-Institut. Was Dänemark in dieser Hinsicht erlebt hat und zum Beispiel Island in einer noch dramatischeren Form, hat zu dieser erstaunlichen Prozession in Reykjavik geführt. Vielleicht haben Sie darüber gelesen: Nach der Schließung des Goethe-Instituts haben Reykjaviker eine Prozession mit der Goethe-Büste veranstaltet, die man im Hafen von Reykjavik versenkt hat. Das war eine symbolisch bemerkenswerte Geste.

Erhard Busek:
Mit einem Seitenblick auf die Uhr möchte ich das als letzte Wortmeldung stehen lassen; sie hat auch einen gewissen finalen Charakter, was die Versenkung der Goethe-Büste selber betrifft. Zusammenfassungen sind nicht nur Glückssache, sondern eigentlich auch unmöglich, und dem möchte ich mich entziehen; es ist mir hier auch nicht als Aufgabe gegeben. Ich möchte aber dem Programmbeirat dieser Schiene Kultur und Wirtschaft ganz herzlich danken für die Wahl des Themas. Mein Eindruck von dem, was ich miterleben durfte und was mir von gestern erzählt wurde, ist, dass wir, glaube ich, ein Thema getroffen haben, das die Chance von verschiedenen Akteuren, von verschiedenen Zugängen vor allem geboten hat, diesen Austausch zu haben. In diesem Sinne – möchte ich fast sagen – der Universitas: das ist das, was vielleicht der heutigen Art der Universitätsorganisation fehlt, nämlich das Übergreifende auf einem gewissen Sektor zu haben. Dafür möchte ich Ihnen danken, denn ohne Sie, Referenten wie Teilnehmer, wäre das nicht möglich gewesen. Ich glaube, wir können sagen, wir haben wenigstens das Thema nicht verfehlt, wir werden es sicher nicht in allen Bereichen getroffen haben; in dem Sinn sehen wir der Publikation entgegen. Ein herzliches Dankeschön den Referenten und Teilnehmern, ein herzliches Dankeschön unserem Partner, der Gedächtnisstiftung Peter Kaiser, in Sonderheit Dieter Soltmann und Joseph Jung dafür, dass wir Sie überzeugen konnten, dass die Investition, und die verdanken wir ihnen, hier wirklich nicht verfehlt, sondern im Sinne unseres gemeinsamen Interesses ist. Ein Dankeschön auch an die Leopold-Franzens-Universität dafür, dass wir hier zu Gast sein konnten.

Ich tue das gern als Ehrensenator und werde es dann dem Ehrensenator Herbert Batliner berichten; insofern ist es auch die entsprechende Verbindung. Dankeschön auch Frau Mag. Aichner und Herrn Baumgartner seitens des Europäischen Forums Alpbach, auch der Technik und den Mitarbeiterinnen und Mitarbeitern des Hauses, dass die Dinge hier bestens funktioniert haben.

Personenverzeichnis

Borchmeyer Dieter, Prof. Dr. h.c.; Präsident Bayerische Akademie der Schönen Künste, München

Bretschneider, Rudolf, Prof. Dr., Geschäftsführer des Fessel-Gfk-Instituts, Wien

Busek Erhard, Dr.; Vizekanzler a.D., Präsident des Europäischen Forums Alpbach, Wien

Fliedl Konstanze; Univ.-Prof.; Neuere Deutsche Literatur, Universität Wien

Görner Rüdiger, Univ.-Prof.; Chair of Department and Director, Centre for Anglo-German Cultural Relations, Queen Mary College, University of London

Hansen Nikolaus; Verleger der Verlage Arche Literaturverlag AG Zürich und Atrium Verlag Zürich

Heisz Irene; Chefreporterin, Tiroler Tageszeitung, Innsbruck

Jochum Manfred, Prof. Dr.; Hörfunkintendant i.R., freier Journalist, Wien

Kolozs Martin, Mag.; Schriftsteller und freier Journalist, Innsbruck

Kruspel Richard, Dr., Generalsekretär des Europäischen Forums Alpbach, Wien

Lüdi Georges, Prof. Dr.; Direktor, Institut für Französische Sprach- und Literaturwissenschaft, Universität Basel

Matiasek Hellmuth, Prof. Dr.; Regisseur, Staatsintendant a. D., Raubling

Noe Alfred, a.o. Univ.-Prof. Mag. Dr.; Vergleichende Literaturwissenschaft, Institut für Romanistik, Universität Wien

Nöstlinger Elisabeth J.; Wissenschaftsredakteurin; Producerin, Das Salzburger Nachtstudio, ORF Wissenschaftsredaktion, Wien, Vorsitzende des Klubs der Wissenschaftsjournalisten Österreichs

Polt-Heinzl Evelyne, Dr.; Literaturkritikerin und Essayistin, Wien

Reichert Klaus, Prof. Dr.; Präsident, Deutsche Akademie für Sprache und Dichtung, Darmstadt

Reisigl Martin, Mag. Dr.; Lektor, Institut für Sprachwissenschaft, APART-Forschungsstipendiat, Österreichische Akademie der Wissenschaften, Wien

Rohringer Vešović Katarina, Mag. phil.; Literaturwissenschaftlerin, Kulturpublizistin und Übersetzerin, Wien

Soltmann Dieter, Dr.-Ing.; Mitglied des Stiftungsrates der Gedächtnisstiftung Peter Kaiser (1783–1864), München

Stadler Klaus, Sachbuchlektor, Piper Verlag, GmbH, München

Tenschert Heribert; Inhaber Antiquariat H. Tenschert, Rothalmünster und Antiquariat Bibermühle, Ramsen

Töchterle Karlheinz, Univ.-Prof., Mag. Dr.; Rektor, Leopold-Franzens-Universität, Innsbruck

Viechtbauer Volker, Mag. Dr.; General Counsel and Head of HR. Red Bull GmbH; Salzburg

Wieser Lojze, Prof.; Verleger, Klagenfurt/Celovec

Wischenbart Rüdiger, Dr.; Journalist und Berater, Concent and Consulting, Wien

Zeyringer Klaus, o. Univ.-Prof. Dr. phil. habil.; Vorstand des Deutsch-Departments, Université Catholique de l'Ouest, Angers

Zoderer Joseph; Schriftsteller, Bruneck

Danksagung

Besonderer Dank für vielfältige und professionelle Hilfe an: Magistra Regina Aichner, Europäisches Forum Alpbach; Marion Bernhard, Studienverlag, Innsbruck; Elisabeth J. Nöstlinger, Das Salzburger Nachtstudio, ORF Wissenschaftsredaktion, Wien; Brigitte Seliger, ORF Information, Wien; Magistra Elisabeth Wagner, Studienverlag, Innsbruck.